经济管理类课程教材

——金融系列

财富管理

许 荣 徐星美 张俊岩 方明浩 编著

CAIFU GUANLI

FINANCE

中国人民大学出版社
·北京·

图书在版编目（CIP）数据

财富管理/许荣等编著. --北京：中国人民大学出版社，2023.1
经济管理类课程教材. 金融系列
ISBN 978-7-300-31317-7

Ⅰ.①财… Ⅱ.①许… Ⅲ.①投资管理-高等学校-教材 Ⅳ.①F830.593

中国国家版本馆 CIP 数据核字（2023）第 004596 号

经济管理类课程教材·金融系列
财富管理
许 荣 徐星美 张俊岩 方明浩 编著
Caifu Guanli

出版发行	中国人民大学出版社		
社 址	北京中关村大街 31 号	邮政编码	100080
电 话	010－62511242（总编室）		010－62511770（质管部）
	010－82501766（邮购部）		010－62514148（门市部）
	010－62515195（发行公司）		010－62515275（盗版举报）
网 址	http://www.crup.com.cn		
经 销	新华书店		
印 刷	北京宏伟双华印刷有限公司		
规 格	185mm×260mm 16 开本	版 次	2023 年 1 月第 1 版
印 张	12.75	印 次	2023 年 1 月第 1 次印刷
字 数	303 000	定 价	38.00 元

前言

写作本教材是鉴于以下两点：首先，学习和研究财富管理是当前中国经济发展新时期的要求，也是响应共同富裕这一重要政策的具体措施。习近平总书记在《扎实推动共同富裕》（载于《求是》，2021 年 10 月 15 日）一文中专门指出："适应我国社会主要矛盾的变化，更好满足人民日益增长的美好生活需要，必须把促进全体人民共同富裕作为为人民谋幸福的着力点，不断夯实党长期执政基础。高质量发展需要高素质劳动者，只有促进共同富裕，提高城乡居民收入，提升人力资本，才能提高全要素生产率，夯实高质量发展的动力基础。"习近平总书记在该文中还着重指出："着力扩大中等收入群体规模。要抓住重点、精准施策，推动更多低收入人群迈入中等收入行列。……要增加城乡居民住房、农村土地、金融资产等各类财产性收入。"这些重要论述都表明：增强对财富管理知识的学习和应用是帮助广大人民群众实现共同富裕的重要工具和机制。

其次，中国财富管理的理论和实践在过去十几年里都发生了翻天覆地的变化。党的二十大报告中明确提出："健全资本市场功能，提高直接融资比重。"当今社会，财富管理已经离不开金融市场，特别是资本市场，所以掌握基本的金融理论和投资知识成为学会财富管理的重要条件。本书的几位作者都拥有多年教授财富管理相关课程的经验，但"教然后知困"：一是目前市场上少有成体系的以中国金融市场为直接教学和研究对象的财富管理教材。目前相近的流行教材大都以"家庭理财规划"为标题，主要教学内容普遍是从西方教育界引进的。尽管这些流行教材多数具有较为严密的结构和精巧的推理，但是这些教材多是基于美国金融市场展开数据示例和推导。由于美国理论和中国实践有所差异，因此我们不仅要添加中国实践案例，还要补充解释中国金融市场的独特性。二是财富管理教学理论和实践脱节。我们在教学过程中常常发现，财富管理课程结束后，学生们似乎掌握了很多具体的概念和抽象的理论，对于均值方差组合和资本资产定价模型（CAPM）似乎都能说出一二，但是对于怎么开户买卖股票，进而为自己个人乃至家庭做长远的投资规划，似乎仍然不知从何入手。

通过和同行们交流教学经验，我们发现，这些困惑并不仅仅是个别体验，而且在某种程度上折射出当前财富管理课程教学中存在的较为普遍的情况。出现这种情况的一个重要原因可能是中国的金融市场发展日新月异，可供投资的金融产品、可供选择的风险管理工具和税收管理工具等不仅数量急速增加，结构也日益复杂。如果继续像过去那样单纯学习国外的理财规划教材，显然对学生未来参与中国金融市场的投资实践、学习家庭财富管理以及规避风险等的帮助都很有限。另一个重要原因则和中国经济实力的日益强大直接相关：家庭可投资资产大幅增加。不同于在笔者接受投资学教育的年代大家对“有价证券”的经验局限于食堂打饭用的饭票和菜票，当前财富管理课堂上的学生面临的选择是多样化的：经济宽裕的学生可能需要选择是把零钱存入余额宝还是购买银行理财产品，而手头暂时不宽裕的学生可能面临在银行助学贷款和网络借贷等不同金融产品之间的取舍。

本书的写作还受益于近年来专业知识分享平台的快速发展，我们几位作者曾经受邀为一些专业知识分享平台举办公益讲座和写作，我们分享的内容受到了一些公众号多达上百万用户的欢迎，这也鼓励我们进一步梳理系统的财富管理知识以供更多的读者学习。

我们期望本书能够实现下列目标：第一，实现经典财富管理理论与中国金融市场实际数据的结合，因为股票、债券、期货和其他衍生品市场在中国已经发展得相对成熟，因此我们在经典理论的基础上分析了大量中国金融市场数据和实例；第二，实现理论模型推导与 Excel 等软件运算的结合，帮助学生熟练掌握运用 Excel 等软件对本书中所介绍的理论模型进行具体运算的方法；第三，满足读者的不同需求，帮助他们学以致用。因此，本书既提供了适用于金融机构对上千亿元资产进行投资管理的数量模型，也提供了个人投资者管理家庭财富所需的直观的知识架构。我们期望本书的读者能够把投资理论运用于个人、家庭以及机构的财富管理并实实在在地受益。

动笔写作的过程既是笔者自我学习、为自己答疑解惑的过程，同时又是一个不断产生新的困难抉择的过程。受篇幅限制，我们期望本书的教学计划能够在一个学期内完成，因此，我们不得不在理论推导的严谨性和教学实践需要的简洁性及趣味性之间做出取舍。最终，本书选择为读者提供一个更倾向于简洁明了、具有可操作性的财富管理分析框架。本书大体可以分为两大部分：第一部分由前三章组成，重点是向读者介绍基础的财富管理知识（第 1 和第 2 章）和财富管理目标设计（第 3 章）；第二部分由第 4 到第 10 章组成，分别讲述人力资本管理（第 4 章）、现金管理（第 5 章）、风险管理（第 6 和第 7 章）、投资管理（第 8 和第 9 章）以及税收管理（第 10 章）。本科阶段或者金融、保险以及税收专业硕士阶段的财富管理课程（一个学期，2～3 学分）可以基本覆盖完整的十章内容。

我们的目的是提供一本清晰、简洁、流畅的财富管理入门书。本书能够最终付印，要感谢很多人的努力。其中博士生和硕士生助教完成了重要的资料搜集工作，他们是龙悦、高雅、李欣怡。人大出版社的崔惠玲老师和韩冰老师具有极强的专业性和敬业精神，她们专业、高效的工作极大地加快了本书的出版进程。

为了向教授财富管理课程的老师们提供便利，同时也为了帮助更多的学生自学本课程，深入探索财富管理更多相关课题，笔者也把多年积累的相关教学讲义、讲课视频和音频、练习题以及相关研究论文存放在财富管理学习中心及人大出版社的网站上，期望与读者们进行更多教学和研究上的互动，教学相长。

本书既适合于经济、金融、保险、税收等诸多专业高年级本科生，也适合于经济、金融、保险、税收类专业硕士生与 MBA 的教学和自学需要。最后，我们要感谢家人在我们写书期间给予我们的支持和鼓励。

目 录

第1章

财富管理的金融环境概览

本章要点

1. 金融市场的功能及分类
2. 我国的金融中介机构体系
3. 多层次资本市场与证券类别
4. 理性人假设与行为金融学

一般将财富分为个人财富、社会财富、国家财富三种，并以此划分参与财富管理的单位或机构，如个人或家庭、企业、金融机构、政府部门等。本书所讨论的财富管理是指以个人或家庭的现有资产状况、未来收支状况以及风险偏好为基础①，通过在金融市场中运用多种金融工具合理地配置资产，最终实现更高的财富管理目标的过程。由于开展财富管理的主体是个人或者家庭，而开展财富管理活动的主要场所是金融市场，因此，我们在本章详细介绍财富管理的金融环境。

第一节　金融市场简介

作为普通的个人或者家庭，如果要吃穿用度，我们就会去超市或者电商网站上购物，即通过进入消费品市场开展交易来满足自己的消费需求。如果我们要工作挣钱，我们就会通过进入劳动力市场开展交易来获得劳动收入。同样，如果我们要实现自己的财富管理目标，就需要进入金融市场开展金融交易，以更好地进行资产配置和风险管理。因此，我们在本节简要介绍金融市场的功能、资金融通方式和分类。

一、金融市场的功能

金融市场是创造和交易金融资产的市场，是以金融资产为交易对象而形成的供求关系和交易机制的总和。金融市场是要素市场的一种，其形式不仅包括有形的固定场所，还包括庞大的无形金融市场网络。

金融市场通常具备五大功能，即资金融通功能、价格发现功能、提供流动性功能、风

① 本书后面章节的部分内容是以家庭为单位进行分析和讨论，但对个人同样适用。

险管理功能以及降低交易成本功能。

1. 资金融通功能

金融市场的首要功能是资金融通功能，即通过金融资产交易实现货币资金在供给者与需求者之间的转移。

2. 价格发现功能

价格发现功能主要是指金融市场中供需双方通过竞争性的相互作用决定了交易资产的价格，价格反过来又为潜在的市场参与者提供了信号，引导资金在不同的金融资产间进行配置，以实现供需平衡和资源配置优化。

3. 提供流动性功能

提供流动性功能是指金融市场为投资者提供了一种出售金融资产的机制。比如，债券或股票持有者可以将持有的证券卖出以回笼资金，货币基金持有者可以赎回持有的份额等。流动性高低是区别不同金融市场特征的要素之一，其对市场的整体安全性和效率至关重要。

4. 风险管理功能

风险管理功能是指金融市场通过提供保险、对冲交易等方式对实体经济或者金融行为中蕴含的风险进行管理、防范和化解。比如，可以通过期货、期权等金融衍生品对金融资产进行套期保值，以规避其本身存在的价格风险。

5. 降低交易成本功能

降低交易成本功能是指金融市场能够降低市场交易中的搜寻成本和信息成本等。在一个有效的市场中，价格反映了所有市场参与者所能搜集到的信息的总和，通过金融市场的交易行为，既可以降低寻找金融资产的买方与卖方等所形成的搜寻成本，也可以降低与评估金融资产投资特点和价值等相关联的信息成本。

二、金融市场的资金融通方式

根据资金从资金供给方流动到资金需求方的方式，可以将资金融通（简称融资）方式分为直接融资与间接融资，两者的主要区别在于融资过程中资金从供给方到需求方手中是否通过了银行等中介机构。

（一）直接融资

直接融资是指资金盈余单位（资金供给方）通过直接与资金需求单位签订协议或合同，或者在金融市场上购买资金需求单位所发行的股票、债券等有价证券，将货币资金提供给资金需求单位使用的融资方式。

直接融资的特点包括直接性、分散性、差异性以及自主性等。具体来说，直接性体现为资金盈余单位与资金需求单位直接发生权利义务关系；分散性体现为直接融资是无数个资金盈余单位与资金需求单位之间进行的；差异性体现为不同的资金需求单位的融资信誉有较大的差异，资金供给方往往难以全面深入地了解资金需求单位的信用状况；自主性体现为在法律允许的范围内，资金供给方通常可以自己决定提供资金的对象和数量等。

直接融资的常见类型包括股票市场融资、债券市场融资、风险投资融资、商业信用融资、民间借贷等。直接融资方式通常需要借助一定的金融工具，比如政府所发行的国债，企业所发行的公司债券、股票，个人所签署的抵押契约、借款合同以及其他各种形式的权利凭证等。

1. 股票市场融资

股票市场融资是股份制企业以让渡与股权比例相对应的企业经营控制权、收益分配权和剩余索取权为代价，而获得企业所需资金的一种融资方式。股票市场融资无须返还本金，售出的股票只能转让，不能退股，也不保证收益，但如果企业盈利，股票持有者享受企业盈余分配权。

2. 债券市场融资

债券市场融资是指政府、企业或金融机构等通过发行债权债务凭证来获得资金的一种方式。政府发行债券筹集的资金形成国家财政的债务，用于弥补公共投资的不足等。企业和金融机构符合债券发行条件，经相关部门核准，也可以发行债券筹集资金。发行债券融资的政府、企业和金融机构需要按照约定的资金使用期限和商定的利率，向债权人支付利息和偿还本金。

3. 风险投资融资

风险投资融资是指被投资企业通过让渡企业的部分股权来获得经营资金的一种融资方式。在风险投资融资中，被投资企业通常是高新技术领域的中小企业，它们一般具有较大的发展潜力，但尚处于创业早期或成长期，一方面需要持续的资金投入，但缺乏有效的担保和抵质押物等，另一方面其经营状况和财务表现还无法满足股票市场融资条件。因此，风险投资融资具有高风险的特征，但其高收益特征也吸引了许多投资者。

4. 商业信用融资

商业信用融资是企业与企业之间相互提供的、和商品交易直接联系的资金融通方式。这类融资主要是由于企业在商品交易过程中货物与资金交付在时间、空间上分离而产生的，是企业中普遍采用的短期融资手段，常见的如企业间的商品赊销、预付定金、预付货款等。

5. 民间借贷

民间借贷是一种历史悠久、在世界范围内广泛存在的民间金融活动，主要指自然人之间、自然人与法人或其他组织之间，以及法人或其他组织相互之间，以货币或其他有价证券为标的进行资金融通的行为。需要注意的是，经金融监管部门批准设立的从事贷款业务的金融机构及其分支机构发放贷款等相关金融业务不属民间借贷范畴之列。

（二）间接融资

间接融资是指资金盈余单位通过存款或者购买银行、信托和保险等金融机构发行的有价证券等方式，将其闲置资金提供给金融机构，再由这些金融机构以贷款、贴现或者购买有价证券的方式把资金提供给资金需求单位，从而实现资金融通的过程。

与直接融资相比，间接融资中资金的获得是间接的，由金融中介机构发挥中介作用，资金需求单位和资金盈余单位分别与金融机构发生债权债务关系。由于间接融资中供需双方均与银行或非银行金融机构进行交易，因此银行作为一个综合性中介，其信誉较高，风险更为可控，并且在融资过程中掌握了更多的主动权。比如，银行通过吸收储户存款所积累的资金是由商业银行而非储户决定具体的放贷客户。

间接融资的方式包括银行抵押贷款、消费信用贷款和融资租赁等。

1. 银行抵押贷款

银行抵押贷款是借款者以一定的抵押品作为保证向银行取得的贷款。贷款到期时，借款者必须如数归还贷款本息，否则银行有权处理抵押品以作为补偿。抵押贷款最初的贷款机构称为抵押贷款发起人。

2. 消费信用贷款

消费信用贷款是指个人利用银行或其他金融机构提供的资金垫付，以少量资金提前实现跨期消费的资金融通。比如，消费者以分期付款的方式购买房屋、汽车以及其他消费品等。

3. 融资租赁

融资租赁是企业利用设备提供商或者金融机构提供的资金垫付，以支付租金的方式（包含设备折旧费用和资金利息费用）取得设备的控制权和使用权，并在租赁期内履行融资租赁合同对应的权利与义务的一种间接融资方式。

三、金融市场的分类

（一）按金融资产到期期限分

根据金融资产到期期限，可以将金融市场分为货币市场和资本市场。货币市场通常是指所交易的金融资产的到期期限在一年以内的市场，比如银行间同业拆借市场、商业票据市场、短期国库券市场以及大额可转让存单市场等。资本市场是指所交易的金融资产的到期期限在一年以上或者没有到期期限的金融市场，比如股票市场、中长期国债市场、中长期银行贷款市场等。广义的资本市场包括两大部分：一是银行中长期存贷款市场；二是有价证券市场，包括中长期债券市场和股票市场。狭义的资本市场专指中长期债券市场和股票市场。

（二）按发行流通性质分

根据发行流通性质，可以将金融市场分为一级市场和二级市场。一级市场是新金融资产的发行市场，其主要功能是筹资，发行人通过新证券的公开或定向发行获得资金，购买方则获得相应的金融资产，如股票或债券等。二级市场是已发行金融资产的流通市场，其主要功能有两方面：一是为已发行金融资产提供流动性。提高金融资产的流动性有利于其价值实现，从而有利于一级市场的证券发行。二是通过二级市场发现资产价格，从而为一级市场销售金融资产提供价格参照。

二级市场还可以按组织方式进一步分为交易所市场与场外交易市场。交易所市场是高度组织化的金融市场，包括证券交易所、期货交易所、期权交易所等。交易所为买卖双方提供竞价、撮合和结算服务，通过制度设计确保交易双方履约，最大限度地减少交易后的违约风险或交易对手风险。相较于交易所市场，其他一些市场较为松散，通常没有固定的交易场所，也不一定有统一的交易时间，市场参与者通过电话、网络等手段进行沟通和交易，这些市场通常被称为场外交易市场（Over the Counter Market，简称 OTC 市场）。比如，中国外汇交易中心暨全国银行间同业拆借中心就属于场外市场。

（三）按交易标的分

按交易标的，可以将金融市场分为票据市场、证券市场等。票据市场是指各种票据实现交易的市场，是货币市场的重要组成部分，按交易方式主要分为票据承兑市场和票据贴现市场。证券市场是股票、债券、基金等有价证券发行和流通的市场。其中，债券的品种包括政府债券（国债和地方债）、公司债券和金融债券等。基金包括公募基金和私募基金等。

职业素养提升专栏

复利的威力

查理·芒格在《穷查理宝典》中说道：“理解复利的威力和获取它的困难是理解许多事情的核心和灵魂。”有一个古老的故事也展示了复利的威力。传说中，西塔发明了国际象棋，国王十分高兴，决定重赏他。西塔说：“陛下，只要您在棋盘上赏赐一些麦子给我就行了。在棋盘的第1个格子里放1粒麦子，在第2个格子里放2粒，在第3个格子里放4粒，以此类推，以后每一个格子里放的麦粒数都是前一个格子的2倍，直到放满第64个格子就可以了。”国王觉得这个要求很容易满足，便爽快地答应了。可是国王很快就发现，即使将整个国库的粮食都给西塔也不够。因为按照每一个格子翻一倍计算，尽管一开始时看着并不多，比如第5个格子是16粒（2的4次方，记为2^4），第10个格子是512粒（2的9次方，记为2^9），但到了第20个格子就是524 288粒了（2的19次方，记为2^{19}），第30个格子则多达536 870 912粒了（2的29次方，记为2^{29}），而第64个格子的麦粒数就达到亿亿级了（2的63次方，记为2^{63}，约等于9.2×10^{18}）了。

复利在财富管理中的效应更为直观。假设有一个交换财富的游戏：甲每天给乙1万元，连续给1个月；乙第1天给甲1分钱，第2天给甲2分钱，第3天给甲4分钱，第4天给甲8分钱，以此类推，连续给1个月。请问乙会同意和甲交换吗？如果甲每天给乙10万元，连续给1个月，乙会同意和甲交换吗？如果甲每天给乙30万元，连续给1个月，乙会同意和甲交换吗？不难发现，按照1个月30天计算，第30天乙交换给甲的金额为5 368 709.12元，该月乙累计交换给甲的金额则超过了1 000万元。即便乙每天收到30万元，该月的累计金额也只有900万元。如果乙选择进行财富交换，从经济意义上看是会遭受损失的，因此，乙不会同意与甲交换。

从上文可以看出，尽管刚开始时复利的效应比较小，但是随着时间的推移会产生惊人的效果。这就是复利的威力所在。

第二节　我国的金融中介机构体系

为了实现合理的财富管理，我们需要进入金融市场开展交易，最主要的交易对手就是各种类型的金融机构，它们同时也是最主要的金融服务提供者。

目前，我国已经基本形成了由中央银行调控和监督，以国有商业银行为主体，政策性金融与商业性金融分离，多种金融机构分工合作、功能互补的现代化金融中介机构体系，并建立了与之相适应的金融监管体系。具体来说，多层次的金融中介机构体系包括：从银行机构看，拥有以中央银行为主导、国有商业银行为主体，股份制商业银行、城市商业银行、农村商业银行、农村信用社、外资银行等各类银行并存的多层次银行机构体系；从证券机构看，拥有以证券公司、期货公司和证券投资基金管理公司为主，以各类投资咨询机构中介、信托机构为辅的多元化投资中介体系；从保险机构看，拥有人寿保险公司、财产保险公司、再保险公司等提供丰富的保险服务的保险中介体系。

一、我国金融中介机构的构成

金融中介机构有狭义与广义之分。狭义的金融中介机构通常是指金融活动的信用关系中借贷双方之间的中介，其从资金供给方那里借入资金，再放贷给资金需求方，并分别与需求方和供给方形成独立的债权债务关系。由此可见，狭义的金融中介机构一般指商业银行。广义的金融中介机构则泛指参与或服务于金融市场活动并获取收益的各类组织和机构。也就是说，除了商业银行外，还有证券、保险、基金、信托等许多非银行金融机构，它们从事综合的或者专门的金融业务和金融服务，形成相互联系、相互影响的统一整体，构成金融中介机构体系。本章的研究对象为广义的金融中介机构。

二、我国金融中介机构的分类

金融中介机构依据不同标准可以做各种划分：按照业务特征以及在履行货币创造、交换媒介和支付手段方面的能力不同，可以划分为银行金融中介机构和非银行金融中介机构；按照是否承担国家政策性金融业务，可以划分为商业性金融机构和政策性金融机构；按照所从事业务的性质及其在金融活动中所发挥的作用，可以划分为融资类金融中介机构、投资类金融中介机构、保障类金融中介机构和服务类金融中介机构。

参考联合国统计司和国民经济核算体系对金融中介的分类标准，我们着重介绍如下三种分类：

（一）按经济活动分类

联合国统计司根据经济活动类型，把现今世界上的经济活动分为 17 个大类，金融中介活动是其中的一大类，具体包括：（1）不包含保险和养老基金的金融中介活动，主要有货币中介活动；中央银行和其他货币中介（主要指存款货币银行）活动；其他金融中介活动；金融租赁活动以及其他如农业信贷、进出口信贷、消费信贷等专业信贷活动。（2）保险和养老基金（不包括强制性社会保障）活动，主要有人寿保险活动；养老基金活动；非人寿保险活动。（3）辅助金融中介活动，主要有金融市场组织的活动（包括证券交易所、投资银行、投资基金等的证券交易活动）以及与金融中介有关的其他辅助活动。

（二）按中心产品分类

联合国统计司把现今世界上的中心产品共分为 9 大类，其中一大类是“金融中介、保险及辅助服务类”，主要包括：（1）金融中介服务；（2）投资银行服务；（3）保险和养老基金服务；（4）再保险服务；（5）金融中介辅助服务；（6）保险和养老基金辅助服务。

（三）按机构分类

国民经济核算体系对金融中介按机构进行了分类，具体包括：（1）中央银行；（2）其他存款公司；（3）不是通过吸纳存款筹集资金的投资公司、金融租赁公司以及消费信贷公司等；（4）金融辅助机构，如各类经纪人；（5）保险基金和养老基金。

三、主要金融中介机构的业务

（一）商业银行的业务

商业银行在各国金融体系中都发挥着举足轻重的作用，其经营业务活动对实体经济运行产生直接的影响。商业银行的主要业务包括负债业务、资产业务与表外业务。资产负债表是商业银行一定时点的业务活动的总括反映，利润表是商业银行一定时期内经营成果的总括反映。

1. 负债业务

负债业务是商业银行组织资金来源的业务活动，是资产业务和其他业务运营的起点和基础。商业银行的负债来源包括存款负债和非存款负债，其中，存款负债是指吸收存款这一类业务活动，它是商业银行经营资金的主要来源，是商业银行赖以生存和发展的基础。从规模上看，吸收存款通常占到商业银行负债总额的70%左右。非存款负债是指商业银行通过借入资金而形成的负债，主要来源渠道包括向中央银行借款、同业拆借、卖出回购以及国外市场借款等。

2. 资产业务

资产业务是指商业银行将其拥有的资金进行贷放或者投资以产生收益的活动。商业银行的资产业务主要包括贷款业务、票据贴现业务与投资业务等。贷款业务是指银行将其所吸收的资金按照一定利率贷给客户并约定归还期限的业务。票据贴现业务是指票据持有人将未到期票据向商业银行申请兑付，商业银行扣除手续费和未来期间利息后将余额支付给持票人的业务。投资业务是指商业银行在金融市场上买卖各类证券资产的业务。

3. 表外业务

表外业务是指商业银行从事的按照现行的会计准则不计入资产负债表内，不形成现时资产负债，但会引起当期损益变动的业务。表外业务主要包括担保类业务、承诺类业务、代理投融资服务类业务、中介服务类业务以及其他类业务等。其中，担保类业务是指商业银行对第三方承担偿还责任的业务，包括但不限于银行承兑汇票、保函、信用证等。承诺类业务是指商业银行在未来某一日期按照事先约定的条件向客户提供约定的信用（如贷款承诺等）的业务。代理投融资服务类业务是指商业银行根据客户委托，为客户提供投融资服务但不承担代偿责任、不承诺投资收益的业务，包括委托贷款、委托投资、代客非保本理财、代客交易、代理发行和承销债券等。中介服务类业务是指商业银行根据客户委托，提供中介服务并收取手续费的业务，包括代理收付、财务顾问、资产托管和各类保管业务等。

（二）证券公司的业务

证券公司是指依照《公司法》和《证券法》设立的经营证券业务的有限责任公司或股份有限公司。在我国，设立证券公司必须经过国务院证券监督管理机构的审查和批准。证券公司是证券市场的主要中介机构，在证券市场运行中发挥着重要作用。

证券公司的主要业务包括证券经纪业务、证券投资咨询业务、财务顾问业务、证券承销与保荐业务、证券自营业务、证券资产管理业务、证券融资融券业务等。

1. 证券经纪业务

证券经纪业务又被称为代理买卖证券业务，是指证券公司接受客户委托买卖有价证券，并从中收取一定比例的佣金的业务。目前，我国公开发行并上市交易的股票、公司债券等证券，主要是在证券交易所内采用公开的集中交易方式进行交易，因此证券公司从事的经纪业务以通过证券交易所代理买卖证券为主，早年采用的柜台代理买卖证券业务方式已不常见。

2. 证券投资咨询业务

证券投资咨询业务是指从事证券投资咨询业务的机构及其咨询人员为客户提供证券投资分析、预测、建议等直接或者间接有偿咨询服务的活动。两种基本的证券投资咨询业务是证券投资顾问业务和发布证券研究报告。其中，前者是指证券公司、证券投资咨询机构接受客户委托，并按照约定向客户提供涉及证券等的投资建议服务，辅助客户做出投资决策，并直接或间接获取经济利益的经营活动。后者是指上述机构对证券等的价值、市场走势或相关影响因素进行分析，形成证券估值、投资评级等投资分析意见，制作证券研究报告并向客户发布的行为。

3. 财务顾问业务

财务顾问业务是指与证券交易、证券投资活动有关的咨询、建议、策划业务。其具体内容包括：为企业申请证券发行和上市提供改制改组、资产重组、前期辅导等提供咨询服务；为上市公司重大投资、收购兼并、关联交易等提供咨询服务；为上市公司完善法人治理结构、设计经理层股票期权、职工持股计划、投资者关系管理等提供咨询服务；为上市公司再融资、资产重组、债务重组等资本运营提供融资策划、方案设计、推介路演等咨询服务。

4. 证券承销与保荐业务

证券承销是指证券公司代理证券发行人发行证券的行为。发行人向不特定对象公开发行的证券，法律、行政法规规定应当由证券公司承销的，发行人应当同证券公司签订承销协议。承销业务可以采取包销或者代销方式。证券包销是指证券公司将发行人的证券按照协议全部或部分购入的承销方式。证券代销是指证券公司在承销期结束时，将未售出的证券全部退还给发行人的承销方式。证券保荐制度是指由保荐人为发行人发行证券进行辅导和推荐，核实公司发行文件和上市文件中所载资料是否真实、准确、完整，协助发行人建立严格的信息披露制度并承担风险防范责任，同时保荐人所在的证券公司承担连带担保责任。

5. 证券自营业务

证券自营业务是指证券公司以自身名义，以自有资金或依法筹集的资金，为本公司买卖在境内证券交易所上市交易的证券，在境内银行间市场交易的政府债券、国际开发机构人民币债券、央行票据、金融债券、公司债券、企业债券以及经中国证监会批准或者备案发行并在境内金融机构柜台交易的证券，并获取收益的行为。

6. 证券资产管理业务

证券资产管理业务是指证券公司接受客户委托，对受托的客户财产进行投资和管理的金融服务。需要注意的是，证券公司必须将其证券资产管理业务与证券经纪业务、证券承销业务、证券自营业务、证券做市业务分开办理，不得混合操作。

7. 证券融资融券业务

证券融资融券业务是指证券公司向客户提供资金或股票融通，并收取担保物和融资融券手续费的经营活动。其中，客户向证券公司借入资金并买入证券称为融资交易，客户向证券公司借入证券并卖出称为融券交易。

（三）保险公司的业务

保险公司的业务主要包括财产保险业务和人身保险业务。

1. 财产保险业务

财产保险业务是指保险公司以财产及其有关利益为保险对象的业务，包括财产损失保险、责任保险、信用保险等。财产损失保险以财产作为保险标的，如果保险财产在保险事故中受到损失，保险公司即按保险合同对这种财产损失承担赔偿责任。责任保险是指财产责任保险，其保险标的为被保险人对于第三者应当依法承担的经济赔偿责任。信用保险的保险标的是被保险人对他人的信用。

2. 人身保险业务

人身保险业务是以人的寿命和身体健康为保险对象的保险业务。人身保险包括人寿保险、健康保险、意外伤害保险等。人寿保险以被保险人的寿命作为保险标的，当以死亡作为标志的保险事故发生时，保险公司承担给付保险金的责任。健康保险以被保险人的疾病、分娩及其所致的伤残或者死亡为保险事故，当保险事故发生时，由保险公司承担给付保险金的责任。意外伤害保险以意外伤害及其所致的残废或者死亡为保险事故，当保险事故发生时，由保险公司承担给付保险金的责任。

第三节　多层次资本市场和证券类别

个人和家庭最重要的财富管理目标之一是实现财富的保值和增值，而这一目标通常离不开投资活动，当前全世界最主要的投资活动就是在资本市场进行的。

一、多层次资本市场简介

资本市场的层次结构，是指资本市场根据企业在不同发展阶段的融资需求和融资特点，针对各类市场主体的不同需求，提供的具有不同逻辑次序、不同服务对象和不同内在特点的市场形式。多层次资本市场是对现代资本市场复杂形态的一种表述，是资本市场有机联系的各要素的总和，具有丰富的内涵。资本市场的多层次特性还体现为投资者结构、中介机构和监管体系的多层次，以及交易定价、交割清算方式的多样性，它们与多层次市场共同构成了一个有机平衡的金融生态系统。

目前，我国已经建立起包括主板市场、创业板市场、科创板市场、全国中小企业股份转让系统、区域性股权市场、券商柜台市场、机构间私募产品报价与服务系统、私募基金市场等在内的多层次资本市场体系。党的二十大报告提出："构建全国统一大市场，深化要素市场化改革，建设高标准市场体系。"统一的资本市场是统一大市场的重要内涵之一，它强调不同证券市场之间的合作与衔接，以促进资本要素的充分流动。

（一）主板市场

主板市场是一个国家或地区证券发行、上市及交易的主要场所。一般而言，各国主要的证券交易所代表着国内主板市场。主板市场对发行人的营业期限、股本大小、盈利水平等方面的要求较高，上市企业多为大型成熟企业，具有较大的资本规模以及较稳定的盈利能力。主板市场是资本市场最重要的组成部分，很大程度上反映了国家或地区的经济发展状况。上海证券交易所（以下简称上交所）和深圳证券交易所（以下简称深交所）是我国证券市场的主板市场，前者于1990年12月19日正式营业，后者于1991年7月3日正式营业。

2004年5月，深交所在主板市场内设立了中小企业板市场①，旨在为主业突出、具有成长性和科技含量的中小企业提供直接融资平台。中小企业板市场的设立是我国多层次资本市场体系建设的一项重要内容。中小企业板市场的总体设计原则可以概括为"两个不变"与"四个独立"。

"两个不变"是指中小企业板市场运行所遵循的法律、法规和部门规章与主板市场相同，中小企业板市场的上市公司须符合主板市场的发行上市条件和信息披露要求。

"四个独立"是指中小企业板市场是主板市场的组成部分，但运行独立、监察独立、代码独立、指数独立。运行独立是指中小企业板块的交易由独立于主板市场交易系统的第二交易系统承担；监察独立是指深交所建立了独立的监察系统来对中小企业板市场进行实时监控，该系统针对中小企业板市场的交易特点和风险特征设置独立的监控指标和报警阈值；代码独立是指将中小企业板市场股票作为一个整体，使用与主板市场不同的股票编码；指数独立是指中小企业板市场上市股票达到一定数量后，发布独立的指数。

（二）创业板市场

经国务院同意、中国证监会批准，我国创业板市场于2009年10月23日在深交所正式启动。创业板市场又被称为二板市场，是为具有高成长性的中小企业和高科技企业融资服务的资本市场。创业板市场不同于主板市场，它具有前瞻性强、风险高、监管要求严格以及高技术产业导向明显的特点。我国创业板市场主要面向成长型创业企业，重点支持自主创新企业，支持市场前景好、带动能力强、就业机会多的成长型创业企业，特别是支持新能源、新材料、电子信息、生物医药、环保节能、现代服务等新兴产业的发展。创业板市场为各类风险投资和社会资本提供了风险共担、利益共享的进入和退出机制，促进了创业投资的良性循环，逐步强化了以市场为导向的资源配置、价格发现和资本约束机制，提高了我国资本市场的运行效率和竞争力。

2020年4月27日，中央全面深化改革委员会第十三次会议审议通过了《创业板改革

---

① 2021年4月6日，深交所主板市场与中小企业板市场正式合并。

并试点注册制总体实施方案》，提出在创业板试点注册制，推进发行、上市、信息披露、交易等基础性制度改革，构建符合创业板上市公司特点的持续监管规则体系。在试点注册制安排方面，参照科创板的做法，在坚持规范、透明、公开，严把质量关的基础上，将审核注册程序分为交易所审核、中国证监会注册两个相互衔接的环节。中国证监会对深交所审核工作进行监督，压实发行人和中介机构责任，加大对违法违规行为的处罚力度。2020 年 6 月 12 日，中国证监会发布了《创业板首次公开发行股票注册管理办法（试行）》《创业板上市公司证券发行注册管理办法（试行）》《创业板上市公司持续监管办法（试行）》《证券发行上市保荐业务管理办法（2020）》，这些办法都自公布之日起施行。

（三）科创板市场

2018 年 11 月 5 日，国家主席习近平在首届中国国际进口博览会开幕式上宣布，在上海证券交易所设立科创板并试点注册制，支持上海国际金融中心和科技创新中心建设。2019 年 1 月 23 日，中央全面深化改革委员会第六次会议审议通过《在上海证券交易所设立科创板并试点注册制总体实施方案》《关于在上海证券交易所设立科创板并试点注册制的实施意见》。2019 年 3 月 1 日，中国证监会、上交所关于设立科创板并试点注册制主要制度、规则正式发布，证券发行上市注册制时代正式来临。2019 年 3 月 22 日，上海证券交易所做出受理首批 9 家企业的科创板上市申请的决定。2019 年 6 月 13 日，在第十一届陆家嘴论坛开幕式上，中国证监会和上海市人民政府联合举办了上海证券交易所科创板开板仪式。

科创板市场坚持面向世界科技前沿、面向经济主战场、面向国家重大需求，主要服务于符合国家战略、突破关键核心技术、市场认可度高的科技创新企业。具体来说，科创板市场重点支持新一代信息技术、高端装备、新材料、新能源、环保以及生物医药等高新技术产业和战略性新兴产业，推动互联网、大数据、云计算、人工智能和制造业深度融合，引领中高端消费，推动质量变革、效率变革、动力变革。

值得注意的是，科创板是我国首个实行注册制的场内市场，是我国多层次资本市场体系的重要组成部分。注册制是一种不同于审批制、核准制的证券发行监管制度，其基本特点是以信息披露为中心，通过要求证券发行人真实、准确、完整地披露公司信息，使投资者可以获得必要的信息来对证券价值进行判断并做出投资决策，证券监管机构对证券的价值好坏、价格高低不做实质性判断。

（四）全国中小企业股份转让系统

全国中小企业股份转让系统成立于 2012 年 9 月 20 日，是经国务院批准设立的全国性公开证券交易场所，又称新三板。全国中小企业股份转让系统设立之初，分设创新层和基础层，符合不同标准的挂牌公司分别纳入创新层和基础层管理。根据《国务院关于全国中小企业股份转让系统有关问题的决定》，境内符合条件的股份公司均可以通过主办券商申请在全国中小企业股份转让系统挂牌，公开转让股份，进行股权融资、债券融资、资产重组等，但不可以公开发行股份。

按照中国证监会关于全面深化新三板改革落地实施工作部署，配套《全国中小企业股份转让系统股票向不特定合格投资者公开发行并在精选层挂牌规则（试行）》落地实施，2020 年 3 月 6 日，全国中小企业股份转让系统有限责任公司（以下简称全国股转公司）发布了业务指南，包括《股票向不特定合格投资者公开发行并在精选层挂牌业务指南1号—申报与审查》和《股票向不特定合格投资者公开发行并在精选层挂牌业务指南2号—发行与挂牌》。至此，新三板改革关于股票向不特定合格投资者公开发行的业务规则已全部发布实施。为加强多层次资本市场的有机联系，规范全国中小企业股份转让系统挂牌公司向沪深交易所转板上市行为，依据有关法律法规，2020年6月3日，中国证监会公布了《中国证监会关于全国中小企业股份转让系统挂牌公司转板上市的指导意见》。

2021年9月2日，国家主席习近平在2021年中国国际服务贸易交易会全球服务贸易峰会上指出，继续支持中小企业创新发展，深化新三板改革，设立北京证券交易所，打造服务创新型中小企业主阵地。

（五）区域性股权市场

区域性股权市场是省级行政区域内为中小微企业证券非公开发行、转让及相关活动提供设施与服务的场所。除区域性股权市场外，地方其他各类交易场所不得组织证券发行和转让活动。区域性股权市场是多层次资本市场体系的重要组成部分，是地方人民政府扶持中小微企业政策措施的综合运用平台，对于促进企业特别是中小微企业股权交易和融资，鼓励科技创新和激活民间资本，加强对实体经济薄弱环节的支持，具有积极作用。

区域性股权市场实行合格投资者制度。合格投资者应是依法设立且具备一定条件的法人机构、合伙企业，金融机构依法管理的投资性计划，以及具备较强风险承受能力且金融资产不低于50万元人民币的自然人。不得通过拆分、代持等方式变相突破合格投资者标准或单只私募证券持有人数量上限。鼓励支持区域性股权市场采取措施，吸引所在省级行政区域内的合格投资者参与。

区域性股权市场由所在地省级人民政府按规定实施监管，并承担相应的风险处置责任。区域性股权市场运营机构负责组织区域性股权市场的活动，对市场参与者进行自律管理，保障市场规范稳定运行。区域性股权市场的信息系统应符合有关法律法规和中国证监会制定的信息技术管理规范。区域性股权市场不得为所在省级行政区域外的企业私募证券或股权的融资、转让提供服务。

（六）券商柜台市场

券商柜台市场是指证券公司为与特定交易对手方或为投资者在集中交易场所之外进行交易提供服务的场所或平台。2012年12月10日，中国证监会同意中国证券业协会在遵循“限定私募、先行起步”基本原则的基础上，开展柜台市场试点工作。2012年12月21日，中国证券业协会发布了《证券公司柜台交易业务规范》，正式启动试点工作。2014年8月，中国证券业协会发布《证券公司柜台市场管理办法（试行）》，明确在柜台市场发行、销售与转让的产品包括但不限于以下私募产品：证券公司及其子公司以非公开募集方式设立或者承销的资产管理计划、公司债务融资工具等产品；银行、保险公司、信托公司等其他机构设立并通过证券公司发行、销售与转让的产品；金融衍生品及中国证监会、中国证券业协会认可的产品。

（七）机构间私募产品报价与服务系统

为促进机构间私募产品报价与服务业务的开展，我国于2013年2月27日成立了中证机构间报价系统股份有限公司。该公司是经中国证监会批准并由中国证券业协会按照市场化原则管理的金融机构，其经营范围是：提供以非公开募集方式设立产品的报价、发行与转让服务；提供证券公司柜台市场、区域性股权交易市场等私募市场的信息和交易联网服务，并开展相关业务合作；提供以非公开募集方式设立产品的登记结算和担保品第三方管理等服务；管理和公布机构间私募产品报价与服务系统相关信息，提供私募市场的监测、统计分析服务；制定机构间私募产品报价与服务系统业务规则，对其参与人和信息披露义务人进行监督管理，进行私募市场和私募业务的开发、推广、研究、调查与咨询；建设和维护机构间私募产品报价与服务系统技术系统；经中国证券业协会授权和中国证监会依法批准的其他业务。

（八）私募基金市场

根据《私募投资基金监督管理暂行办法》的规定，私募投资基金（以下简称“私募基金”）是指在中华人民共和国境内，以非公开方式向投资者募集资金设立的投资基金。私募基金财产的投资包括买卖股票、股权、债券、期货、期权、基金份额及投资合同约定的其他投资标的。

私募基金主要分为私募证券基金、创业投资基金、私募股权基金、其他类别私募基金四种。私募证券基金主要投资于公开交易的股份有限公司股票、债券、期货、期权、基金份额以及中国证监会规定的其他证券以及衍生品；创业投资基金主要是对处于创业各阶段的成长型企业进行股权投资；私募股权基金主要投资于非公开交易的企业股权（除创业投资基金投资的那些以外）；其他类别私募基金投资于除证券及其衍生品和股权以外的其他领域。

私募基金不能公开发售和宣传推广，对投资金额要求高，投资者资格和人数常常受到严格的限制。相对于公募基金，私募基金在运作上具有较大的灵活性，它既可以投资于金融衍生品，进行买空卖空交易，也可以进行外汇、商品期货投机交易等。

私募基金的合格投资者是指具备相应风险识别能力和风险承担能力，投资于单只资产管理产品不低于一定金额且符合下列条件的自然人和法人或者其他组织：具有2年以上投资经历，且满足以下条件之一：家庭金融净资产不低于300万元，家庭金融资产不低于500万元，或者近三年本人年均收入不低于40万元；最近一年末净资产不低于1 000万元的法人单位；金融管理部门视为合格投资者的其他情形。

二、股票

股票是一种有价证券，它是股份有限公司在筹集资本时向投资者签发的证明股东所持股份和享有权益的凭证。股票实质上代表了股东对股份公司净资产的所有权（即剩余索取权）。这种所有权是一种综合权利。股东凭借股票可以获得公司的股息和红利，参加股东大会并行使自己投票表决、参与公司重大决策等权利，同时也承担相应的责任与风险。股份有限公司的资本划分为股份，每一股份的金额相等。公司的股份采取股票的形式。股份的发行遵循公平、公正的原则，同种类的每一股份具有同等权利。股票一经发行，购买股票的投资者即成为公司的股东。

股票具有如下特征：

1. 收益性

收益性是股票最基本的特征，它是指股票可以为持有人带来收益。股票的收益来源可分成两类：一是来自股份公司认购股票后，持有者即对发行公司享有经济权益，其实现形式是公司派发的股息、红利，数量多少取决于股份公司的经营状况和盈利水平。二是来自股票流通。股票持有者可以持股票在依法设立的证券交易场所进行交易，当股票的市场价格高于买入价格时，卖出股票就可以赚取价差收益，这种价差收益被称为资本利得。

2. 价格波动性和风险性

股票作为交易对象，同商品类似，有自己的市场行情和市场价格。由于股票价格受到诸如公司经营状况、供求关系、银行利率、大众心理等多种因素的影响，因此其价格具有波动性。价格波动性越大，投资收益的不确定性就越大，投资风险也越大。股票风险的内涵是实际收益与预期收益之间的偏离。受股票自身和市场等因素的影响，股票投资收益与预期收益相比可能出现较大的偏差，因此股票是一种风险较高的金融产品。

3. 流动性

流动性是指股票可以通过依法转让而快速变现。一般认为，某只股票如果能在相对较短的时间内转换为事先确定金额的现金，则该股票的流动性较强。需要注意的是，由于股票转让可能受到各种条件或法律法规的限制，因此，并非所有股票都具有相同的流动性。通常情况下，大盘股的流动性强于小盘股，上市公司股票的流动性强于非上市公司股票。

4. 永久性

永久性是指股票所载权利的有效性是始终不变的，因为它是一种无期限的法律凭证。股票有效期与股份公司存续期间相联系，二者是并存的关系。这种关系实质上反映了股东与股份公司之间比较稳定的经济关系。股票代表着股东的永久性投资，当然股票持有者可以出售股票从而转让其股东身份。但是，对于股份公司来说，因为股东不能要求退股，所以通过发行股票募集到的资金在公司存续期间是一个稳定的资本来源。

5. 参与性

参与性是指股票持有人有权参与公司重大决策。普通股股票持有人是股份公司的股东，有权出席股东大会，选举公司董事会，行使对公司经营决策的参与权。特别股股东根据约定，在参与性上相对于普通股股东有特别权利或受到特别限制。

三、债券

债券是社会各类经济主体为筹集资金而向债券投资者出具的、承诺按一定利率定期支付利息并到期偿还本金的债权债务凭证。债券所规定的借贷双方的权利义务关系包含四个方面的含义：第一，发行人是借入资金的经济主体；第二，投资者是出借资金的经济主体；第三，发行人必须在约定的时间付息还本；第四，债券反映了发行者和投资者之间的债权债务关系，而且是这一关系的法律凭证。

债券具有以下特征：

1. 偿还性

偿还性是指债券有规定的偿还期限，债务人必须按期向债权人支付利息和偿还本金。债券的偿还性使资金筹措者不能无限期地占用债券购买者的资金，换言之，他们之间的借贷经济关系将随偿还期结束、还本付息手续完毕而终止。这一特征与股票的永久性有很大的区别。2013 年，我国有机构开始发行可续期企业债、可续期定向融资工具、可续期公司债、永续中票和永续次级债等类型的永续债券。由于永续债券只占债券中极少的部分，因而不能因此否定债券具有偿还性这一一般特性。

2. 流动性

流动性是指债券持有人可按需要和市场的实际状况灵活地转让债券，以提前收回本金和实现投资收益。流动性首先取决于市场转让的便利程度；其次取决于债券在迅速转变为货币时，是否在以货币计算的价值上蒙受损失。

3. 安全性

安全性是指债券持有人的收益相对稳定，不随发行者经营收益的变动而变动，并且可按期收回本金。一般来说，具有高度流动性的债券同时也是较安全的，因为它不仅可以迅速转换为货币，而且可以按一个较稳定的价格转换。债券不能收回投资的风险有两种：一是债务人无法履行债务的风险，即债务人不能按时足额按约定的利息支付或者偿还本金。一般来说，政府债券无法履行债务的风险较低。二是流通市场风险，即债券在市场上转让时因价格下跌而承受损失。影响债券转让价格的重要因素之一是市场利率水平。

4. 收益性

收益性是指债券能为投资者带来一定的收入，即债券投资的报酬。在实际经济活动中，债券收益可以表现为三种形式：一是利息收入，即债权人在持有债券期间按约定的条件分期、分次取得的利息或者到期一次性取得的利息。二是资本损益，即债权人到期收回的本金与买入债券的价差，或者中途卖出债券与买入债券之间的价差。由于市场利率不断变化，债券在市场上的转让价格将随市场利率的升降而上下波动，债券持有者能否获得转让价差及获得多少转让价差并不是固定的。三是再投资收益，即投资债券所获现金流量再投资产生的利息收入，它受市场收益率变化的影响。

四、主要股票价格指数

（一）上证综合指数

上证综合指数是上海证券交易所股票价格综合指数的简称。该指数的前身为上海静安指数，由中国工商银行上海市分行信托投资公司静安证券业务部于 1987 年 11 月 2 日开始编制。上证综合指数是上海证券交易所于 1991 年 7 月 15 日开始编制和公布的，以 1990 年 12 月 19 日为基期，基期指数为 100，以全部上市股票为样本，以股票发行量为权重进行编制。随着上市品种的不断丰富，上海证券交易所在这一综合指数的基础上，从 1992 年 2 月起分别公布 A 股指数和 B 股指数；从 1993 年 5 月 3 日起正式公布工业、商业、地产业、公用事业和综合五大类分类股价指数。

（二）沪深 300 指数

沪深 300 指数于 2005 年 4 月 8 日发布，由上海和深圳证券市场中市值大、流动性好的 300 只股票组成，综合反映中国 A 股市场上市股票价格的整体表现，能够作为投资业绩的评价标准，为指数化投资和指数衍生品创新提供基础条件。沪深 300 指数的主要特点是：执行严格的样本选择标准，定位于交易性成份指数；采用自由流通量（剔除不上市流通的股本之后的流通量）为权数；采用分级靠档法确定成份股权重；样本股稳定性高，调整设置缓冲区；指数行业分布基本与市场行业分布一致。截至 2021 年 9 月末，在 300 只样本股中，有 186 只来源于上海证券交易所，占比为 62%；有 114 只来源于深圳证券交易所，占比为 38%。沪深 300 指数覆盖了金融地产、工业、主要消费、信息技术、医药卫生、可选消费、原材料、公用事业、电信业务、能源等数十个主要行业的龙头企业。

（三）恒生股票价格指数

恒生股票价格指数是由香港恒生银行编制的用于反映香港股票市场股票价格变动的指数，是香港股票市场上历史最为悠久、影响最大的一种股价指数。它从 1969 年 11 月 24 日开始发布，基期为 1964 年 7 月 31 日，基期指数为 100。恒生股票价格指数挑选了 33 只具有代表性的上市股票作为成份股，其计算方法为修正加权法。

（四）道琼斯指数

道琼斯指数，全称为道琼斯股票价格平均指数，最早是在 1884 年由道琼斯公司创始人查尔斯・道编制的，是世界上历史最为悠久的股票价格指数。道琼斯指数以在纽约证券交易所挂牌上市的一部分具有代表性的公司股票作为编制对象，由四种股票价格平均指数构成，通常人们所说的道琼斯指数主要是指道琼斯指数中的道琼斯工业股票价格平均指数。

第一种是道琼斯工业股票价格平均指数，它由 30 种具有代表性的大工商业公司的股票组成，涵盖范围随经济发展而扩大，大致可以反映美国整个工商业股票的价格水平，是人们通常所引用的道琼斯指数。

第二种是道琼斯运输业股票价格平均指数，它包括 20 种具有代表性的运输业公司的股票，即 8 家铁路运输公司、8 家航空公司和 4 家公路货运公司。

第三种是道琼斯公用事业股票价格平均指数，它由代表美国公用事业的 15 家煤气公司和电力公司的股票组成。

第四种是道琼斯平均价格综合指数，它是综合前三种股票价格平均指数而得出的综合指数。

道琼斯股票价格平均指数是以 1928 年 10 月 1 日为基期，之后股票价格同基准日相比计算出的百分数就成为各期的股票价格指数，现在股票价格指数普遍用点来做单位，股票价格指数每一点的涨跌就是相对于基准日的涨跌百分数。

（五）标准普尔股票价格指数

标准普尔股票价格指数是由美国最大的证券研究机构标准普尔公司编制并发布的，用于反映美国股票市场行情变化的股票价格指数。标准普尔股票价格指数于 1932 年开始编制，最初采样股票共 233 种。1957 年采样股票扩大到 500 种，其中工业股票 425 种、铁路股票 15 种、公用事业股票 60 种。1976 年又进行了改动，采样股票仍为 500 种，但其构成变为工业股票 400 种、运输业股票 20 种、公用事业股票 40 种、金融股票 40 种。标准普尔股票价格指数采用加权平均法，以 1941—1943 年间的平均市价总额为基期值，基期指数为 100，以上市股票市值为权数计算得出。

（六）金融时报指数

金融时报指数的全称为伦敦股市金融时报指数，最初由英国最著名的报纸《金融时报》编制并公布，用于反映英国伦敦证券交易所交易的股票的行情变动。当前较为著名的金融时报指数有三个：第一个是根据在伦敦证券交易所上市的最大的 100 家公司的表现制作的股票价格指数，被称为伦敦金融时报 100 指数，该指数是英国经济状况的重要反映，也是欧洲最重要的股票价格指数之一。第二个是除了最大的 100 家公司外 250 家最大的公司的股票价格指数，被称为伦敦金融时报 250 指数。第三个是由前两者组合而成的伦敦金融时报 350 指数。通常所讲的金融时报指数指的是第一个，即伦敦金融时报 100 指数。

（七）日经股票价格平均指数

日经股票价格平均指数原先被称为日本经济新闻社道琼斯股票价格平均指数，是由日本经济新闻社编制并公布的，用于反映日本东京证券交易所股票价格变动的股票价格平均指数。该指数的前身为 1950 年 9 月开始编制的东证修正股票价格平均指数。1975 年 5 月 1 日，日本经济新闻社向美国道琼斯公司买进商标，采用修正的美国道琼斯公司股票价格平均指数的计算方法，并将其所编制的股票价格指数的名称定为日本经济新闻社道琼斯股票价格平均指数。1985 年 5 月 1 日，即合同满 10 年时，经协商将指数名称改为日经股票价格平均指数（简称日经指数）。日经指数按其计算对象的采样数目不同分成两个：第一个是日经 225 股价平均指数，它是从 1950 年 9 月开始编制的；第二个是日经 500 股票价格平均指数，它是从 1982 年 1 月开始编制的。日经 225 指数因延续时间较长，具有很好的可比性，成为考察日本股票市场股价长期演变及最新变动的最常用和最可靠的指标，新闻媒体引用的日经指数就是这一指数。

（八）纳斯达克指数

纳斯达克指数是反映纳斯达克证券交易市场行情变化的股票价格平均指数，基期值为 100。纳斯达克是美国全国证券交易商协会于 1968 年着手创建的自动报价系统的英文简称，纳斯达克的特点是搜集和发布在场外交易的非上市股票的证券商报价，它现已成为全球最大的证券交易市场，目前包括上市公司 5 200 多家。纳斯达克是全世界第一个采用电子交易的股市，它在 55 个国家和地区设有 26 万多个计算机销售终端。纳斯达克的上市公司涵盖所有新技术行业，包括软件和计算机、电信、生物技术、零售和批发贸易等。

第四节　理性人假设与行为金融学

由于金融市场离不开投资者的参与，因此准确理解理性人假设与金融市场运行的关系具有重要的基础性作用。传统金融理论的一个重要假设是投资者完全理性，完全理性意味着投资决策者拥有近乎无穷的大脑容量，会考虑所有相关信息，并在当前情形下做出最优决策。然而，大量研究表明，现实是另一番景象，即典型的决策者与理想状态相距甚远。

人类的诸多行为倾向也会干扰理性决策，最为明显的便是过度自信和过度反应。证据显示，过度自信的投资者往往过度频繁交易，过度自信的企业家更倾向于创业。同时，人类也容易受到情绪的支配，而情绪会引起人们的投资决策偏差，由此产生的研究已成为金融学的新兴分支——行为金融学。

投资者的行为偏差可以被大致分为两类：一类是认知偏差；另一类是情绪偏差。认知偏差是在某些特定情况下，特别是信息过多、信息意义不明确、大脑没有充足的时间做出反应以及大脑容量有限的情况下，特定的思考、行为倾向导致理性或判断产生的系统性偏误。认知偏差主要源于投资者信息处理“技术”产生的问题，因此相对于情绪偏差而言，认知偏差相对容易识别并在一定程度上更容易被纠正，比如通过有针对性地搜集更多、更全面的信息等。情绪偏差则源于投资者进行决策时的冲动或直觉，而不是源于推理过程，因而更加难以纠正。投资者在面对情绪偏差时的最优决策是尽可能识别情绪偏差并接受、适应情绪偏差，最终做出适度调整以减轻其影响，但不可能完全纠正情绪偏差。

一、认知偏差

认知偏差又可以分为两类：一类是信念固着，指投资者一旦建立了某种信念，就很难打破其固有看法，即使出现完全相反的证据与信息，他们也往往选择视而不见；另一类是信息处理类偏差，源于投资者在处理信息时的非理性行为。

（一）信念固着

信念固着的发生多是因为投资者接收到的新信息与其固有信念存在矛盾，投资者选择性地只关注与其固有信念一致的信息，而忽略不一致的信息。

1. 保守性偏差

保守性偏差是指投资者倾向于给予原有观念过大权重，而对新信息给予较小权重。保守性偏差会造成投资者对新信息的反应不充分，当股票收益发生变化时，不能根据收益中新信息含量的变化充分及时地调整对未来收益的预期。

2. 确认偏差

确认偏差是指投资者选择性地回忆、搜集有利细节，忽略不利或矛盾的信息，来支持自己已有的观念和想法。投资者甚至有可能在投资决策过程中创建专门的信息筛选规则，剔除与自己的已有观念相矛盾的信息。确认偏差有可能造成投资者的投资组合的分散化程度不足，因为投资者很有可能忽略与其重仓持有的股票相关的负面信息。

3. 表征性偏差

表征性偏差是指把事件分为几个典型类别，然后在对事件进行概率估计时过分强调这种典型类别的重要性，而不顾其他潜在可能性的证据。比如，“好地方的股票就是好股票”，这就是表征性偏差。再比如，很多人认为，抛一枚均匀硬币，如果开头五次的结果都是正面朝上，那么第六次很有可能是反面朝上，因为这个结果比较正常（令整体结果较接近 1/2 正面朝上和 1/2 反面朝上）。事实上，每次抛硬币的结果都是独立的，不论之前的结果如何，第六次结果是反面朝上的概率仍为 50%。表征性偏差的后果是：人们倾向于从实际上是随机的数据序列中“洞察”某种模式，因而形成了系统性的预测偏差。

4. 控制错觉偏差

控制错觉偏差是误以为能够影响一些事实上控制不了的事情。对投资者来说，如果他们认为自己采取的行动会影响事情的结果，那就可能会频繁进行交易，比如一看到某则新闻就想要进行买卖。控制错觉偏差的后果是：当股价出乎意料地下跌时，投资者认为股票下跌是可控的，因而选择不调整策略；当股价上涨时，投资者可能只是运气较好，却误以为是自己控制了结果。

5. 后视偏差

后视偏差是指当投资者面临不确定事件的新信息时，对先前信息给予过高的估计，进而发生决策偏差。比如，让一些人预测一场足球比赛谁将获胜，大家猜测 A 队获胜的概率很高，结果却是 B 队获胜了。那么事后让大家回忆当初估计哪个队会获胜时，很多人会认为自己当初就认为 B 队能获胜。再比如，投资者偶尔看过或者听别人说过某只股票，自己当时看了几分钟且根本没做出任何结论，如果几天或者几周后该股票真的大涨了，投资者就会有我当时就看好这只股票的感觉。这些都是后视偏差的典型表现。

（二）信息处理类偏差

信息处理类偏差的产生更多地是由投资者在处理信息时的非理性行为造成的，而不是受到过往信念的影响。

1. 锚定效应

锚定效应是指当投资者需要对某个事件做定量估测时，会将某些特定数值作为起始值，起始值像锚一样制约着估测值。人们在做决策的时候会不自觉地给予特定事件更大的权重。比如，投资者购买某一只股票时其价格是 100 元，后因公司业绩表现不及市场预期，股价已经跌至 60 元，但投资者始终认为初始购买时的 100 元体现了该公司价值，这就是人们在判断中存在的锚定效应。

2. 心理账户

心理账户概念由芝加哥大学著名行为金融和行为经济学家理查德·塞勒（Richard Thaler）提出。在做经济决策时，这种心理账户常常遵循一种与经济学的运算规律相矛盾的潜在心理运算规则，其记账方式与经济学和数学的运算方式都不相同，因此经常以非预期的方式影响着决策，使个体的决策违背最简单的理性经济法则。

可以以一个实验为例说明心理账户的含义。如果今天晚上你打算去听一场音乐会，票价是 200 元，在你马上要出发的时候，发现把最近买的价值 200 元的电话卡弄丢了。你是否还会去听这场音乐会？大部分受试者表示仍然会去买票参加。如果情况改变一下，假设你昨天已经买好了今晚的音乐会门票，在你马上要出发的时候，突然发现把门票弄丢了。你是否愿意再花 200 元买一张门票？结果大部分受试者回答说不去了。

可是从理性决策的角度看，上面两个回答其实是自相矛盾的。不管丢的是电话卡还是音乐会门票，都是丢失了价值 200 元的东西，从损失的金钱上看并没有区别。之所以出现两种不同结果，就是因为心理账户的作用。人们在脑海中把电话卡和音乐会门票归到了不同的账户中，因此丢了的电话卡不会影响音乐会所在账户的预算和支出，大部分人仍然会选择去听音乐会，但是丢了的和需要再买的音乐会门票都被归入同一个账户，所以看上去就要花 400 元才能听一场音乐会，因此人们在心理上会觉得不划算。

3. 框架效应

框架效应是指人们对一个客观上相同的问题进行不同描述后导致了不同的决策判断。一个经典的例子是：一人问牧师，我可以在祈祷的时候抽烟吗？牧师说：不可以。另一人问牧师，我可以在抽烟的时候祈祷吗？牧师赞赏地说：可以。对相同问题的不同描述会影响人的决策选择，这就是框架效应的基本特征。

4. 可得性偏差

可得性偏差是指投资者往往根据认知上的易得性来判断事件的可能性，如投资者在决策过程中过于看重自己知道的或容易得到的信息，而忽视对其他信息的关注和深度发掘，从而造成判断的偏差。比如，投资者往往倾向于关注热门股票，从而在日常交流中做出其上涨概率较大的判断。而事实往往相反，很多较少被关注的股票的涨幅通常大于热门股票的平均涨幅。

二、情绪偏差

情绪偏差是由投资者的情绪而非认知过程造成的偏差。尽管投资者可能希望控制投资过程中的情绪，但实际上情绪偏差相对于认知偏差更难以被识别和纠正，因此更可行的办法是意识到情绪偏差的存在并适应它，而非完全纠正它。

（一）损失厌恶

损失厌恶是指人们面对同样数量的收益和损失时，对损失更加难以忍受。例如，让受试者对下列情景做出决策：

情景一：生意 A 会稳赚 800 元，生意 B 有 85％的概率赚 1 000 元，有 15％的概率分文不赚。

情景二：生意 C 会稳赔 800 元，生意 D 有 85％的概率赔 1 000 元，有 15％的概率不赔钱。

实验结果表明，在第一种情景下，84％的人选择生意 A，表现为对风险的规避；而在第二种情景下，87％的人选择生意 D，表现为对风险的寻求。

由上述实验可见，由于人们对于等量得失的态度不同，人们对待收益和损失的风险偏好也是不同的：当涉及的是收益时，在确定的好处（生意 A）和更多不确定的好处（生意 B）之间，多数人会选择确定的好处，表现为风险厌恶；当涉及的是损失时，在确定的损失（生意 C）和更多不确定的损失（生意 D）之间，多数人会选择更多不确定的损失，表现为风险寻求，其背后的原因就是损失厌恶，即宁愿承受潜在的更大的风险赌一把。

损失厌恶对证券投资的影响表现为：一方面，在证券投资中，长期收益可能会周期性地被短期损失打断，短视的投资者把股票市场视同赌场，过分强调潜在的短期损失。另一方面，由于损失厌恶的存在，投资者更倾向于出售账面上有盈利而不是有亏损的股票，这与理性决策应该基于股票的投资价值而非盈亏状况形成了鲜明对比。

（二）过度自信

过度自信是指人们往往倾向于高估自己的知识、能力和拥有的信息的准确性。造成过度自信的一个原因是自我归因偏差，即人们往往把成功归因于自己的能力，而把失败归因于不可控制的环境或者坏运气，因此人们越“总结”越会过度自信。比如，当市场行情好的时候，大部分股票都表现不错，其中就包括投资者购买的那些股票，此时大多数人会将此归因于自己的投资能力强；而当市场行情急转直下时，投资者往往会把责任推给经济形势或者市场环境的变化，而不去检视自身对该种变化的忽视。

（三）自我控制偏差

自我控制偏差是指投资者由于缺乏自律而难以有效执行并实现其长期投资目标。受到自我控制偏差的影响，虽然投资者意识到应该更多地储蓄以备退休后的支出，但是更多地储蓄意味着减少当期的消费，投资者可能因为缺乏自律而没有足够的储蓄。

（四）现状偏差

现状偏差是指个体在决策时，倾向于不作为、维持当前或者以前的决策的一种现象。即便现状客观上劣于其他选项或者信息不完整，人们也会做出维持现状的决定，而且倾向于将任何改变都视为一种损失，这是现状偏差的基本特征。

（五）禀赋效应

禀赋效应是指当投资者拥有某项资产的时候，他对这项资产的价值评估要大于没有拥有这项资产的时候。由于禀赋效应的存在，投资者在决策过程中往往会产生偏见，比如在购买后对股票的价值评估要高于未购买时，从而导致其在出售该股票时，往往要求比该股票价值更高的价格。

（六）后悔厌恶偏差

后悔厌恶偏差是指对投资者而言，后悔带来的痛苦比由实际损失带来的痛苦还要大。正是基于这种对后悔情绪的厌恶，在投资中会出现一些不理性的操作。比如，投资者根据朋友的建议购买了一只股票，过了一段时间后，该股票下跌了 50%，投资者以亏损的价格出售股票。为了避免未来后悔，投资者很大程度上将不再考虑朋友推荐的任何股票。

三、考虑行为金融因素的投资选择

当面对剧烈的短期资本市场波动时，投资者有可能受到各种行为偏差的影响，从而做出有损其长期资产收益目标的决策。因此，在制定投资目标和构建资产组合之初，根据投资者的行为特征差异进行相应的资产组合修正，就可以减少各种行为偏差的影响。

（一）根据财务目标的重要性进行资产选择

心理账户效应会使得投资者把自己的投资组合置于不同的账户中，从而偏离完全理性条件下的组合决策，一个可行的应对策略是在设计投资组合时即把心理账户效应考虑在内。投资者可以根据自身财务目标的重要性等级，选择不同风险水平的资产组合，财务目标的重要性等级越高，则相应的投资组合的风险水平就应越低。

（二）根据财富规模与行为偏差类型进行资产组合调整

投资者的财富规模直接影响根据其行为特征进行资产组合调整的幅度。投资者的财富规模越大，投资收益满足其基本生活保障的风险水平就越低，因而越有可能根据其行为特征对理性的资产组合进行调整。

投资者的行为偏差类型也会影响其资产组合调整的幅度。由于认知偏差相对于情绪偏差更容易被识别并在一定程度上被纠正，因此针对认知偏差，可以采取更全面地搜集信息以及改进决策程序等方法，而不必对资产组合做出过大幅度的调整。针对情绪偏差，则需要投资者对资产组合做出较大幅度的调整。

（三）根据行为偏差识别投资者类别

1. 以被动保值投资为主要特征的投资者

这一类型的投资者的财富更有可能来自继承或者工作报酬，他们往往较为缺乏投资和风险管理方面的专业知识。由于其主要投资目标是为个人及家庭提供基本生活保障，风险承受能力极低，因而这一类型的投资者在投资过程中伴随着一定程度的焦虑情绪。这些投资者通常过度关注市场的短期波动，同时又因为不适应变化而难以及时对资产组合做出调整，因此主要受到各类情绪偏差的影响。

2. 以被动追随投资为主要特征的投资者

这一类型的投资者的风险承受能力也较弱，他们主要追随朋友或者受到媒体的投资建议的影响。为了追随市场投资热点，这一类型的投资者有可能忽视市场状况以及个人投资目标，甚至过高地估计自身的风险承受能力。这一类型的投资者主要受到认知偏差，例如获得信息的可得性偏差、框架效应和后视偏差等的困扰。

3. 以积极独立投资为主要特征的投资者

这一类型的投资者的风险承受能力较强，并且拥有较强的个人意志，在投资决策过程中能够进行独立思考。但是，由于这类投资者主要依赖个人投资分析，因而他们容易受到自己能够获得的信息的限制。虽然这类投资者也会受到过度自信等情绪偏差的影响，但主要还是受到保守性偏差、可得性偏差、确认偏差和表征性偏差等认知偏差的影响。

4. 以积极进攻投资为主要特征的投资者

这一类型的投资者大多具有创业企业家的背景，因而能够承受高风险。由于能够掌控企业的经营活动，这一类型的投资者通常过度自信，往往频繁交易，导致其投资净收益率相对较低。除过度自信偏差外，此类投资者还会受到自我控制偏差和控制错觉偏差的影响。

职业素养提升专栏

理性人假设与投资者真实行为

正如我们在教材中所说，传统金融理论的一个重要假设是投资者完全理性。这意味着理想的投资决策者拥有近乎无穷的大脑容量，会考虑所有的相关信息，并在当前情形下做出最优决策。

然而，大量研究表明：现实是另一番景象，即典型的决策者与理想状态相距甚远。在技术革命、产业化以及收入分配出现巨大差距时，社会心理状态也往往会出现变异。大众普遍存在改变其社会地位的急切心情，开始追求一夜暴富，相信各种投机奇迹，人类本性中的贪婪和健忘达到前所未有的程度。没有多少人可以经受泡沫产业的诱惑，社会心态浮躁具有普遍性。勒庞在

《乌合之众：大众心理研究》中指出，“约束个人的道德和社会机制在狂热的群体中失去效力”，这会加倍放大个人和群体的非理性。加尔布雷思曾经指出，当经济处于过度繁荣状态的时候，所有人都相信泡沫会继续膨胀，人们不是找出理由使自己变得理性，而是找出理由使自己相信盲目冒险的正确性。

比如，美国经济分析局的数据表明：在大萧条期间的1933年，美国债务率达到299.8%；而在金融危机期间的2009年第3季度，美国债务率更是高达369.7%。大量举债进行高风险投资完全背离了理性人假设，形成了巨大的资产泡沫。再比如，过度自信作为投资者非理性的表现之一，也使得我国股票市场的过度交易倾向超过成熟市场。2015年，中国爆发了自1990年股票市场建立以来最严重的股市危机。2015年6月15日，上证指数从开盘时的5 174点一路狂泻，到8月26日达到最低的2 850点，下跌了45%，中小板和创业板分别下跌了44.6%和51.8%。2015年6月，沪深两市股票换手率分别为696.80%和838.60%，这不仅高于美国、英国等发达国家的证券交易所，也大幅高于毗邻的东京证券交易所（122.1%）和韩国交易所（175.6%）。据此计算，我国沪深两市的平均持股时间分别仅为52天和44天。过度自信和过度交易会抬高交易成本，降低投资收益，并可能陷入“过度自信—过度交易—收益率下降—更过度交易”的恶性循环。从这个角度看，必须对西方经济学关于理性人的假设进行重新审视，在个人财富管理过程中对个人的认知偏差和情绪偏差予以足够重视，并据此调整投资策略。

关键术语

金融市场	直接融资	间接融资	股票	债券
股票价格指数	理性人假设	认知偏差	情绪偏差	

习　题

1. 金融市场有哪些基本的经济功能？
2. 请介绍股票市场的常用指数并指出这些股票指数的标的。
3. 请说明哪些心理因素会影响投资者的财富管理选择。

第 2 章

财富管理的金融基础原理

本章要点

1. 货币时间价值：现值、终值与年金
2. 多种利率与收益率计算
3. 净现值估值原理
4. 住房抵押贷款：等额本息还款法与等额本金还款法的比较

第一节　金融基础原理一：货币时间价值

一、货币时间价值

知识讲解

货币时间价值

货币时间价值也称资金的时间价值，是指货币随着时间的推移而发生的增值。当前持有的一定量的货币比未来获得的等量货币具有更高的价值，这是因为货币用于投资可获得收益，存入银行可获得利息，货币的购买力会随着时间的推移而改变。

货币能够增值的首要原因在于它是资本的一种形式，可以作为资本投放到企业的生产经营当中，经过一段时间的资本循环后，会产生利润。每完成一次循环，货币就增加一定数额，周转的次数越多，增值额就越大。因此，随着时间的推移，货币总量在循环和周转中不断增长，使得货币具有时间价值。

但是，货币并非只有直接投入企业的生产经营才能实现增值。在现代市场经济中，由于金融市场高度发达，货币持有者在任何时点都能方便地把货币投放到金融市场中，参与社会资本运营。比如，货币持有者可将货币存入银行，或在证券市场上购买证券。这样，虽然货币持有者本身不参与企业的生产经营，但他的货币进入了金融市场，参与了社会资本周转，从而间接地参与了企业的生产经营，因而同样会发生增值。

由此可见，货币时间价值产生的原因是：货币直接或间接地参与了社会资本周转，从而获得了价值增值，其实质就是货币周转使用后的增值额。

从经济学角度来看，等量货币在不同时点的价值是不相等的。货币持有者如果放弃当前时刻使用此货币的机会，那么就可以在未来换取对应时期的货币时间价值。通俗点说，这也就是常说的今天的一元钱和未来的一元钱并不相等。因此，若要比较不同时点的资金价值，应把它们转换到同一时点。比如今天的 1 万元与 10 年后的 1 万元从数字上看是相等的，但实质上并不等值，你应当计算今天的 1 万元在 10 年后等于多少钱，或者 10 年后的 1 万元相当于今天的多少钱。假如你在商业银行存了 1 万元 1 年期定期存款，一年后你拿到的本金和利息合计 10 285 元，那么其中的 285 元就是货币时间价值。

二、货币时间价值的衡量

首先来认识一下利息的两种计算方式：单利和复利。单利是指在每一个计息期间，仅本金产生利息，利息部分不产生利息；复利则是指不仅本金产生利息，当期的利息部分在下一期也被作为本金投入，因而也产生利息，俗称“利滚利”。

单利的计算公式如下：

$$本利和=本金+本金\times利率\times年数 \tag{2-1}$$

复利的计算公式如下：

$$本利和=本金\times(1+利率)^{年数} \tag{2-2}$$

假设你现在持有 100 元，分别用单利和复利两种方式来计息，年利率为 5%，1 年后、10 年后、100 年后，两者的差异是多少呢？从表 2－1 可以看出，第 1 年单利和复利的计算结果相同，均为 105 元。但是，随着时间的推移，二者的差距逐渐拉开，第 2 年仅相差 0.25 元，第 3 年相差 0.76 元，第 10 年相差 12.89 元。时间越久，二者的差距就越大。单利以每年增加 5 元的速度匀速增长，而复利则加速增长，到第 50 年二者的差距为 796.74 元，到第 100 年二者的差距则高达 12 550.13 元。复利完美地扩展了货币的时间价值空间，使财富倍增的效果无与伦比，因而对财富管理具有非常重要的意义。

表 2－1　计息方式的比较：单利与复利　　单位：元

年份	按单利计算的本利和	按复利计算的本利和
第 1 年	$100\times(1+5\%)=105$	$100\times(1+5\%)=105$
第 2 年	$100\times(1+5\%\times2)=110$	$100\times(1+5\%)^2=110.25$
第 3 年	$100\times(1+5\%\times3)=115$	$100\times(1+5\%)^3=115.76$
第 4 年	$100\times(1+5\%\times4)=120$	$100\times(1+5\%)^4=121.55$
……	……	……
第 10 年	$100\times(1+5\%\times10)=150$	$100\times(1+5\%)^{10}=162.89$
第 11 年	$100\times(1+5\%\times11)=155$	$100\times(1+5\%)^{11}=171.03$
第 12 年	$100\times(1+5\%\times12)=160$	$100\times(1+5\%)^{12}=179.59$
……	……	……
第 50 年	$100\times(1+5\%\times50)=350$	$100\times(1+5\%)^{50}=1\ 146.74$
第 51 年	$100\times(1+5\%\times51)=355$	$100\times(1+5\%)^{51}=1\ 204.08$
……	……	……
第 98 年	$100\times(1+5\%\times98)=590$	$100\times(1+5\%)^{98}=11\ 927.55$
第 99 年	$100\times(1+5\%\times99)=595$	$100\times(1+5\%)^{99}=12\ 523.93$
第 100 年	$100\times(1+5\%\times100)=600$	$100\times(1+5\%)^{100}=13\ 150.13$

三、货币时间价值的计算

知识讲解

终值、现值和年金

（一）终值和现值

1. 终值与现值的关系

终值（Future Value）是指把当前时点一定量的资金折算到未来某一时点所对应的金额，通常记为 F。现值（Present Value）是指把未来某一时点的一定量资金折算到当前时点所对应的金额，通常记为 P。可以发现，现值和终值是一定量资金在前后两个不同时点对应的价值，其差额即资金的时间价值。

在现实生活中计算利息时，通常所说的本金、本利和即分别对应资金时间价值理论中的现值和终值，利率可看作资金时间价值的一种具体表现，通常记为 i。可以将现值和终值对应的时点之间这段时间划分为 n 期，相当于有 n 个计息期。资金时间价值一般按照复利计算。

假设 2021 年 1 月 1 日投资者林先生存入 1 000 万元，年利率为 4%，一年后的本利和是多少？

$$1\,000\times(1+4\%)=1\,040(\text{万元})$$

经计算可得，林先生一年后得到本利和 1 040 万元。为便于分清现值和终值，在计算时可画一条数轴，对于特定时间段而言，现值 P 是该时间段起点的金额，终值 F 是该时间段终点的金额，如图 2-1 所示。

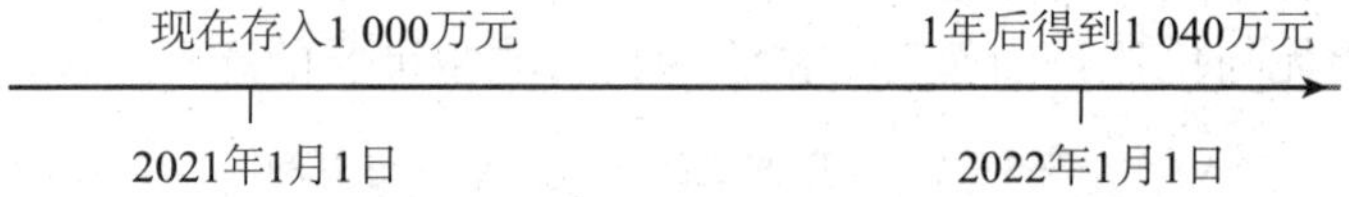

图 2-1　现值和终值

2. 复利终值的计算公式

复利终值的计算公式为：

$$F=P\times(1+i)^n \tag{2-3}$$

其中，$(1+i)^n$ 称为复利终值系数，用符号 $(F/P, i, n)$ 表示。这样上式就可以改写为：

$$F=P\times(F/P, i, n) \tag{2-4}$$

式（2-4）的便利之处在于，可以利用复利终值系数表，查得对应的复利终值系数。比如，上文中的林先生如把 1 000 万元存入银行，按 3 年期复利计息，年利率为 5%，可以查表得到 $(F/P, 5\%, 3)=1.157\,6$，从而可以算出终值为 1 157.6 万元（=1 000 万元×1.157 6）。当然，如果采用 $1\,000\times(1+5\%)^3$ 进行计算也能得到相同的数值。需要说明的一点是，复利终值系数表中的系数均为四舍五入后的值，因此与实际算出来的数值可能略有差异，但这不会对结果产生实质性影响。

3. 复利现值的计算公式

复利现值的计算公式为：

$$P=F\times(1+i)^{-n} \tag{2-5}$$

其中，$(1+i)^{-n}$称为复利现值系数，用符号（P/F，i，n）表示。这样上式就可以写为：

$$P=F\times(P/F,I,n) \tag{2-6}$$

比较式（2-3）和式（2-5）可以发现，复利终值系数与复利现值系数互为倒数。类似地，复利现值系数也可以通过查表获得。

运用复利现值系数可以轻松地解决一些基础的财富管理问题。比如，蔡同学目前读大学一年级，他打算三年后出国留学，预计需要留学资金 100 万元。请问如果银行利率为 5%，现在蔡同学的父母需要存入银行多少钱，才能在 3 年后获得 100 万元？

经查复利现值系数表，$(F/P,5\%,3)=0.863\,8$。

$$P=100\times(1+5\%)^{-3}=100\times(P/F,5\%,3)=100\times0.863\,8=86.38(\text{万元})$$

因此，蔡同学的父母需要在当前时点存入 86.38 万元，3 年后才可以支付留学费用 100 万元。

(二) 年金

1. 年金的类型

年金（Annuity）是指一定时期内每次等额收付的系列款项，通常记作 A。年金具有两个特点：一是金额相等；二是时间间隔相等。因此，年金也可以理解为等额、定期的系列收支。年金收付形式在经济生活中很常见，比如房屋租金、房屋贷款、商品分期付款、养老金以及投资款项的利息支付等。年金一词最初是指每年一次的付款，实际上很多类型的收付款与年金具有相同的性质，只是时间单位不一定是 1 年，因此年金的含义已经有所扩展。

按每次收付款项发生时点的不同，我们可以将年金分为普通年金（后付年金）、即付年金（先付年金、预付年金）、递延年金（递期年金）、永续年金等类型，如图 2-2 所示。

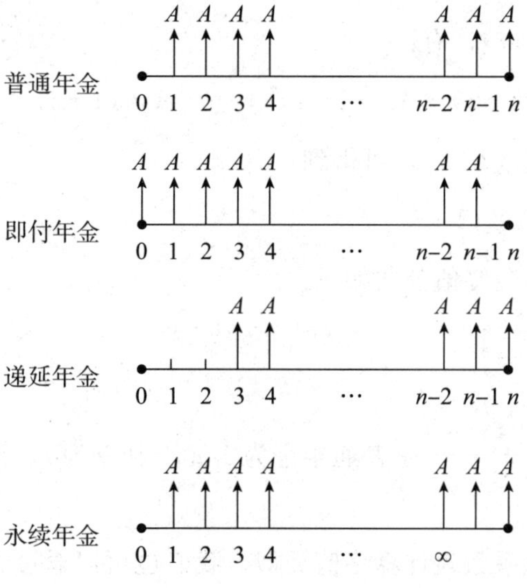

图 2-2　年金的分类

(1) 普通年金。普通年金又称后付年金，是指在每期期末等额收付的系列款项，后付年金终值可以看作零存整取的本利和，它是一定时期内每期期末等额收付款项的复利终值之和。

(2) 即付年金。即付年金又称先付年金，是指在每期期初等额收付的系列款项，它与普通年金的区别仅在于付款时点不同。

(3) 递延年金。递延年金是指第一次收付款的发生时间与第一期无关，而是隔若干期(m)后才开始发生的系列等额收付款项。它是普通年金的特殊形式。

(4) 永续年金。永续年金是指无限期等额收付的特种年金。它也是普通年金的特殊形式，即期限趋于无穷的普通年金。

2. 年金价值的计算

(1) 普通年金终值。普通年金终值是一定时期内每期期末等额收支的本利和，也就是每一期末的金额按复利换算到最后一期末的终值之和。简单来说，如果你每隔相等的一段时间存下相等数量的钱，若干年后能够从银行拿到的金额就是年金终值。

比如，每年年末存款 1 元，年利率为 10%，经过 5 年，逐年的年金终值和总的年金终值可分别计算如下：

第 1 年末存入的 1 元：终值$=1\times(1+10\%)^4=1.464$(元)

第 2 年末存入的 1 元：终值$=1\times(1+10\%)^3=1.331$(元)

第 3 年末存入的 1 元：终值$=1\times(1+10\%)^2=1.210$(元)

第 4 年末存入的 1 元：终值$=1\times(1+10\%)^1=1.100$(元)

第 5 年末存入的 1 元：终值$=1\times(1+10\%)^0=1.000$(元)

将 5 年数据加总，即可得到 1 元年金的 5 年终值为 6.105 元。

当年金的期数较多时，用上述方法计算终值非常烦琐。由于每年收支额相等，折算终值系数具有规律性，所以可采取简便的计算方法。

假设每期期末金额为 A，利率为 i，期数为 n，终值和普通年金的关系如下：

$$F=A+A\times(1+i)+A\times(1+i)^2+\cdots+A\times(1+i)^{n-1} \tag{2-7}$$

等式两边同乘以 $(1+i)$，有：

$$F(1+i)=A\times(1+i)+A\times(1+i)^2+\cdots+A\times(1+i)^n \tag{2-8}$$

用式 (2-8) 减去式 (2-7)，可得到：

$$F(1+i)-F=A\times(1+i)^n-A \tag{2-9}$$

经整理可得，普通年金终值公式如下：

$$F=A\times\frac{(1+i)^n-1}{i} \tag{2-10}$$

式 (2-10) 中，$\frac{(1+i)^n-1}{i}$是普通年金为 1 元、利率为 i、期数为 n 的普通年金终值系数。

与通过查找复利终值系数表计算终值类似，我们也可以通过查找年金终值系数表计算年金终值。比如，张三希望大学毕业 5 年后购房，他准备开始存购房基金，预计每年年末存入 30 000 元，假设利率为 10%，且不发生变化，那么 5 年后张三的购房基金共有多少金额？

$$F=A\times(F/A，10\%，5)=30\ 000\times6.105\ 1=183\ 153(元)$$

其中，6.105 1 是通过查普通年金终值系数表得到的。

(2) 先付年金终值。先付年金终值是一定时期内每一期初的金额按复利换算到最后一期末的终值之和。

与计算普通年金终值的方法类似，假定每期期初金额为 A，利率为 i，期数为 n，先付年金终值的计算公式如下：

$$F=A\times(1+i)+A\times(1+i)^2+\cdots+A\times(1+i)^n \tag{2-11}$$

等式两边同乘以 $(1+i)$，得：

$$F(1+i)=A\times(1+i)^2+A\times(1+i)^3+\cdots+A\times(1+i)^{n+1} \tag{2-12}$$

用式（2-12）减去式（2-11），可得到：

$$F(1+i)-F=A\times(1+i)^{n+1}-A\times(1+i) \tag{2-13}$$

计算并整理可得，先付年金终值公式如下：

$$F=A\times\frac{(1+i)^n-1}{i}\times(1+i) \tag{2-14}$$

式（2-14）中，$\frac{(1+i)^n-1}{i}\times(1+i)$是先付年金为 1 元、利率为 i、期数为 n 的先付年金终值系数。不难发现，它与普通年金终值系数相比多了一期货币时间价值，原因就在于它的资金收付时点是在每期期初。

(3) 普通年金现值。普通年金现值是一定时期内每期期末等额的系列收付款的现值之和。也就是说，为了在每年末取得相等的金额，现在需要一次性投入的金额是多少。普通年金现值的计算相当于已知年金 A，求普通年金现值 P。

我们以孩子的教育规划为例。例如，黄女士希望未来 5 年每年年末得到 10 000 元，用于缴纳幼托费用。假设年利率为 10%，请问她在今年年初需要一次性存入多少金额？

其各年的年金现值分别计算如下：

第 1 年末 10 000 元的现值$=10\ 000\times(1+10\%)^{-1}=9\ 090.9$(元)

第 2 年末 10 000 元的现值$=10\ 000\times(1+10\%)^{-2}=8\ 264.5$(元)

第 3 年末 10 000 元的现值$=10\ 000\times(1+10\%)^{-3}=7\ 513.1$(元)

第 4 年末 10 000 元的现值$=10\ 000\times(1+10\%)^{-4}=6\ 830.1$(元)

第 5 年末 10 000 元的现值$=10\ 000\times(1+10\%)^{-5}=6\ 209.2$(元)

将 5 年数据加总，即可得到 10 000 元 5 年的年金现值为 37 907.8 元。

同样，由于每年收支额相等，折算现值系数具有规律性，所以可找出简便的计算方法。

假设每期期末金额为 A，利率为 i，期数为 n，那么普通年金现值的计算公式如下：

$$P=\frac{A}{1+i}+\frac{A}{(1+i)^2}+\frac{A}{(1+i)^3}+\cdots+\frac{A}{(1+i)^n} \tag{2-15}$$

等式两边同时乘以（$1+i$）可得：

$$P(1+i)=A+\frac{A}{1+i}+\frac{A}{(1+i)^2}+\cdots+\frac{A}{(1+i)^{n-1}} \tag{2-16}$$

用式（2-16）减去式（2-15），可得到：

$$P(1+i)-P=A-\frac{A}{(1+i)^n} \tag{2-17}$$

计算并整理可得，普通年金现值公式如下：

$$P=A\times\frac{1-\frac{1}{(1+i)^n}}{i} \tag{2-18}$$

式（2-18）中，$\frac{1-\frac{1}{(1+i)^n}}{i}$是普通年金为 1 元、利率为 i、期数为 n 的普通年金现值系数。

类似地，我们也可以通过查找年金现值系数表来进行计算。比如，李四按 12%的年利率取得 5 年期汽车贷款 20 万元，要求每年年末等额偿还，那么每年的偿付额应为多少？

$$200\ 000=A\times(P/A,\ 12\%,\ 5)$$

查年金现值系数表可得（P/A，12%，5）为 3.604 8，经计算可知：

$$A=\frac{200\ 000}{3.604\ 8}=55\ 481.58(\text{元})$$

即李四每年末的偿付额为 55 481.58 元。

（4）先付年金现值。先付年金现值是一定时期内每期期初等额的系列收付款的现值之和。假定每期期初金额为 A，利率为 i，期数为 n，那么先付年金现值的计算公式如下：

$$P=A+\frac{A}{1+i}+\frac{A}{(1+i)^2}+\frac{A}{(1+i)^3}+\cdots+\frac{A}{(1+i)^{n-1}} \tag{2-19}$$

等式两边同除以（$1+i$），可得：

$$\frac{P}{1+i}=\frac{A}{1+i}+\frac{A}{(1+i)^2}+\frac{A}{(1+i)^3}+\cdots+\frac{A}{(1+i)^n} \tag{2-20}$$

用式（2-19）减去式（2-20），可得到：

$$P-\frac{P}{1+i}=A-\frac{A}{(1+i)^n} \tag{2-21}$$

计算并整理可得，先付年金现值的计算公式如下：

$$P=A\times\frac{1-\frac{1}{(1+i)^n}}{i}\times(1+i) \tag{2-22}$$

式（2-22）中，$\frac{1-\frac{1}{(1+i)^n}}{i}\times(1+i)$是先付年金为 1 元、利率为 i、期数为 n 的先付年金现值系数。与普通年金现值系数相比，它也是多了一期资金时间价值。

第二节 金融基础原理二：多种利率与收益率计算

知识讲解

利率及其分类

一、利率

利率是资金的使用价格，是因使用资金而支付的代价。利率常以百分数的形式表示，其计算公式是：

$$利率=\frac{利息}{本金}\times100\% \tag{2-23}$$

由此可见，计算利息有三个基本要素：本金、利率和时间。利息的多少与这些要素成正比关系：本金越多、利率越高、时间越长，则利息越多；反之，则利息越少。

按照不同的分类标准，可以对利率进行如下分类。

（一）名义利率与实际利率

所谓名义利率，是指在借贷合同或者有价证券中注明的利率。实际利率则是反映了购买力水平变化的利率，需要把通货膨胀因素考虑进去，它约等于名义利率减去通货膨胀率。实际利率还可以分为事前实际利率和事后实际利率，事前实际利率等于名义利率减去预期的通货膨胀率，事后实际利率等于名义利率减去实际的通货膨胀率。

举一个简单的例子，假设今天在银行存了 100 元，按照 4%的利率计息，1 年后可以获得 104 元。今天一篮子蔬菜的价格为 100 元，1 年后涨到了 103 元，通货膨胀率为 3%，这意味着 1 年后，你的真实购买力并未增长 4%，而是增长了 104/103−1，即 0.97%，约等于 1%，也就是用名义利率 4%减去通货膨胀率 3%，这是反映了真实的购买力水平变化的利率，也就是实际利率。

（二）短期利率与长期利率

短期利率是指期限在一年以内的利率，长期利率是指期限在一年以上的利率。期限长短与风险大小有直接的联系，通常而言，期限越长，风险越大，要求的流动性补偿和风险补偿越高，体现为利率越高；期限越短，利率越低。短期利率和长期利率之间的这一关系通常被称为利率期限结构，它代表的是市场对利率走势的看法。但是，在真实的金融市场中，也会出现长短期利率倒挂的情况。所谓长短期利率倒挂，就是长期利率低于短期利率，或者说，短端利率超过了市场认为的均值。短期利率往往由政策决定，而长期利率则包含了经济增长、通货膨胀、债务杠杆和流动性溢价等多种因素。所以一旦长短期利率出现倒挂，就意味着至少市场认为未来的经济基本面比现在糟糕。

（三）固定利率与浮动利率

依据借贷期内是否调整，我们可以将利率划分为固定利率与浮动利率。固定利率是指在整个借贷期内不调整的利率，浮动利率是指在整个借贷期内随市场利率变化而调整的利率，一般由双方进行协商，根据某种市场利率进行调整。浮动利率一般适用于市场利率变动比较频繁、波动比较大的时期。

比如，中国人民银行宣布从 2020 年 3 月 1 日起开展存量浮动利率个人贷款定价基准转换，其中就涉及固定利率与浮动利率的选择。如果你选择固定利率，房贷就维持当前利率水平不变，不受贷款市场报价利率（Loan Prime Rate，简称 LPR）变化的影响。假设你的贷款发生时间是 2016 年，执行的政策是贷款基准利率 4.9%打 9 折，那么你后续每月的房贷利率都按照 4.41%计算，并保持不变。

如果你选择"LPR＋加点"浮动利率，那么就需要先计算出在调整时点你的房贷利率与 LPR 的差异，将其作为后期的加点调整额。具体来说，以你的房贷利率 4.41%减去 4.8%（这个 4.8%就是调整时点上的 5 年期及以上贷款利率），得到加点为－0.39%，加点一旦确定，就固定不变。未来，你的房贷利率就是一个浮动利率，即"LPR－0.39%"，随着 LPR 的升降而变化。但是，银行出于简化操作等原因，通常会与贷款客户约定，每次 LPR 的调整间隔不小于 1 年，所以该房贷利率的浮动频率是年度。

（四）年利率、月利率与日利率

年利率、月利率与日利率是根据计算利息的时间单位对利率进行的分类，三者之间的单利换算关系为：月利率乘以 12 为年利率；日利率乘以 30 为月利率。

具体来看，年利率是以年为时间单位进行计息，俗称"分"，1 分等于 1%。如果年息为 5 分，就表示年利率是 5%。如果借 1 万元，按照年息 5 分来计算的话，那么每年需要支付的利息为 1 万元乘以 5%，即 500 元。

月利率是以月为时间单位计息，俗称"厘"，1 厘等于 0.1%。这种表达利率的方法一般用于民间借贷中，比如月息 9 厘的意思是每月利率 0.9%，换算为年利率是每年 10.8%，因此，如果 1 万元按照月息 9 厘计算的话，每年利息为 1 080 元。

日利率是以日为时间单位计息，俗称"毫"，1 毫等于 0.01%。比如日息 5 毫的意思是每日利率 0.05%，换算为月利率是每月 1.5%，再换算为年利率是每年 18%。如果借款 1 万元的话，那么每年利息为 1 800 元。

二、收益率

知识讲解

收益率及投资组合收益

如果想评估一名投资者的投资的成功程度，那么需要考虑两个相关但不同的方面：首先是投资组合收益衡量，其次是投资组合业绩评估。精确的投资组合收益衡量将为投资组合业绩评估提供重要依据，因此，投资组合收益衡量对于所有投资者和投资经理来说都是非常重要的，它是所有分析的基础。

测量投资组合收益率时，我们倾向于使用持有期收益率（Holding Period Return，HPR）来代表某一特定期间的证券收益率。一般而言，持有期收益率的计算公式如下：

$$HPR=\frac{P_1-P_0+D_1}{P_0}\times 100\% \tag{2-24}$$

其中，P_0 表示持有期期初初始投资额，P_1 表示持有期期末投资价值，D_1 表示持有期内收到的利息、股利、分红等投资收益。

但是，当需要衡量投资组合跨多个时期的收益时，或者当持有期内存在增加或减少投资的情形时，投资组合收益衡量则变成了一项具有挑战性的任务。目前可用的衡量工具主要有算术平均收益率、资金加权收益率和时间加权收益率三种。

（一）算术平均收益率

算术平均收益率就是对投资组合在总持有期内的各个子期间的持有期收益率进行简单的算术平均而得到的收益率。其公式如下：

$$r_a=\frac{r_1+r_2+\cdots+r_N}{N} \tag{2-25}$$

其中，r_a 是算术平均收益率，$r_k(k=1, 2, \cdots, N)$ 是总持有期内的第 k 个子期间的持有期收益率，N 是总持有期内的子期间数量。

为了更好地理解算术平均收益率，我们以跨期 2 年的投资举例说明。在第 1 年初，即 $t=0$ 时，投资者以 200 元的价格购买第 1 股股票。在第 1 年末，即 $t=1$ 时，他又购买 1 股该股票，此时股票价格为 225 元。在第 2 年底，即 $t=2$ 时，他以每股 235 元的价格出售这 2 股股票。在这两年中，每年该股票派发每股 5 元的现金股利，且均在年末派发。另外，假定在 $t=1$ 时派发的股利不进行再投资。具体的现金流入和流出情况如表 2-2 所示。

表 2-2 投资现金流情况

时点 t	现金流方向	现金流分析
0	流出	购买第 1 股股票，流出 200 元
1	流入	收到第 1 股现金股利，流入 5 元
1	流出	购买第 2 股股票，流出 225 元
2	流入	收到 2 股现金股利，流入 10 元
2	流入	卖出 2 股股票，流入 470 元

现在我们来计算该投资组合在第 1 年和第 2 年的单期持有期收益率。

第 1 年，该投资组合在第 1 个周期的持有期收益率为：

$$\frac{225-200+5}{200}\times 100\%=15\%$$

第 2 年，该投资组合在第 2 个周期的持有期收益率为：

$$\frac{470-450+10}{450}\times 100\%=6.67\%$$

那么，其算术平均收益率为：

$$\frac{15\%+6.67\%}{2}=10.84\%$$

（二）资金加权收益率

在投资管理中，资金加权收益率（也称内部收益率或内含报酬率）考虑了投资组合中所有流入和流出的现金流的时间和数量。当现金流入的现值减去现金流出的现值等于0，或者说流入现金流的现值等于流出现金流的现值时，即可得到资金加权收益率。

我们继续利用上述例子帮助理解。为了计算资金加权收益率 r，我们利用以下等式：

$$200+\frac{225}{1+r}=\frac{5}{1+r}+\frac{480}{(1+r)^2}$$

其中，等式的左边详细说明了现金流出的现值：在时间 $t=0$ 时，现金流出为200元；在时间 $t=1$ 时，现金流出为225元，225元的流出需要被贴现1期，因为它发生在$t=1$时。等式的右边则说明了现金流入的现值：在时间 $t=1$ 时，发生了5元的现金流入；在 $t=2$ 时，共发生了480元（10元股利加上470元的股票出售价格）的现金流入，同样，这两笔现金流入也分别需要被贴现1期和2期。

通过计算，我们得到资金加权收益率为9.39%，比算术平均收益率10.84%低。我们发现其原因在于，资金加权收益率受到第2年相对较差的收益率（6.67%）的影响更大，因为第2年投入的资金多于第1年。这也是这种计算方法被称为资金加权收益率的原因。

作为评估投资收益的工具，资金加权收益率有着严重的缺陷。一般来说，投资的具体时点和金额是由客户决定的，按照资金加权收益率的计算原理，这些决定会显著影响投资经理的投资收益率。根据业绩评价的一般原则，投资收益的表现应当尽可能根据其自身行为或其能控制的行为进行判断。因此，一个良好的评估工具应该避免过度纳入不可控的外部因素。

（三）时间加权收益率

时间加权收益率也被称为几何平均收益率，是指在规定的持有期内投资组合的复合增长率。这一计算方法对持有期内投资资金的增加和减少不敏感，因此在投资管理行业，时间加权收益率是首选的业绩衡量标准。其具体计算公式如下：

$$r_t=\sqrt[N]{(1+r_1)(1+r_2)\cdots(1+r_N)}\times100\%-1 \tag{2-26}$$

其中，r_t 是时间加权平均收益率，$r_k(k=1,2,\cdots,N)$ 是总持有期内第 k 个子期间的持有期收益率，N 是总持有期内的子期间数量。

要计算投资组合的准确的时间加权收益率，通常要采取以下三个步骤：

（1）在大幅增加或减少投资之前对投资组合进行定价，同时根据现金的流入流出节点，将整个持有期分为多个子持有期。

（2）计算每个子持有期内投资组合的持有期收益率。

（3）通过联结各子持有期收益率，计算本年度的年收益率（年内时间加权收益率）。

如果投资超过一年，以年收益率的几何平均值作为衡量整个持有期内的时间加权收益率。

继续采用上文的例子。上例计算出的投资组合的年化持有期收益率是：第 1 年为 15%，第 2 年为 6.67%。根据时间加权收益率计算公式，我们可以得到：

$$\sqrt[2]{(1+15\%)(1+6.67\%)}\times 100\%-1=10.76\%$$

即，投资组合的时间加权收益率为 10.76%，它消除了资金量的变化对加权收益率的影响，因此相对来说更加客观。

（四）三种收益率的比较

从上述例子可以看出，一般来说，对于评估投资组合的业绩而言，资金加权收益率并不是理想的指标，原因在于资金加权收益率是以资金量的大小为权重进行计算的。如果客户在不利的时点给投资经理更多的资金用于投资，则投资经理的资金加权收益率将趋于下降；如果客户在有利的时点增加资金，则资金加权收益率将趋于上升。因此，即使两个投资组合在子持有期内的收益率完全相同，如果其中一个组合在子持有期内存在增加或减少投资的情形，那么这就会导致两个组合计算出的资金加权收益率存在差异。不过，从投资者角度而言，资金加权收益率还是有用的，因为它衡量了客户根据自我意愿增加或减少投资后所有资金的实际收益率。

通常而言，投资管理机构用于评估投资组合收益的常用指标是算术平均收益率或者时间加权收益率。上述例子告诉我们：针对同一组合，算术平均收益率和时间加权收益率并不相同，其原因在于两者的前提假设存在区别：算术平均收益率是基于每一期初始投资额维持恒定数量这一假设，而时间加权收益率则假设每一个子持有期内获得的收益均按照后面的子持有期收益率进行再投资。了解了这一点，投资者就明白了两者产生差异的原因所在。因此，在实务操作中，通常用时间加权收益率去测定过去的业绩，用算术平均收益率去预测未来的业绩，这样较为符合两者的前提假设。

三、投资组合收益率

当几个单独的资产组合成一个投资组合时，我们可以计算投资组合内各资产收益率的加权平均值，并以此作为投资组合收益率。投资组合收益率是多个资产收益率按照资产占比进行加权后的平均值，如果资产 1 的收益率为 20%，资产 1 占投资组合的 25%，那么其对投资组合收益率的贡献是 5%（=25%×20%）。一般来说，把资产 i 的收益率记为 r_i，在投资组合中的权重记为 w_i，那么投资组合收益率 r_p 的计算公式为：

$$r_p=\sum w_i r_i \tag{2-27}$$

其中，投资组合的权重 w_i 加起来必须等于 1，因为投资组合中的各类资产占比之和应为 100%。并且，这些资产收益率都是单周期的收益率，不涉及现金的流入和流出，当期资产的权重保持不变。

第三节　金融基础原理三：净现值

一、净现值的原理

净现值（Net Present Value，NPV）是指特定项目未来现金流入的现值与未来现金流出的现值之间的差异，它是评价项目是否可行的最重要的指标之一。把项目所有未来的现金流入与现金流出都按照资本成本折算成现值，然后用流入的现值减去流出的现值，即得到净现值。如果该项目的净现值为正数，则表明该项目可以增加财富，应予采纳；如果净现值为 0，则表明该项目的投资收益率与资本成本相等，财富维持不变；如果该项目的净现值为负数，则表明该项目会减少财富，应予放弃。

净现值的计算公式如下：

$$NPV=\sum_{t=0}^{n}\frac{I_t}{(1+i)^t}-\sum_{t=0}^{n}\frac{O_t}{(1+i)^t} \tag{2-28}$$

其中，n 是项目期限，I_t 是第 t 年的现金流入，O_t 是第 t 年的现金流出，i 是资本成本。

二、净现值计算实务

假设投资者王先生现在有三个项目投资机会，他需要从中选择一个。各项目的情况如表 2－3 所示，资本成本为 10％。

表 2－3　项目现金流情况　　单位：元

年份	A 项目	B 项目	C 项目
0	－20 000	－9 000	－12 000
1	11 800	1 200	4 600
2	13 240	6 000	4 600
3	0	6 000	4 600
合计	5 040	4 200	1 800

我们分别计算各个项目的净现值如下：

$$NPV_A=\frac{11\,800}{(1+10\%)^1}+\frac{13\,240}{(1+10\%)^2}-20\,000=1\,669(\text{元})$$

$$NPV_B=\frac{1\,200}{(1+10\%)^1}+\frac{6\,000}{(1+10\%)^2}+\frac{6\,000}{(1+10\%)^3}-9\,000=1\,557(\text{元})$$

$$NPV_C=\frac{4\,600}{(1+10\%)^1}+\frac{4\,600}{(1+10\%)^2}+\frac{4\,600}{(1+10\%)^3}-12\,000=-560(\text{元})$$

从计算结果可知，项目 A 和项目 B 的净现值是正数，说明这两个项目都能增加王先生的财富，项目的投资收益率均高于 10％的资本成本。项目 C 的净现值为负数，说明该项目将减少王先生的个人财富，应予放弃。

从本例可以看出，净现值法所依据的原理是：假设初始成本是按照资本成本借入的，净现值为正说明偿还本息后该项目仍有剩余收益，净现值为 0 说明偿还本息后该项目的剩余收益为 0，净现值为负则说明该项目的收益还不足以偿还本息。从这个角度看，资本成本是投资者所要求的最低收益率，净现值为正数可以满足投资者的要求。

净现值法反映了一个项目按照现金流计量的净收益现值，它体现为一个具体的金额，在理论上较为完善，因而具有广泛的适用性。但是有一点需要注意，在比较初始投资额不同的项目时，净现值法具有一定的局限性。就本例中的项目 A 和项目 B 而言，尽管项目 A 的净现值为 1 669 元，大于项目 B 的净现值 1 557 元，但是项目 A 的初始投资额为 20 000 元，项目 B 的初始投资额仅为 9 000 元，这意味着在初始投资受到约束的条件下，两个净现值没有直接可比性。因此，投资者需通过计算现值指数、内含收益率、会计收益率等帮助决策，感兴趣的读者可进一步参阅公司财务管理等方面的书籍。

第四节　金融基础原理的应用：利用 Excel 计算住房抵押贷款

通常而言，购买住房的资金支出与购房后的贷款偿还对于家庭的现金流及今后的家庭财富管理具有重大影响。因此，本节以住房抵押贷款为例，通过介绍和比较等额本息还款法和等额本金还款法，帮助大家进一步理解前文介绍的金融基础原理。

一、等额本息还款法

在等额本息还款法下，借款人在还款期内每月按照相等的金额还款，其中每月贷款利息按照月初本金余额计算并逐月结清。其特点是：每个月还款额固定，在贷款早期利息所占比重较高，随着时间的推移，每月还款额中本金所占比重逐月递增、利息所占比重逐月递减。

等额本息还款法下每月还款额的计算公式如下：

$$\text{等额本息还款法下每月还款额}=\frac{\text{贷款本金}\times\text{月利率}\times(1+\text{月利率})^{\text{还款期数}}}{(1+\text{月利率})^{\text{还款期数}}-1} \quad (2-29)$$

假设张女士向银行申请了 20 年期的 30 万元住房抵押贷款，房贷利率为 6%。如果选择等额本息还款法，每月还款额是多少?

我们通过表 2－4 列示等额本息还款法下本金和利息的偿还情况。

其中，每个月的固定还款额为 2 149 元，它是根据式（2－29）计算而得，即 2 149 $\left[=\frac{300\ 000\times0.5\%\times(1+0.5\%)^{240}}{(1+0.5\%)^{240}-1}\right]$元。第 1 个月的利息是 1 500 元，是用 30 万元本金乘以月度利率 0.5%得到的，两者的差额即本金偿还额 649 元。到第 2 个月时，本金减至 299 351(＝300 000－649) 元，由此计算出利息为 1 497(＝299 351×0.5%) 元，固定还款额不变，仍为 2 149 元，故倒算出第 2 个月本金偿还额为 652(＝2 149－1 497) 元。依此类推，到第 240 个月时，本金余额为 2 138 元，计算出利息为 11 元，第 240 个月偿还的本利和仍为 2 149 元。到此为止，本金全部偿还完毕，合计 30 万元，利息偿还合计 215 830元，本利和偿还合计 515 830 元。

需要指出的是，由于等额本息还款法下的每期还款额相等，因此它类似于一组普通年金，也可以通过求解年金的方法得出每期还款额。在本例中，年金现值 P 为 300 000 元，期限 n 为 240 期，月利率 i 为 0.5%，代入式（2－18），即 $P=A\times\frac{1-\frac{1}{(1+i)^n}}{i}$，由此可以求得每期年金 A 等于 2 149 元。

表 2－4　等额本息还款法下本金和利息的偿还　　单位：元

月数	期初本金余额	本金偿还额	利息偿还额	本利和偿还额
1	300 000	649	1 500	2 149
2	299 351	652	1 497	2 149
3	298 699	656	1 493	2 149
4	298 043	659	1 490	2 149
5	297 384	662	1 487	2 149
6	296 722	665	1 484	2 149
7	296 057	669	1 480	2 149
8	295 388	672	1 477	2 149
9	294 716	675	1 474	2 149
10	294 041	679	1 470	2 149
…	…	…	…	…
239	4 266	2 128	21	2 149
240	2 138	2 138	11	2 149
合计		300 000	215 830	515 830

二、等额本金还款法

在等额本金还款法下，借款人在还款期内把本金分摊到每个月内，同时付清上一交易日至本次还款日之间的利息。相对等额本息还款法而言，等额本金还款法下总的利息支出较低，但是前期支付的本金和利息较多，还款负担逐月递减。

等额本金还款法下每月还款额的计算公式如下：

$$\text{等额本金还款法下每月还款额}=\frac{\text{贷款本金}}{\text{还款期数}}+(\text{贷款本金}-\text{累计已还本金})\times\text{月利率} \tag{2-30}$$

假设上述例子中张女士的住房抵押贷款条款不变（30 万元、20 年期、利率 6%），但她选择等额本金还款法，请问每月还款额是多少？

我们通过表2-5列示等额本金还款法下本金和利息的偿还情况。

表2-5 等额本金还款法下本金和利息的偿还 单位：元

月数	期初本金余额	本金偿还额	利息偿还额	本利和偿还额
1	300 000	1 250	1 500	2 750
2	298 750	1 250	1 494	2 744
3	297 500	1 250	1 488	2 738
4	296 250	1 250	1 481	2 731
5	295 000	1 250	1 475	2 725
6	293 750	1 250	1 469	2 719
7	292 500	1 250	1 463	2 713
8	291 250	1 250	1 456	2 706
9	290 000	1 250	1 450	2 700
10	288 750	1 250	1 444	2 694
…	…	…	…	…
239	2 500	1 250	13	1 263
240	1 250	1 250	6	1 256
合计		300 000	180 750	480 750

其中，每个月的本金还款额为1 250(=300 000÷240）元，第1个月利息是1 500(=300 000×0.5%）元，因此第1个月的本利和偿还额为2 750(=1 250+1 500）元。第2个月时，本金还款额不变，仍为1 250元，利息则是1 494[=(300 000−1 250)×0.5%]元，第2个月的本利和偿还额为2 744(=1 250+1 494）元。依此类推，到第240个月时，本金偿还额仍为1 250元，利息则为6(=1 250×0.5%）元，第240个月偿还的本利和为1 256(=1 250+6）元。到此为止，本金全部偿还完毕，合计300 000元，利息偿还合计180 750元，本利和偿还合计480 750元。

三、两种还款方式的比较

从上文可知，等额本息还款法的特点是每月还款额固定，便于借款人有计划地控制家庭支出，其缺点是早期还款中大部分为利息支出，因此整个还款周期中利息支出更多。这种方法较为适合在还款期内收入比较稳定或者经济压力变化较小的借款人。另外，刚走上工作岗位的年轻人由于初始积蓄不多，也比较适合采用这种还款方式。

等额本金还款法的特点是每月还款额逐渐减少，但期初还款压力较大，因此比较适合目前有一定储蓄但预期未来收入可能逐渐减少的借款人，或者是当前压力较小但未来经济压力逐渐增大的借款人，比如即将生育孩子的家庭可以趁着尚未发生育儿支出尽可能多还贷，经营公司的私人企业主可以在当前家庭收入较为充裕时多还贷，以减轻未来家庭收入紧张时的还贷压力。

关键术语

货币时间价值	单利	复利	现值	终值
普通年金	先付年金	利率	收益率	净现值
等额本息还款法	等额本金还款法			

习　题

1. 如果一笔投资的年利率从5%提高到6%，它的终值将如何变化？

2. 当提高折现率时，现值将如何变化？

3. 假设你购买了一只债券，它将在10年后为你的孩子上大学一次性支付20万元。如果现在市场上的贴现率是4%，那么该债券今天的价格是多少？

4. 假设你现在正在求职，你的梦想是赚取100万元年薪，并希望在接下来的30年内实现这一目标。在从事的领域内，工资的年增幅为3.75%。你实现该目标需要的起始薪水是多少？

5. 如果你的投资分别获得5%、8%和10%的年收益率，那么你实现资金翻倍分别需要多少时间？

第3章

财富管理目标规划与报表编制

本章要点

1. 财富管理目标规划
2. 家庭资产负债表编制
3. 家庭收入支出表编制
4. 标准化财富管理报表
5. CHFP比率分析

知识讲解

财富管理目标规划

第一节　财富管理目标规划

一、避免财富管理目标规划中的常见错误

每个人或每个家庭都希望过上幸福美满的生活，这一目标的实现离不开对人生的科学规划，而财富管理目标规划是其中重要的组成部分。但是，在财富管理目标规划中，要避免以下三个常见错误：

第一个错误是财富管理目标规划缺乏整体观念和组合观念。比如片面认为财富管理就是获取更多经济收入，结果也可能确实积累了不少财富，但是因为缺乏保险规划的配合，当家庭成员遭受一场重病时，高额的医疗费用可能会逼得家庭卖车卖房，甚至四处举债。

第二个错误是忙于追求财富、获取财富，而忽视了与之匹配的财富管理能力的培养。一个极端的例子是，有些个人或家庭中了彩票大奖，获得了巨额财富，但是由于缺乏财富管理能力，不久就将这些财富挥霍完了。统计表明，这类个人或家庭在5年之内的破产率高达75%。还有一些获得高额拆迁补偿款项的家庭，由于短时间获得了大额财富，其成员便纷纷辞去工作，沉迷于消费、赌博等活动，甚至成为各类非法集资活动组织者眼中的“唐僧肉”，最终导致家庭财富被挥霍一空。这表明：如果个人或家庭缺乏清晰的财富管理目标规划，财富管理的能力跟不上财富增长的速度，那么这些财富最终只是过眼烟云，并不真正属于他们。

第三个错误是家庭成员各有目标，目标之间缺乏一致性。以王先生的家庭为例，王太太认为儿子即将大学毕业，需要给孩子购买一套住房，因此忙着看房选房。而王先生为了给孩子积累更多财富，正在股票市场全力拼杀。结果等到太太选好了房准备支付款项时，

却发现因为股票市场低迷，王先生的股票短时间内根本无法变现。王先生夫妇的出发点都是为了孩子，一个打算通过购买住房进行相对稳健的资产配置，另一个则把家庭财富投资于高风险高收益的资产，但正是由于目标之间缺乏一致性，所以家庭矛盾和资金缺口不可避免。

你可以检视一下自己的家庭是不是也容易陷入这些误区。比如，家庭成员对财富管理目标规划的认识一致吗？每个成员的财富管理目标分别是什么？这些目标是紧密联系的还是相互矛盾的？有没有购买合适的保险和养老产品，以满足年迈父母的需求？是把钱花在孩子教育上，还是省吃俭用给孩子购买一套房子？要较好地回答上述问题，建议至少通过三个步骤，实现对财富管理目标的规划。

二、财富管理目标规划的具体步骤

第一步是学习编制家庭资产负债表。家庭资产负债表由两部分组成，一部分是家庭总资产，另一部分是家庭总负债，家庭总资产与家庭总负债的差额形成家庭净资产。家庭总资产是家庭成员积累的可以通过货币方式计量的所有资源，也可通俗理解为家庭的总财富，通常分为金融资产和实物资产。金融资产主要包括现金、银行活期存款和定期存款等，还有家庭投资的股票、债券、基金以及保险等。实物资产主要包括家庭拥有的房屋、汽车、家具、电器以及价值较大的收藏品等。家庭总负债是家庭成员与其他方之间发生的未来需要偿还的债务，常见的负债包括向亲戚朋友所借的款项、住房抵押贷款以及汽车消费贷款等。

家庭资产负债表可以帮助判断家庭资产负债的规模和结构是否健康。通常可对资产规模和负债规模进行比较，若家庭负债规模远远超过了资产规模，并且偿还债务对家庭造成了很大压力，那么必须对此予以足够的重视，要通过开源节流、降低负债的方式缓解家庭资金压力。

家庭资产负债表还可以帮助家庭清晰地看到最有价值的资产，并对它提供充分的保护。若家庭最有价值的资产是男主人的人力资本，那么可能需要为其购买足够的人身保险，因为家庭的主要财富积累来源于其工作收入。若家庭最有价值的资产是房产，那么建议为该房屋购买足够的财产保险，并且投入人力物力对房屋进行维护。若家庭金融资产规模较大且占比较高，那么建议委托专业机构进行资产管理，或是家庭成员投入时间精力学习金融投资知识并亲自管理。

使用家庭资产负债表还有一个特别重要的技巧，就是应当关注家庭人力资本和金融资产的特征，尽量形成互补关系。当家庭收入比较稳定，比如家庭主要成员在政府机关、事业单位或国有企业工作时，家庭在金融资产投资过程中可以更多地尝试高风险高收益的投资产品，如股票等。相反，当家庭收入风险较高，比如家庭主要成员正在竞争激烈的行业内创业，或者工作收入较高但波动很大时，家庭应当多配置银行存款、债券等低风险低收益的投资产品。家庭通过主动对人力资本与金融资产进行互补性配置，可以较为有效地分散家庭资产所面临的风险。

第二步是学习编制家庭收入支出表。家庭应养成良好的收支记录习惯，再分别汇总每年的收入和支出并编制家庭收入支出表。家庭收入支出表可以清晰地反映家庭的主要收入情况，并判断支出的必要性。一般来说，有两种极端情况需要警惕：第一，如果家庭收入长期小于支出，那么家庭只能通过拆东墙补西墙，由此陷入借债—还债的恶性循环。此时，一张详细的收入支出表可以帮助家庭更加理性地消费，更好地实现收支平衡。以李先生的家庭为例，其年收入较高，但长期入不敷出，编制详细的收入支出表后发现，李先生的收入都用来购买古籍了。从财富管理规划目标的角度看，李先生的家庭必须做出判断和选择：如果李先生是利用古籍进行投资，那么这一投资需求应当安排在家庭的消费需求后面；如果李先生把购买古籍当作爱好，那么这一消费也不能挤占家庭的衣食住行等最基本的需求，否则将无法满足家庭正常运转的需要。第二，如果家庭收入长期大于支出，但是家庭成员总是感觉有些消费需求未能得到满足，那么可以考虑重新规划家庭的支出规模和结构，从而形成与收入相适应的家庭支出结构，更好地满足家庭成员的需求。毕竟，与公司财务中股东价值最大化的传统目标不同，存钱并非个人或家庭财富管理的终极目的，在收入范围内理性消费有助于提高家庭成员的幸福感。

第三步是学习对财富管理目标进行排序。建议按照重要性和紧迫性两个维度由高到低排序，越重要越紧迫的目标越需要优先满足。编制家庭资产负债表和收入支出表相当于对家庭的财务状况进行体检，有了体检指标作为依据，就可以根据财富管理目标的重要性和紧迫性，逐一实现目标，从而较为全面地改善个人或家庭的财务状况。

三、财富管理目标的设计

通常来说，财富管理目标至少包括如下几个方面，并且有轻重缓急之分：

排在第一位的是流动性目标，指满足经常性消费，并保留足够的应急储备资金；

排在第二位的是安全性目标，指拥有足够的保险保障和其他应对意外发生的应急手段；

排在第三位的是消费性目标，指购买住房、大宗消费品或者旅游服务等非经常性开支；

排在第四位的是投资性目标，指实现财富的保值和增值；

除此之外，还有其他目标，如实现一定程度的财务自由，或者自主创业等。

就目标的重要程度而言，多数个人或家庭大同小异。但是不同单位间的具体差异可能体现在对每个目标投入的资金数量上，比如有些家庭可能只需要 3 万～5 万元即可满足每年的消费需求，而有些家庭却需要 30 万～50 万元。另外，还有两个重要的目标需要考虑：一是教育目标，即保障孩子的教育支出；二是养老目标，即保障家庭成员老年时期所需的必要支出。鉴于各个家庭的具体状况和所处的发展阶段不同，对于教育和养老目标的规划，我们将在后面的章节具体阐述。

第二节　财富管理报表的编制原理

一、家庭资产负债表

家庭资产负债表反映了资产负债表日家庭的资产、负债和净资产状况。资产负债表日是指某一特定时点，通常可以选择某年度、季度或月度的最后一日。因此，家庭资产负债表列示的是家庭在某一特定时点所拥有的资产总额、负债总额和净资产总额，反映家庭财务状况的存量，是一个静态指标。通俗一点说，资产负债表类似于在年度末、季度末、月度末或根据需要选择的任一时点对家庭财务状况所拍的一张照片，仿佛家庭财务状况在这一瞬间处于静止状态。

家庭资产负债表的编制基础可以用式（3－1）描述：

$$家庭资产=家庭负债+家庭净资产 \tag{3-1}$$

家庭净资产被定义为家庭资产与家庭负债之差，表示家庭资产超过家庭负债的部分。

表3－1为王先生家庭2019年与2020年虚拟的家庭资产负债表。多数家庭的资产负债表可以按照类似的项目来梳理和填列。

家庭资产是指一个家庭拥有或者控制的以货币形式计价的具有价值的资源，在列示的时候不必过于精细，目标在于反映家庭整体财产情况。家庭资产负债表模仿企业资产负债表，将资产按照流动性高低排列。常用的资产科目有：（1）现金及现金等价物，主要包括现金、活期存款、定期存款和货币市场基金等。它们是家庭中流动性最强的资产，安全性强，虽然收益相对低，但在家庭遇到紧急情况时能派上用场。（2）其他金融资产，主要包括股票、债券、基金、保险理财产品、期权、期货和住房公积金等，这些金融资产的流动性低于现金，是理财收益的主要来源，是财富管理规划的主要标的。（3）实物资产，主要包括自住房、投资的住宅和商业用房、机动车、金银珠宝以及有价值的收藏品等奢侈资产。

表3－1　家庭资产负债表　　单位：元

姓名	王先生家庭	编制日期	2019年12月31日	2020年12月31日
资产				
金融资产	现金及现金等价物	现金	12 000	10 000
		活期存款	80 000	80 000
		定期存款	120 000	150 000
	其他金融资产	基金	90 000	100 000
		股票	70 000	50 000
		保险理财产品	67 000	80 000
金融资产小计			439 000	470 000
实物资产	自住房		560 000	600 000
	投资的住宅和商业用房		330 000	350 000
	机动车		155 000	110 000
实物资产小计			1 045 000	1 060 000
资产总计			1 484 000	1 530 000
负债				
住房贷款			0	0
汽车贷款			0	0
负债总计			0	0
净资产			1 484 000	1 530 000

家庭负债是所有家庭成员在未来需要偿还给非家庭成员的债务。家庭负债主要包括信用卡债务、住房贷款、汽车贷款、教育贷款、消费贷款等各类银行贷款，也包括向亲戚、同事、朋友的借款等。负债科目按照流动性高低排列，如信用卡债务需要按月结清后才能循环使用，通常被视为短期债务，在负债中列示在前，而住房抵押贷款尽管也需要按月还款，但其性质属于 5～30 年期的长期债务，因而在负债中作为长期负债列示在后。

在进行家庭资产负债表分析时，需要特别注意两个问题：一是流动性；二是计量属性。

流动性衡量资产快速转换为现金的能力，具体是指在不引起价值大幅损失的前提下资产变现的方便和快捷程度。从资产科目看，流动性最强的是流动资产，它主要是指自家庭资产负债表日起一年内能够变现的资产，对应的报表科目包括现金、活期存款、定期存款（到期日在一年以内）、基金（货币市场基金、能够随时赎回的开放式基金）、股票（处于正常交易状态）等。此外，家庭负债也可以按照偿付的先后顺序排列，以反映出债务到期偿还的紧急程度。

计量属性主要解决资产负债按照什么价格进行计价的问题。根据《企业会计准则——基本准则（2014 年修改）》，会计计量属性主要包括如下五类：(1) 历史成本，是指取得或形成某项财产时所实际支付的现金或者现金等价物。(2) 重置成本，又称现行成本，是指按照当前市场条件，重新取得同样一项资产所需支付的现金或现金等价物金额。(3) 可变现净值，是指正常生产经营过程中，以预计销售价格减去变现过程的预计税金、费用后的净值。(4) 现值，是指对资产或负债的未来现金流量根据恰当的折现率进行折现后的价值，是考虑货币时间价值的一种计量属性。(5) 公允价值，是指市场参与者在计量日发生的有序交易中，出售一项资产所能收到或者转移一项负债所需支付的价格。

在各种计量属性中，历史成本通常反映的是资产或者负债过去的价值，而重置成本、可变现净值、现值和公允价值通常反映的是资产或负债的现时成本或者现时价值，是与历史成本相对应的计量属性。企业在对会计要素进行计量时，一般应当采用历史成本，在某些情况下，为了提高会计信息质量，实现财务报告目标，允许采用重置成本、可变现净值、现值、公允价值计量，但应当保证所确定的会计要素金额能够取得并可靠计量。

需要注意的是，我们在对家庭的资产和负债进行计价时，不必严格遵从《企业会计准则——基本准则（2014 年修改）》中所规定的会计计量属性。其原因在于，家庭财富管理报表不需要对外披露，主要服务于家庭内部的财富管理规划，因此可以根据家庭的具体资产和负债特点，选取合适的计量属性。而上市公司的财务报告是监管部门、外部投资者以及其他利益相关方的重要决策依据，因而其会计要素的计量属性必须具有一致性和可比性。

具体来说，对于家庭资产的一般计价原则，我们的建议如下：(1) 对于自住房、汽车等金额较大的家庭自用资产，按照公允价值计量。这些资产如无特殊情况一般不会更换，即使发生增值也不能用于现时消费，但当资产增值巨大或者家庭陷入财务困境时，也可以变卖以偿付债务，因此以公允价值计量能够更好地反映其对家庭财务状况的贡献。(2) 对于计划变卖的资产，按照可变现净值计量。例如，将抵押或者出售的房产，或者将出售的汽车，以其在出售过程中可以收回的净值计量。(3) 对于金融资产，区分其性质进行计量：若是处于正常交易状态的股票，采用公允价值即股票市值计量；若是计划持有至到期的债券，采用历史成本计量；若是购买的公募基金产品，采用公允价值即基金净值计量。

对于家庭负债，也应当区分其性质进行计量：(1) 若是向亲戚、同学、朋友等的借款，通常不支付利息，所以按照历史成本计量；（2）若是信用卡负债，由于存在免息期，通常也按照历史成本计量；（3）若是与银行等金融机构发生的住房抵押贷款或者车辆抵押贷款，通常可以按照尚未偿还的贷款余额（也就是负债的历史成本减去已偿还本金后的余额）计量，这一数据可以通过查询银行贷款信息获得。

二、家庭收入支出表

家庭收入支出表反映了某一特定时期内家庭的收入、支出和结余情况。因此，它反映的是家庭财务成果的具体形成情况，可以视为一个动态指标。通俗一点说，家庭收入支出表类似于从期初到期末的一段录像，记录了家庭成员在这个时期发生了哪些收入和支出，并形成了多少结余。

家庭收入、支出与结余的关系可以用式（3－2）表达：

$$收入-支出=结余 \tag{3-2}$$

表3－2是王先生家庭2020年虚拟的家庭收入支出表。

表3－2 家庭收入支出表

单位：元

姓名	王先生家庭	日期	2020年1月1日—2020年12月31日
收入			
工资和薪金（税后净收入）		王先生	72 000
		王太太	84 000
奖金和佣金		王先生	10 000
投资收入		利息	20 000
		资本利得	5 000
		租金收入	24 000
总收入			215 000
支出			
日常生活开支		日常生活用品	48 000
房产		租金	0
		物业等费用	4 000
教育费用		学费	30 000
汽车		修理	30 000
休闲和娱乐		旅游	12 000
		其他休闲和娱乐	15 000
赡养费		父母	12 000
		岳父母	10 000
商业保险		人身保险	8 000
		财产保险	0
总支出			169 000
结余			46 000

编制家庭收入支出表时，常常会遇到以下两个重要问题：

第一个重要问题是：如何确认收入？其基本原则是：当家庭财产增值（贬值）但尚未实现时，则不能确认收入（支出）。比如，由于家庭所在城市近期房价上涨，与 2019 年末相比，2020 年末王先生家庭的自住房的价值从 56 万元涨到了 60 万元，此时增值的 4 万元不能作为 2020 年收入计入收入支出表，原因在于这只是“纸面利润”，尚未通过出售房产形成“真金白银”。尽管这 4 万元增值不能进入收入支出表，但它可以进入家庭的资产负债表，体现为家庭总资产的增加。在表 3-1 中，我们按照资产类科目中对自住房的计价原则，已经在 2020 年 12 月 31 日的自住房科目中记录了这 4 万元的增值额，因而在家庭资产负债表中反映了该自住房的公允价值。

第二个重要问题是：如何判断家庭发生的耗费是纯粹的期间支出（计入家庭收入支出表的支出中），还是可以资本化的项目（计入家庭资产负债表的资产中）呢？划分的依据是家庭耗费的去处：如果这部分耗费被用于形成未来经济利益流入，则可以资本化；如果不涉及未来经济利益流入，就只能费用化。例如，某家庭支付购房预付款 30 万元，这笔支出对应的是住房这一未来经济利益的流入，因而属于家庭资产，不计入家庭支出。再如，某家庭发生旅游费用 1 万元，这笔支出并不涉及未来经济利益流入，则应该计入家庭收入支出表中的支出科目，而不能计入家庭资产负债表中的资产科目。又如，财产保险、定期寿险、医疗保险等保险费用属于支出科目，因为这些保险不涉及投保人未来经济利益流入；而终身寿险、养老保险保单增值部分则涉及投保人的未来经济利益流入，因而可以计入家庭资产。类似地，对于正在偿还住房抵押贷款的家庭而言，应该区分住房贷款还款额的本金和利息，二者分别属于负债科目（减少）和支出科目（增加）。

当然，家庭财富管理报表的编制目的是帮助家庭对于资产、负债、收入和支出等做到心中有数，如果家庭在进行上述分类时觉得有难度，也可不严格执行上述分类标准。但是，理解家庭耗费所形成的经济后果是短期的还是长期的，以及其对家庭的资产负债表和收入支出表的具体影响，有利于提高家庭的财务资源配置和决策水平。

三、财富管理报表分析

在对家庭资产负债表、家庭收入支出表的重要概念做了相应介绍后，接下来需要介绍家庭应该如何有效地使用这些报表。我们将引入一些方法与指标来帮助家庭了解财务状况，在此基础上进行财富管理规划和决策。

（一）标准化报表

许多家庭希望将自己的财务状况进行纵向或横向的比较，而由于报表经常变动，直接将两张报表进行比较非常困难。一种普遍且可行的方法是用百分比替代绝对值，由此编制的各项均按照百分比填列的报表称为标准化报表。标准化报表可以用于对有着不同资产和收入规模的家庭进行直接比较。我们以周女士家庭的资产负债表和收入支出表为例进行说明。

1. 标准化家庭资产负债表

表 3-3 是周女士家庭 2019 年与 2020 年的家庭资产负债表。但这张表无法直观反

映各种资产的占比及其变动情况。我们通过计算家庭资产负债表中各科目占总资产的百分比，从而得到标准化家庭资产负债表（见表 3－4），注意此时报表中的数字都是百分数。

标准化资产负债表使得报表的阅读和比较都更加简明容易。以周女士家庭为例，从资产结构看，家中定期存款占总资产的比重由 8%上升到 9.3%，股票占总资产的比重则由 8%下降至 3.6%。从各项金融资产占比来看，2020 年周女士家庭选择了提高安全性较强的金融资产的比例。比如，现金占总资产的比重由 0.5%上升到 1.2%，活期存款的比重由 3.2%上升到 3.9%等。同时，2020 年周女士家庭偿还了亲友借款，当年度结清了所有家庭负债。总体而言，周女士家庭的资产负债表在资产负债表日（2020 年 12 月 31 日）变得更加安全和稳健。

表 3－3　周女士家庭的资产负债表

单位：元

姓名	周女士家庭	日期	2019 年 12 月 31 日	2020 年 12 月 31 日
资产				
金融资产	现金与现金等价物	现金	3 000	8 000
		活期存款	20 000	25 000
		定期存款	50 000	60 000
	其他金融资产	基金	30 000	39 000
		股票	50 000	23 000
		保险理财产品	30 000	35 000
金融资产小计			183 000	190 000
实物资产	自住房		360 000	400 000
	机动车		82 500	55 000
实物资产小计			442 500	455 000
资产总计			625 500	645 000
负债				
住房贷款			0	0
汽车贷款			0	0
亲友借款			3 000	0
负债总计			3 000	0
净资产			622 500	645 000

表 3-4 周女士家庭的标准化资产负债表（%）

姓名	周女士家庭	日期	2019 年 12 月 31 日	2020 年 12 月 31 日	变动
资产					
金融资产	现金与现金等价物	现金	0.5	1.2	0.7
		活期存款	3.2	3.9	0.7
		定期存款	8.0	9.3	1.3
	其他金融资产	基金	4.8	6.0	1.2
		股票	8.0	3.6	−4.4
		保险理财产品	4.8	5.4	0.6
金融资产小计			29.3	29.5	0.2
实物资产	自住房		57.6	62.0	4.5
	机动车		13.2	8.5	−4.7
实物资产小计			70.7	70.5	−0.2
资产总计			100	100	0
负债					
住房贷款			0	0	0
汽车贷款			0	0	0
亲友借款			0.5	0	−0.5
负债总计			0.5	0	−0.5
净资产			99.5	100.0	0.5

2. 标准化家庭收入支出表

同样，我们也可以对家庭收入支出表进行标准化。我们将所有收入项表示为总收入的百分比，将所有支出项表示为总支出的百分比，由此得到标准化家庭收入支出表（见表 3-5）。

通过标准化家庭收入支出表，我们可以看到各种收入来源对总收入的贡献，以及不同花销在总支出中所占的比例，据此更加清晰地把握家庭的收入支出结构。从表 3-5 可见，在收入方面，周女士家庭高度依赖周女士夫妇的工资和奖金，其占比达到 94%，剩余 6%来源于投资收入。在支出方面，占比最大的是日常生活用品，达到 35%；应酬支出占了花销的 20%，对于一般的工薪家庭来说，这样的非必要支出负担较重，可以考虑适度削减。

需要指出的是，对家庭收入支出表进行标准化的方法并不唯一，比如，还有一种方法是将家庭收入支出表中所有项目换算为占总收入的比例，这样做的好处是能直观地看到收入的来源与去向，以便对支出进行整体的规划和控制。

表 3-5 周女士家庭的标准化收入支出表

姓名	周女士家庭	日期	2020 年 1 月 1 日—2020 年 12 月 31 日
收入			
		金额（元）	占总收入的比例（%）
工资和薪金（税后）	周女士	55 200	45.8
	周先生	48 000	39.9
奖金和佣金	周女士	0	0
	周先生	10 000	8.3
投资收入	利息	2 200	1.8
	资本利得	5 000	4.2
总收入		120 400	100
支出			
		金额（元）	占总支出的比例（%）
教育支出	学费	16 000	16.0
	课外补习	6 000	6.0
日常生活开支	日常生活用品	35 000	35.0
	旅游	13 000	13.0
	应酬支出	20 000	20.0
商业保险	人身保险	6 000	6.0
	财产保险	4 000	4.0
总支出		100 000	100
结余		20 400	

（二）比率分析

为了更细致地分析家庭财务报表，我们引入一些财务比率指标，对家庭财务信息中的相关数据进行计算和比较。由于家庭财富管理与公司财务的侧重点不同，其所采用的财务指标和计算方式也有所不同。国内外对于家庭财富管理业务中的比率计算暂未建立统一的标准，目前常用的是我国人力资源和社会保障部的理财规划师国家职业资格认证（CHFP）所提出的财务比率体系。家庭可以根据自身的特点选择性地参考。

1. CHFP 提出的财务比率体系

CHFP 提出的财务比率体系包括六项财务比率，我们可以通过对这六项比率的财务分析结果评估家庭财务健康状况，结合对家庭未来收入和负债情况的预测，进行财富管理规划。

（1）结余比率。它反映家庭提高其净资产水平的能力。

结余比率＝结余/税后收入 （3-3）

其中，结余和税后收入均来自家庭收入支出表，结余是总收入与总支出的差额，税后收入是总收入扣除个人所得税后剩下的部分。一般认为该比率保持在 0.3 左右较为适宜。

（2）投资资产与净资产比率。它反映家庭通过投资扩大资产规模的能力。

投资资产与净资产比率＝投资资产/净资产　　(3-4)

其中，投资资产和净资产均来自家庭资产负债表，投资资产包括“其他金融资产”的全部项目和“实物资产”中投资用的房产和以投资为目的的收藏品。一般认为该比率保持在 0.5 或稍高较为适宜。

（3）清偿比率。它反映家庭的综合偿债能力。

清偿比率＝净资产/总资产　　(3-5)

其中，净资产和总资产均来自家庭资产负债表，净资产等于总资产减去总负债。一般认为该比率必须高于 0.5 才能保证家庭有足够的清偿能力。

（4）负债比率。它从负债角度反映家庭的综合偿债能力。

负债比率＝总负债/总资产　　(3-6)

其中，总负债和总资产均来自家庭资产负债表。从资产负债表等式容易看出，负债比率与清偿比率相加等于 1。一般认为负债比率应控制在 0.5 以下。

（5）负债收入比率。它反映家庭在一定时期内财务状况的良好程度。

负债收入比率＝总负债/税后收入　　(3-7)

其中，总负债来自家庭资产负债表，税后收入来自家庭收入支出表。一般认为该比率控制在 0.4 以下较为合适。

（6）流动性比率。它反映家庭资产变现的方便和快捷程度。

流动性比率＝流动资产/每月支出　　(3-8)

其中，流动资产为家庭资产负债表中“现金与现金等价物”项目，每月支出来自家庭收入支出表中的年支出除以 12 个月。家庭财富管理需要保持一定的流动性，但资产的流动性与收益性往往不可兼得，一般认为该比率保持在 3 左右为合适。

2. 其他比率

在财富管理规划中，计算比率有助于更清晰有效地配置家庭资产、运用家庭收入。在此介绍其他一些常用的家庭财务比率。

（1）保险的“双十原则”。

保险使家庭在面对重要成员死亡、残疾或患重大疾病，或由于自然灾害和意外事故受到重大财产损失等状况时，仍能维持与以往类似的生活方式和水平，因而是家庭财富管理规划的重要一环。根据家庭基础条件的不同，保险规划可以非常精细。而一个简明通用的判断投保是否足够的原则是“双十原则”，即家庭应该用 1/10 的年税后收入购买 10 倍于年税后收入的综合保险保额。

（2）金融投资备用金比率。

每个家庭具有不同的风险偏好和风险承受能力，究竟应该将结余中的多少投资于有风险的金融产品才合适呢？许多家庭并没有清晰的底线，而是只要有看好的投资机会就举资进入。从家庭财富管理规划角度看，这很有可能形成不恰当的金融投资备用金比率。一种测算金融投资备用金比率的方式是：(100－家庭主要成员年龄)%。

例如，当家庭主要成员年龄处于20～30岁时，其风险承受能力较强，可以将70%～80%的结余作为投资型寿险和金融产品的投资备用金；处于30～50岁时，其家庭负担较重，可以将结余的50%～70%作为投资备用金；处于50～60岁时，家庭进一步追求稳定且已有一定积蓄，可将结余的40%～50%作为投资备用金；处于60～80岁时，主要目标是降低风险、安享晚年，建议金融投资备用金比率为20%～40%甚至更低为宜。

(3) 即付比率。

即付比率反映家庭可以利用随时变现的资产偿还债务，从而保证当经济形势出现大的不利变化时，家庭迅速偿还负债以避免风险的能力。它用流动资产除以总负债进行计算，其中流动资产为家庭资产负债表中"现金与现金等价物"项目，总负债来自家庭资产负债表。一般认为该比率保持在0.7左右为宜。

第三节 财富管理报表的编制案例

在本节中，我们分别以高收入家庭、中等收入家庭和中低收入家庭为例，介绍其家庭基本情况、财富管理目标以及报表的具体编制过程。

一、高收入家庭财富管理目标规划与报表编制

(一) 家庭成员及收入情况

刘先生，贵州省福泉市人，36岁，身体健康，在福泉市做磷矿生意，每年收入约80万元，在当地属高收入家庭。虽然刘先生的收入高，但因经常在矿山工作，面临的风险较大，且未购买任何保险。

刘太太，34岁，身体健康，为福泉市某农业银行柜员，每月工资加奖金约5 000元，收入较稳定，每年年终奖10 000元，有五险一金，未购买商业保险。

刘先生夫妇育有一个女儿，5岁，身体健康，就读于福泉市第一幼儿园，学校为孩子购买了儿童意外伤害险。

刘先生的父母均健在，父亲今年65岁，是一名退休干部，每月有3 000元退休金，有医保。母亲今年60岁，只有农村合作医疗保险，无其他保险。父母与刘先生一家同住，父亲在一年前摔伤腿，至今未痊愈；母亲身体一般。刘先生的岳父母也健在，未与刘先生一家同住，每个月需给予二老赡养费。

(二) 家庭财产及支出情况

刘先生在福泉市有一套价值50万元的自住房，无房贷，物业等开支每月500元。刘先生有一辆价值15万元的小轿车，刘太太有一辆价值10万元的小轿车，每年养车费合计3万元。

刘先生的家庭目前有现金2万元，活期存款50万元（作为生意的流动资金），定期存

款20万元（2020年1月1日起存，3年期，自动转存），未购买任何理财产品。

家庭每月生活费支出5 000元，孩子教育费用3 000元，电话费500元，给刘先生的岳父母1 000元；每年旅游花费1万元。

（三）财富管理目标

①三年后在省会贵阳市买一套100万元左右的自住房；

②为女儿准备从现在到国内研究生毕业所需的教育费用；

③购买一些理财产品，适当分散生意的风险，同时安享晚年。

（四）家庭资产负债表与收入支出表

表3－6和表3－7分别列示了刘先生家庭资产负债表及标准化情况、收入支出表及标准化情况。

表3－6　刘先生家庭资产负债表及标准化

<table>
<tr><td>姓名</td><td>刘先生家庭</td><td>日期</td><td colspan="2">2020年12月31日</td></tr>
<tr><td colspan="5">资产</td></tr>
<tr><td colspan="3"></td><td>金额（元）</td><td>占总资产的比例（%）</td></tr>
<tr><td rowspan="6">金融资产</td><td rowspan="3">现金与现金等价物</td><td>现金</td><td>20 000</td><td>1.4</td></tr>
<tr><td>活期存款</td><td>500 000</td><td>34.0</td></tr>
<tr><td>定期存款</td><td>200 000</td><td>13.6</td></tr>
<tr><td rowspan="3">其他金融资产</td><td>基金</td><td>0</td><td>0</td></tr>
<tr><td>股票</td><td>0</td><td>0</td></tr>
<tr><td>保险理财产品</td><td>0</td><td>0</td></tr>
<tr><td>金融资产小计</td><td colspan="3">720 000</td><td>49.0</td></tr>
<tr><td rowspan="3">实物资产</td><td colspan="2">自住房</td><td>500 000</td><td>34.0</td></tr>
<tr><td colspan="2">机动车（1）</td><td>150 000</td><td>10.2</td></tr>
<tr><td colspan="2">机动车（2）</td><td>100 000</td><td>6.8</td></tr>
<tr><td>实物资产小计</td><td colspan="3">750 000</td><td>51.0</td></tr>
<tr><td>资产总计</td><td colspan="3">1 470 000</td><td>100.0</td></tr>
<tr><td colspan="5">负债</td></tr>
<tr><td colspan="3"></td><td>金额（元）</td><td>占总负债的比例（%）</td></tr>
<tr><td colspan="3">住房贷款</td><td>0</td><td>0</td></tr>
<tr><td colspan="3">汽车贷款</td><td>0</td><td>0</td></tr>
<tr><td colspan="3">负债总计</td><td>0</td><td>0</td></tr>
<tr><td colspan="3">净资产</td><td>1 470 000</td><td></td></tr>
</table>

表 3-7　刘先生家庭收入支出表及标准化

姓名	刘先生家庭	日期	2020 年 1 月 1 日—2020 年 12 月 31 日
收入			
		金额（元）	占总收入的比例（%）
工资和薪金	刘先生	800 000	87.3
	刘太太	60 000	6.6
奖金和佣金	刘太太	10 000	1.1
投资收入	利息	10 000	1.1
	资本利得	0	0
其他（退休金）	刘先生父亲	36 000	3.9
总收入（税后）		916 000	100.0
支出			
		金额（元）	占总支出的比例（%）
房产	租金	0	0
	物业等费用	6 000	3.8
教育费用	学费	36 000	22.5
汽车	修理费	30 000	18.8
日常生活开支	通信费	6 000	3.8
	日常生活用品	60 000	37.5
休闲和娱乐	旅游	10 000	6.3
赡养费	刘先生岳父母	12 000	7.5
商业保险		0	0
总支出		160 000	100.0
结余		756 000	

二、中等收入家庭财富管理目标规划与报表编制

（一）家庭成员及收入情况

蒋女士，四川省成都市人，30 岁，在所属地某一省直高校任职，讲师职称，税后月收入（包括公积金）为 3 000 元，外加年终奖 6 000 元，除此之外无其他收入。蒋女士身体状况良好，有社保，未购买商业保险。

其丈夫马先生，30 岁，是一名工程师，税后月收入为 6 500 元，其他奖金与年终奖共计 2 万元。马先生身体状况良好，有社保，未购买商业保险。

（二）家庭财产及支出情况

家庭有定期存款 5 万元。月生活费支出 2 000 元。2019 年蒋女士在其所在城市购买了一套自住商品房，总额为 72 万元，贷款 47 万元。该套房产目前市值 80 万元，公积金贷款还有 43 万元余额未还，月供 2 500 元。此外无其他投资。由于蒋女士夫妇均非本地人，每年都会回家过年并给双方父母留些钱。蒋女士夫妇也都爱好旅游，在怀孕前每年都会外出旅游一次，旅游费用为每年 1 万元。2020 年家庭应酬支出为 1 万元。再过 4 个月，家庭将有新成员加入，如何抚养、教育孩子，是夫妇俩目前考虑最多的问题。

（三）财富管理目标

①孩子养育计划，为孩子的抚养、教育做准备；
②家庭保障计划，为家庭意外支出做保障；
③家庭投资计划，进行合理投资，实现财富稳健增长。

（四）家庭资产负债表与收入支出表

表 3－8 和表 3－9 分别列示了蒋女士家庭资产负债表及标准化情况、收入支出表及标准化情况。

表 3－8　蒋女士家庭资产负债表及标准化

姓名	蒋女士家庭	日期	2020 年 5 月 31 日
资产			
		金额（元）	占总资产的比例（%）
金融资产	定期存款	50 000	5.9
实物资产	自住房	800 000	94.1
资产总计		850 000	100.0
负债			
		金额（元）	占总负债的比例（%）
住房贷款		430 000	100.0
汽车贷款		0	0
负债总计		430 000	100.0
净资产		420 000	

表 3－9　蒋女士家庭收入支出表及标准化

姓名	蒋女士家庭	日期	2019 年 6 月 1 日—2020 年 5 月 31 日
收入			
		金额（元）	占总收入的比例（%）
工资和薪金	蒋女士	36 000	25.7
	马先生	78 000	55.7
奖金	蒋女士	6 000	4.3
	马先生	20 000	14.3
总收入（税后）		140 000	100.0
支出			
		金额（元）	占总支出的比例（%）
房产	住房贷款	30 000	38.5
育儿支出（预计）	育儿支出	1 500	1.9
	孕检费用	2 400	3.0
日常生活开支	日常生活用品	24 000	30.8
	旅游	10 000	12.8
	应酬支出	10 000	12.8
总支出		77 900	100.0
结余		62 100	

三、中低收入家庭财富管理目标规划与报表编制

（一）家庭成员及收入情况

李女士，陕西省榆林市人，25岁，在某科研单位工作（目前正就读在职研究生），月收入2 000元，另有住房公积金和住房补贴合计每月600元，无保险，公费医疗。偶有兼职收入，平均每年1万元，存款5万元。住房公积金和住房补贴账户共有2.5万元。

其丈夫刘先生在另一科研单位工作，月收入2 000元，通信费用每月100元，存款5万元。住房公积金每月1 000元，目前账户共有3.6万元。无保险，公费医疗，现在所有存款均在银行。

双方父母均为个体工商户，暂时不需要赡养，但是都无退休工资保障，也没有保险保障。

（二）家庭财产及支出情况

目前家庭各种金融资产合计约16万元，其中存款10万元。李女士住单位宿舍，无房租费用，生活开支每月500元。2019年底刘先生单位安排两室一厅住房，租金每月50元，生活开支每月500元。

（三）财富管理目标

①购房计划，2020年或2021年买房，价格60万元左右；
②育儿计划，2021年要小孩，花费1万元左右。

（四）家庭资产负债表与收入支出表

表3-10和表3-11分别列出了李女士家庭资产负债表及标准化情况、收入支出表及标准化情况。

表3-10　李女士家庭资产负债表及标准化

姓名	李女士家庭	日期	2020年9月30日
资产			
		金额（元）	占总资产的比例（%）
金融资产	银行存款	100 000	62.1
	住房公积金	61 000	37.9
实物资产	自住房	0	0
资产总计	161 000		100.0
负债			
		金额（元）	占总负债的比例（%）
住房贷款		0	0
汽车贷款		0	0
负债总计		0	0
净资产		161 000	

表 3－11　李女士家庭收入支出表及标准化

姓名	李女士家庭	日期	2019 年 10 月 1 日—2020 年 9 月 30 日
收入			
		金额（元）	占总收入的比例（%）
工资和薪金	李女士	24 000	31.1
	刘先生	24 000	31.1
劳务收入	李女士	10 000	13.0
住房公积金和住房补贴	李女士	7 200	9.3
	刘先生	12 000	15.5
总收入（税后）		77 200	100.0
支出			
		金额（元）	占总支出的比例（%）
租金		600	4.3
日常生活开支	生活开支	12 000	87.0
	通信费用	1 200	8.7
总支出		13 800	100.0
结余		63 400	

关键术语

家庭财富管理目标　　家庭资产负债表　　家庭收入支出表　　家庭财务比率分析

习　题

1. 家庭财富管理规划中的常见错误有哪些？

2. 在家庭财富管理中如何对流动性、安全性、收益性进行权衡？

3. 与企业资产负债表和收入支出表相比，家庭资产负债表和收入支出表的编制有何特点？

第4章
生命周期与人力资本管理

本章要点

1. 生命周期
2. 家庭总财富
3. 人力资本、金融资产与人寿保险的配置
4. 养老金计算与养老规划

知识讲解

生命周期与人力资本管理

第一节　生命周期与人力资本管理的关系

上一章已经指出，家庭总财富包括人力资本、实物资产和金融资产，本章开始重点讲述如何从生命周期的视角管理这三类资产。

通常而言，个人和家庭的生命周期大致由七个阶段组成。结婚成家前主要包括两个阶段：一是未成年阶段，二是成年但尚未结婚阶段。结婚成家后主要包括五个阶段：一是婚后无孩阶段；二是生养子女阶段；三是子女教育阶段；四是子女独立阶段；五是退休养老阶段。以上七个阶段构成了个人以及家庭的完整生命周期。

建立生命周期的概念，可以帮助我们着眼全局，对家庭总财富进行科学的管理。这一科学管理主要包括三个方面的内涵：首先，在生命周期的前五个阶段，即从自身未成年阶段到子女教育阶段，重点是对人力资本的培育和管理；其次，从生养子女阶段到退休养老阶段，重点是从人力资本管理逐渐过渡到以金融资产管理为主；最后，在生命周期的全过程中，尽可能平滑消费，以获得相对更高的幸福感。

一、人力资本投资与价值评估

许多个人和家庭的一个认识误区是，认为自身没有多少金融资产，因而不需要学习财富管理。事实上，那是因为你正处于生命周期的前几个阶段，比如可能刚刚参加工作，尚未有多少积蓄；或者刚刚进入生养子女阶段，存在大量的育儿支出。换一个视角看，在生命周期的这些早期阶段，尽管你拥有的金融资产规模相对较小，但是人力资本规模相对较大。因此，这些阶段的财富管理重点是通过投资提升自己的人力资本价值。如果身处子女

教育阶段，那么你在孩子教育上的支出其实也是在帮助下一代积累人力资本。因此，我们需要重点掌握三个方面的内容：如何估算人力资本价值；如何通过投资提升人力资本价值；如何保护自身的人力资本价值。

（一）估算人力资本价值

人力资本价值是把未来赚取的所有工作收入折现到当前时刻的现时价值。其具体计算方法是：把自身看成可以买卖的债券或者股票，然后预测自己在未来能够获取的所有收入，并根据工作收入的稳定程度估算一个恰当的折现率，将不同年份的收入统一折现到当前时刻，由此形成人力资本的现时价值。比如说，小王预计自己未来工作 30 年，每年收入大约为 20 万元，非常稳定，那么他可以选择债券收益率如 3%作为折现率。小李预计自己未来 30 年收入的波动性非常大，有些年份能够挣到 50 万～60 万元，另外一些年份只能挣到不足 10 万元，此时，小李需要选择股票收益率如 7%作为折现率。以小王为例，工作 30 年，每年收入 20 万元，按照 3%进行折现，根据第 2 章中介绍的现金流折现的原理，我们可以计算出小王当前时刻的人力资本价值为 392 万元，这是不是一项不低的价值?

（二）通过投资提升人力资本价值

既然小王发现了自身价值不菲，就需要采取措施保持和提升自身的人力资本价值，其中，教育投资是提升人力资本价值的关键因素。在现实生活中，很多人可能会遇到与小王所面临的类似的问题：本科毕业后是直接工作，还是接着读研究生？工作几年后需不需要再进修一下？如果没有学习人力资本管理的概念，可能我们仅仅是根据周围朋友的经验，或者干脆跟着感觉走。现在有了人力资本管理的框架，我们可以更好地评估教育投资决策并做出决定。

比如，如果小王现在不读研究生，按照未来 30 年每年收入大约 20 万元的估算，其人力资本价值是 392 万元。如果小王现在开始选择攻读研究生，未来两年没有收入且每年要投入 10 万元，但是毕业后小王的收入预期能够增加到 25 万元。为了简化起见，我们假设其未来收入稳定在 25 万元。现在可再次计算得出小王的人力资本价值是 422 万元。也就是说，即使攻读研究生学位期间两年没有收入且还要进行投资，小王的人力资本价值也能增加 30 万元。当然，每个人和家庭的具体情况都有差异，因此不同的教育投资决策得到的结果可能也千差万别。

（三）保护自身的人力资本价值

当我们拥有房产或其他财产时，为了保护财产价值免遭损坏，通常会购买房屋保险或者其他财产保险等。与此类似，保护自身的人力资本价值的最主要手段就是为自己购买足够的保险。在财富管理场景中，可能经常会碰到这样的问题：是给家庭的男主人购买更多的人寿保险，还是给女主人购买更多的人寿保险，或者给两个人购买一样多的人寿保险?有些家庭实在决定不了，干脆全用来给孩子买。其实，购买人寿保险的决策取决于家庭人力资本的配置，哪一方拥有更多的人力资本，就给这一方购买更多的人寿保险，人寿保险数额应该和被保险人拥有的人力资本成正比，因为这是在为家庭的重要资产提供安全保障。

二、从人力资本管理过渡到家庭金融资产管理

人力资本管理是年轻家庭财富管理的首要问题，因为多数年轻家庭的金融资产规模相对较小，人力资本是这一阶段最有价值、投资收益率最高的家庭资产。而当个人事业达到顶峰并逐步进入平台期后，管理重点自然过渡到以家庭金融资产管理为中心。

人力资本管理与金融资产管理存在显著差异，其中最重要的一点是：人力资本管理最需要专业化深耕细作，因为人力资本的核心价值在于稀缺性；而金融资产管理则重在资产配置的分散化，其核心是降低不必要的非系统性风险，追求同等风险程度下的收益最大化。随后的章节中我们会专门讨论金融资产内部的分散化配置，此处要强调的一点是，应当注重实现家庭人力资本与金融资产之间的分散化配置。

假设上文中的小王在医药行业工作，这意味着其人力资本主要投资于医药行业。若医药行业景气，其人力资本价值随之上升；若该行业萧条，其人力资本价值随之下降。而小王在管理家庭金融资产时，往往会因为自身对医药行业特别熟悉，存在重点投资医药行业股票的倾向。这样做的结果是风险过度集中：一旦医药行业萧条，不仅小王的人力资本价值下降，其金融资产也将受到亏损。所以小王的正确做法是，在金融资产投资中，选择和医药行业相关程度较低的其他行业进行投资，从而分散风险。

三、尽可能实现生命周期内的消费平滑

需要注意的是，不论是计算出来的人力资本价值，还是家庭金融资产，都是账面上的财富，它们的目的都是帮助我们获得理想的消费水平。这个理想的消费水平在经济学上有一个严格的证明，其特点就是，不要在生命周期内大起大落，而要尽可能前后一致，既不要在年轻时过度消费，导致年老时手头拮据；也不要在年轻时节衣缩食，退休后才开始提高消费，即要尽可能地实现生命周期内的消费平滑。当然，这个理想的消费水平并不是绝对的平均数，而是在准确地评估总财富的基础上，按照生命周期所进行的大概测算。

假设上文的小李成家以后，估算出夫妻双方人力资本的价值是 400 万元，金融资产的价值是 200 万元，那么其家庭总财富是 600 万元。如果预期生命周期约为 50 年，那么可以测算出来，小李家理想的消费水平在年均 12 万元左右，保持这一消费水平大致可以实现生命周期内的消费平滑。

建立了生命周期的概念，处理好了人力资本、金融资产和消费平滑这三个重要的问题，我们就形成了家庭理财的合理布局。

第二节　基于生命周期的人力资本规划

一、家庭总财富的构成

正如之前我们所讲到的，家庭真正拥有的总财富由如下三部分构成：一是住房、汽车等实物资产；二是可交易的金融资产，比如股票、债券、基金、保险、期权、期货等，它们可以产生一定收益，具有较强的投资性；三是人力资本，它与实物资产和金融资产在收

入性和交易性等方面存在明显差异。

人力资本是预期未来劳动收入的现值，它也被认为是家庭成员的收入能力。与其他资产一样，人力资本也存在一定的风险和收益。若你是一位创业者或股票经纪人，则人力资本可能存在较大的风险和较高的收益；若你是一位大学教授，则人力资本相对稳定，面临较低风险及与之相对应的收益；若你是一家知名企业的部门经理，则人力资本的风险和收益大致介于前两者之间。

在生命周期中，我们把结余的工资投资到金融市场，通过这种方式将人力资本转换成金融资产。在职业生涯伊始，我们拥有更大比例的人力资本财富，因为未来还有许多年可以工作赚钱，而此时并没有积累太多的金融资产。工作若干年后，家庭金融资产会逐渐积累，而人力资本则随着可工作年限缩短而逐渐减少，家庭金融资产在家庭总财富中所占的比例将比人力资本更大。图 4-1 直观地展示了人的一生中预期的金融资产和人力资本的变化情况。

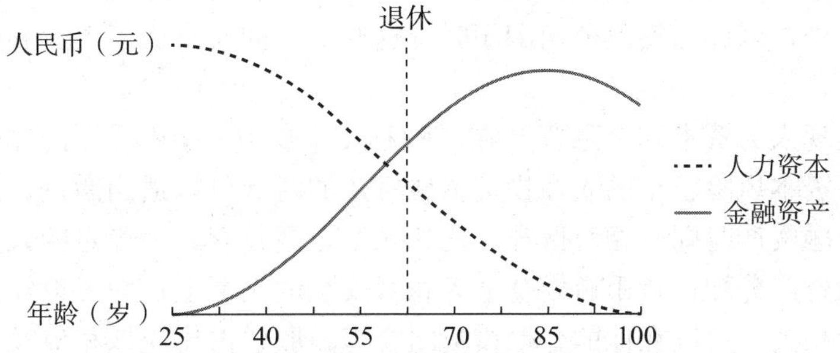

图 4-1　人的一生中预期的金融资产和人力资本

既然人力资本规模如此可观，尤其是在职业生涯初期，那么我们更应该认识到人力资本在家庭资产负债表中的重要性，拓展分析家庭理财活动的方式。同时值得注意的是，人力资本的风险状况也会直接影响家庭总财富面临的风险，因此学界也更多地把人力资本的波动性纳入资产配置决策中。

从这个角度看，一位大学教授的投资策略实际上应该与一个在金融街工作的股票经纪人存在显著差异。虽然人力资本不是可以直接交易的东西，但它是家庭财富的重要组成部分，可以进行多元化管理和合理保护。因此，把握好家庭总财富及其变化轨迹，我们就可以构建与事业和生活的不同阶段相匹配的投资策略。

二、将人力资本纳入资产配置决策

那么，如何把投资策略和所从事的职业结合起来进行量化管理呢？我们可以把人力资本看成类似股票或者债券的组合：如果你的年收入变化很大或者工作很不稳定，那么它可能更像股票；如果你的收入相当稳定或者收入波动性较低，你可以把它看作债券。

一般认为，平均水平的人力资本的风险状况可以用 70%的债券与 30%的股票的投资组合来刻画。那么，拥有稳定收入的大学教授的人力资本可能更像是 80%的债券和 20%的股票的投资组合。金融服务业从业者的人力资本可能更接近 40%的债券和 60%的股票的投资组合，因为股票市场的兴衰与他们的工资和奖金息息相关。图 4-2 把人力资本风险由小到大进行了排列，一个人的人力资本在图中所处的位置会影响其有关金融资产配置的决策。

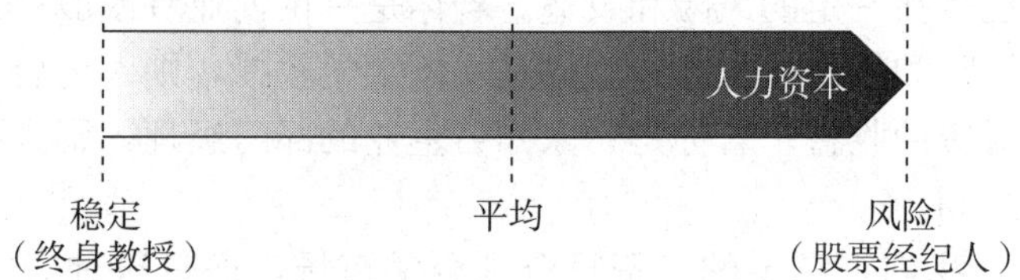

图 4-2 人力资本风险序列图

将人力资本纳入资产配置决策需要注意如下两个方面：

首先，要通过多元化投资分散风险，降低人力资本与金融资产的相关程度，以免遭受极端风险事件所造成的损失。一个典型案例是，原天然气与电力行业的巨头安然公司有许多员工把本公司股票当成金融资产投资的主要标的，没有对自己的工作收入与金融资产进行任何多元化管理，因此当安然公司倒闭时，这些员工同时经历了失业和投资失败的双重极端损失。

其次，要实现人力资本和金融资产在风险程度上的互补，以平衡整体的风险与收益。具体来说，人力资本风险较小的人在投资金融资产的时候可以适当激进；人力资本风险较大的人在投资金融资产时则应相对保守。比如大学教授具有较为稳定的人力资本，则不建议把更多的金融资产分配在货币市场基金等相对安全的投资上；而股票经纪人的人力资本与风险资产高度相关，所以在他的金融投资组合里，股票占比应该相对较小。这样两人均可以将投资组合充分多元化，最大限度地实现风险互补，提升整个投资组合的收益。

我们通过一个具体案例来说明人力资本的风险如何影响资产配置。假设存在三位投资者，年龄均为 55 岁，具有相似的风险承受能力，他们的目标投资组合包括 55%的债券和 45%的股票。在没有考虑人力资本的时候，每位投资者适合的金融资产投资组合将与其风险承受能力相当（即 55%的债券和 45%的股票）。然而，如果考虑到三位投资者不同的人力资本状况，比如投资者 A 的人力资本被归类为“稳定”，投资者 B 的人力资本被归类为“平均”，而投资者 C 的人力资本被归类为“风险”，那么尽管他们具有类似的投资风险承受能力，但他们对金融资产的配置也应当有所差异，如图 4-3 所示。

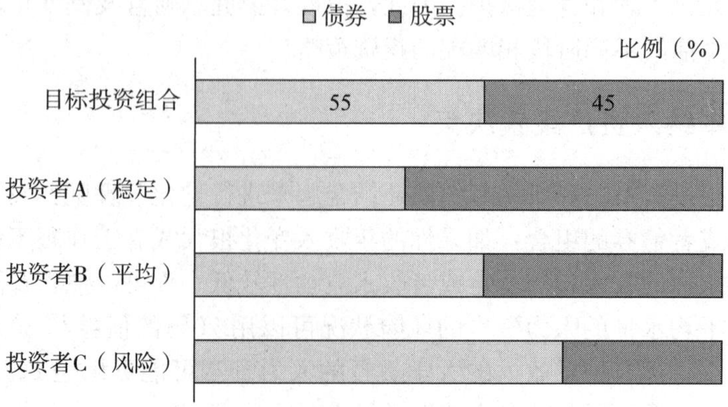

图 4-3 人力资本风险影响金融资产配置

通过加入对人力资本特点的综合考虑，我们能建立波动性更小、更平衡的投资组合。为了有效地将人力资本纳入金融资产配置决策，需要确定人力资本在风险序列图中的位置，并以多元化和平衡人力资本风险的方式投资金融资产。由于人力资本通常是一个人最大的一笔资产，加之其会受到许多潜在风险的影响，因此还应当理解如何保护人力资本。

三、保护人力资本

保护金融投资的方式很多已被大众熟知，比如可以将投资分散化、根据财务需求定期调整资产配置等。在了解了家庭总财富的概念后，还需要注意另一种风险——与人力资本相关的死亡风险。由于家庭成员不幸过早死亡，家庭将意外丧失人力资本。即使一个家庭对其金融资产投资进行了风险管理，失去人力资本也仍然会对家庭的财务状况产生破坏性影响。从经济学的角度看，由于我们不会因为人力资本承担的额外风险而获得更多收益，因此必须对冲其潜在的损失。

人寿保险就是专门保护家庭（或家庭中的受益人）免受因重要家庭成员过早死亡造成的未来劳动收入损失的风险对冲工具。为了更直观地体现人寿保险的保护作用，我们通过一个案例进行对比说明。假设现有两位人力资本和金融资产均相当的投资者，其中一位选择不购买人寿保险，另一位选择将其金融资产中的 1 万元用于购买人寿保险，以保护人力资本。

考察第一位投资者，其总财富为 150 万元，其中人力资本为 80 万元，金融资产为 70 万元，人力资本占其总财富的一半以上。在该投资者的一生中，人力资本的风险不可忽视，如果发生意外又没有人寿保险的保护，这位投资者的遗产金额（幸存家庭成员可获得的金融资产）仅限于 70 万元，如表 4-1 所示。

表 4-1 没有人寿保险保护的情况 单位：元

总财富	1 500 000	遗产总额	700 000
人力资本	800 000	人力资本	0
金融资产	700 000	金融资产	700 000

考察另一位投资者，其总财富为 150 万元，其中人力资本为 80 万元，金融资产为 70 万元。投资者将他的金融资产中的 1 万元用于购买保额为 60 万元的人寿保险，此时投资者的总经济财富会略微减少为 149 万元。但是一旦发生意外，他的遗产总额将从 70 万元增加到 129 万元，如表 4-2 所示。

表 4-2 有人寿保险保护的情况 单位：元

总财富	1 490 000	遗产总额	1 290 000
人力资本	800 000	人力资本	600 000
金融资产	690 000	金融资产	690 000

图 4-4 列示了有无人寿保险情形下总财富及遗产总额的对比情况。在投资组合中增加人寿保险，可以使得在意外事件发生时，投资者的总财富从 70 万元提高至 129 万元。人寿

保险实现了死亡事件中人力资本的完全对冲，定期人寿保险与人力资本之间的相关性为－100%，这意味着如果其中一项实现，那么另一项必定不会实现。因此，两者配套使用可以极大地丰富投资者的投资组合，有利于对冲人力资本风险，对于优化总财富配置不可或缺。

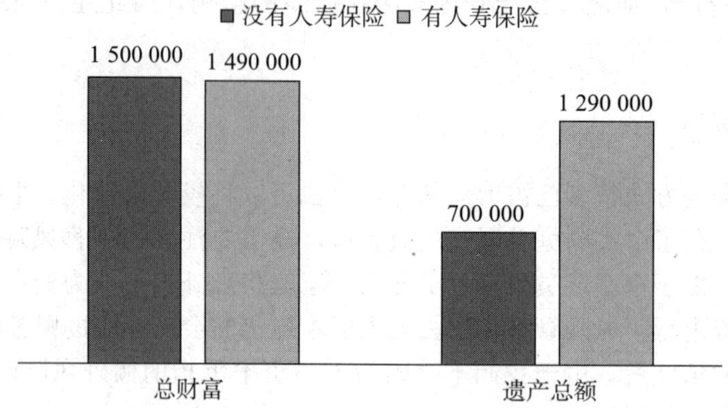

图 4－4　有无人寿保险情形下总财富及遗产总额的对比（元）

四、人力资本、金融资产与人寿保险的最优配置

即使你已经购买了人寿保险，也应该定期检查，以确保该保险充分覆盖了人力资本的价值。由于人力资本随着职业发展或职业转变而不断变化，人寿保险的需求也将随之发生变化。在运用人寿保险对冲人力资本的死亡风险时，通常人力资本的规模越大，家庭需要的人寿保险越多。所以人力资本不仅影响最优金融资产配置，还影响人寿保险的最优需求。

目前常见的关于人寿保险的投资建议很少被纳入人力资本的分析框架，并且人寿保险购买决策通常跟金融资产配置决策分开。根据上文的分析，我们已经了解到人力资本对金融资产配置和人寿保险决策都具有重要影响，因此建议把人力资本、金融资产配置以及人寿保险决策统一纳入消费和投资的生命周期模型中共同考虑。

我们通过图 4－5 描述了考虑人力资本、金融资产配置与人寿保险的综合模型，它包含以下决策：(1) 优化投资者的金融资产组合；(2) 确定人寿保险的规模，最大限度地降低人力资本的风险敞口；(3) 根据人力资本特点充分实现人力资本与金融资产之间的分散化组合。

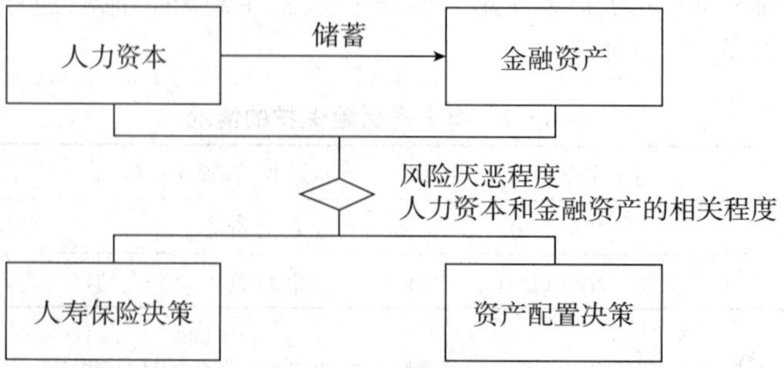

图 4－5　人力资本、金融资产配置与人寿保险

第三节　养老规划

养老规划是个人理财规划的重要组成部分，是个人和家庭为生命周期的退休养老阶段提前进行的一系列财务规划和安排。得益于我国经济社会的快速发展，家庭和社会都提高了对养老事业的关注度和投入，人们普遍希望能够更加平缓地过渡到退休阶段，并保持正常的消费水平和生活品质。2021 年 3 月发布的《中华人民共和国国民经济和社会发展第十四个五年规划和 2035 年远景目标纲要》明确提出“逐步延迟法定退休年龄，促进人力资源充分利用”，这意味着个人和家庭还需要根据国家政策变化，对养老计划进行设计、调整和优化，以确保生命周期中退休养老阶段目标的实现。

一、现阶段养老规划的误区

（一）中国人普遍对养老规划缺乏足够的重视

中国人普遍存在养儿防老的观念，但是这一养老方式受到两个难以人为控制的关键因素的影响：一是子女及其配偶的赡养意愿；二是子女的经济状况。通俗来说，就是子女是否愿意赡养以及是否有能力负担。在过去几十年里，我国基于国情推行了独生子女政策，形成了大量“四二一结构”（双方父母共四个老人，夫妻二人，一个孩子）的家庭，这类“上有老、下有小、中间有工作”的家庭导致“养儿防老”模式愈发难以为继。

（二）养老规划起步太晚、形式单一

一方面，大部分个人和家庭在生命周期的早期和中期主要将其收入用于支付房贷、车贷、生活开支和子女教育等，结余中部分还可能被用于奢侈品消费、休闲度假支出等。等到步入中年时，可能才会想到需要进行养老规划，而此时因距离退休年龄较近会有更大的压力：由于失去了长时间投资获得复利的好处，因而需要更多的养老支出才能覆盖退休后的支出。另一方面，许多个人和家庭的养老规划形式比较单一。从目前情况看，社保养老金以及部分商业养老保险构成了我国主要的养老规划产品，其中社保养老金的发展相对成熟，商业养老保险的覆盖面还比较小，而近年来尝试推出的“住房反向抵押养老保险”等新型养老产品尚不能有效地满足养老需求。

（三）养老规划要避免货币幻觉

货币幻觉是指人们重视货币名义价值，却忽视其实际购买力变化的一种心理错觉。养老规划的货币幻觉表现在两方面：一是忽视通货膨胀的影响。以年通货膨胀率 3%为例，现在的 100 万元，20 年后其购买力只有 55.37 万元，40 年后仅为 30.66 万元。因此，要采取各种工具和方法来尽量使其保值增值。二是缺乏对预期寿命延长的理性预期。随着经济的发展、生活水平的提高特别是医疗卫生保障体系的完善，国民健康水平整体有了较大幅度提升。2018 年 5 月，世界卫生组织发布的《世界卫生统计年鉴 2018》中的数据显示，中国人口预期寿命约为 76.4 岁，其中男性 75 岁，女性 77.9 岁，均高于世界平均水平。

预期寿命的延长意味着人们的退休养老阶段更长，不确定性更大，这使得养老规划更加复杂。

二、养老规划的影响因素

养老规划能够保证个人及家庭在退休以后依然可以保持高质量的生活。养老规划的内容包括退休前和退休后两个阶段：退休前主要是对资金投入的有序安排，涉及投资时间、投资金额、投资工具和投资方式等；退休后主要是对资金支出的安排，涉及使用时间、使用金额和使用方式等。因此，养老规划需要考虑即期收支与远期收支的平衡，从具体操作看，至少应当考虑如下三个因素。

（一）预期寿命

预期寿命影响养老规划的时间长度。我国人口预期寿命近年来不断提高，因此，个人和家庭需要相应调整对寿命的预期。一个糟糕的情况是对预期寿命的估计不足，因此在生命周期的退休养老阶段出现入不敷出的情况，这会直接影响养老目标的实现。

（二）退休年龄

退休年龄会对养老规划产生两方面的影响：一是影响个人赚取劳动收入的时间，也就是在退休前积累财富的时间；二是影响退休后生活时间及养老支出。在现实生活中，提前退休和延迟退休的情况都存在，比如有些人会因为健康状况不佳、工作强度过大或者抚养子女甚至孙子女等种种原因提前退休，此时其退休前积累的财富会相应减少，而退休后的养老支出会随着养老阶段延长相应增加，此时就需要对养老规划进行调整。在目前阶段，人们更需要关注的是延迟退休对养老规划的影响。《中华人民共和国国民经济和社会发展第十四个五年规划和 2035 年远景目标纲要》明确提出“逐步延迟法定退休年龄”，这意味着退休前收入、缴纳社保年限、未来能领取的养老金以及养老阶段总支出等均会发生系统性变化，因而需要重点关注。

（三）养老目标

养老目标的制定因人而异，应当视个人和家庭的需求和实际经济情况而定，若发现拟定的目标过于乐观或过于保守，可以适当调整。一般来说，在制定养老规划时，常见的倾向是对退休后的经济状况过于乐观，往往高估退休后的收入，并且低估退休后的开支。因此，建议遵循谨慎原则，根据自身职业特点和退休后生活的需要，建立对未来支出的合理规划，树立正确的消费观，不盲目追求所谓的高端生活，确定一个较为现实、可行的养老目标。

三、编制养老规划的具体方法

编制一个完整的养老规划包括确定合理的养老目标、估算退休后收支变化、计算养老金现值并进行规划以及适时动态调整等内容。

（一）确定合理的养老目标

对于养老，不同的人会有不同的目标。根据对退休生活中衣食住用行等方面的不同要求，大概可以将养老目标分为四个层次：最低层次是退休后维持基本的生存需求；较高层次是退休后维持与退休前质量相同的生活；再高层次是退休后过高于退休前质量的生活；最高层次是除了维持高质量的退休生活外，还要给子女留下丰厚的遗产等。

通常来说，养老目标可以以收入或支出为标准。比如：从收入角度看，退休收入替代率指标一般可以设定为退休前收入的 60%～70%，这意味着退休后收入总额是退休前收入的 60%～70%；从支出角度看，退休支出一般可设定为退休前支出的 70%～80%，以维持基本持平的生活水平。

以上收入和支出目标与个人的经济状况、职业特点以及生活方式等息息相关，可以根据个人效用函数进行微调，但最高不能超过根据未来收入确定的平均消费水平。另外，从养老目标看，要满足不同的养老目标，需要的投资工具应当有所不同。比如最低层次的养老目标可以通过社会养老保险等方式实现，而更高层次的养老目标则要通过高风险高收益的投资工具才能实现。

（二）估算退休后收支变化

确定目标之后，就需要对退休后的收支情况进行估算。首先来看支出情况，一个合适的办法是以当前的支出为基础，仔细分析退休前后支出结构的变化，然后进行差额调整，就可以得到退休后的支出数额。以钱女士家庭为例，钱女士今年 30 岁，目前每年家庭支出约 20 万元，她对退休后的支出结构进行了估算，发现退休后会减少交通费用、住房抵押贷款等支出，减少总额为 13 万元，但同时会增加医疗保健、老年大学学费等支出，增加总额为 9 万元，增减抵消后退休后支出减少净额为 4 万元，因此钱女士家庭退休后的支出将从目前的 20 万元降为 16 万元，如表 4－3 所示。

表 4－3 钱女士家庭退休后支出估算表

单位：元

退休后减少的支出	金额	退休后增加的支出	金额
交通费用	20 000	水电杂费	10 000
住房抵押贷款	80 000	医疗保健	40 000
应酬支出	20 000	旅游娱乐	30 000
衣服、化妆品等	10 000	老年大学学费	10 000
减少的支出合计	130 000	增加的支出合计	90 000
减少的支出净额	40 000		
退休前的支出总额	200 000	退休后的支出总额	160 000

类似地，我们也可以据此对退休后的收入进行估算。与退休后的支出相比，退休后的收入变化相对更加简单清晰，退休后收入主要来源于社会保障收入、工作单位的退休金、自有积蓄、投资收益以及子女赡养费等。可以参照表 4－3 编制退休后收入的变化表，并据此得出退休后的预期收入。

（三）计算养老金现值

上文提供了对退休后收支的粗略估算，为了更加准确地衡量退休后所需的养老金总额，引入如下公式：

$$E=A(1+C)^n \tag{4-1}$$

在式（4－1）中，n 表示当前时刻到退休的年限；C 表示费用年增长率，其中包含了对未来利率变动和通货膨胀率的预期；A 表示按当前物价水平计算的退休后第一年的养老支出；E 表示按退休时物价水平所计算的退休后第一年的养老支出。

根据第 2 章中的年金计算公式，可以计算出未来养老支出在退休时刻的现值，公式如下：

$$T=E\frac{1-\left(\frac{1+C}{1+R}\right)^N}{R-C} \tag{4-2}$$

在式（4－2）中，T 表示未来所需养老支出在退休时刻的现值；N 表示退休后的预期剩余寿命，R 表示金融资产投资收益率。

我们以李先生为例，他今年 45 岁，计划 20 年后退休，预期寿命为 80 岁，希望退休后能保持现有的生活品质。按当前物价水平，估计退休后第一年所需养老支出为 10 万元（A）。根据目前利率变动和通货膨胀率的情况，假设费用年增长率（C）为 5%，年投资收益率（R）为 6%。根据式（4－1）可得：

$$E=10\times(1+5\%)^{20}=26.5(\text{万元})$$

其中，E 为李先生按照 20 年后退休时的物价水平估算的退休后第一年的养老支出，根据当前物价水平估计退休后第一年的养老支出（$A=10$）、费用年增长率（$C=5\%$）以及当前时刻到退休的年限（$n=20$）三个参数得出。

$$T=26.5\times\frac{1-\left(\frac{1+5\%}{1+6\%}\right)^{15}}{6\%-5\%}=351.2(\text{万元})$$

其中，预期剩余寿命（N）为 15（＝80－65）年，T 表示李先生未来所需养老支出在 65 岁退休时点的现值（为 351.2 万元）。

对比计算出的退休后养老支出现值与退休后收入现值，我们就可以方便地计算出退休资金缺口，编制养老规划。具体来说，若收支差额为正，则表明养老金储备可以满足养老目标的要求，此时可重点关注资金的安全性；若收支差额为负，则表明退休后将入不敷出，无法实现养老目标，因此当下必须采取开源节流的措施，比如增加当前储蓄金额、适当提高家庭金融资产的风险水平以提高投资收益率、减少当前或退休后一些不必要的支出等。

（四）适时动态调整

编制养老规划以后，应当密切监督、定期评价规划的实施效果，根据实际情况对规划进行调整。特别是当与养老规划相关的参数发生重大变化，包括但不限于家庭成员健康状况发生长期不利变化、法定退休年龄延迟、预期平均寿命延长、社会基本养老保险缴存比例调整、经济运行出现周期性变化而影响预期投资收益率等时，需要对新参数下的收支进行重新估算，并审视家庭资产配置是否能够实现养老目标。由于养老规划的时间跨度比较大，因此动态调整的频率以3～5年为宜。

职业素养提升专栏

警惕养老领域非法集资，谨防“养老”变“坑老”

随着我国逐步进入老龄化社会，老年人的养老需求持续攀升。然而，一些机构和企业打着“养老服务”“健康养老”等旗号，以“高利息、高收益”为诱饵实施非法集资活动吸收老年人的资金，给老年人造成了严重的财产损失和精神伤害，存在重大风险隐患。

养老领域的非法集资的表现形式主要有以下四类：一是以提供“养老服务”为名非法集资。一些机构承诺明显超过床位供给能力的服务，以办理“贵宾卡”“会员卡”“预付卡”、预交“养老服务费用”等名义，以向会员收取高额会员费、保证金或者为会员卡充值等形式非法集资。二是以投资“养老项目”为名非法集资。一些机构或企业打着投资、加盟、入股养生养老基地，以销售虚构的养老公寓或者以长期出租养老床位、销售养老公寓使用权等名义，通过返本销售、售后返租、约定回购、承诺高额利息、“私募基金”等形式非法集资。三是以销售“老年产品”为名非法集资。一些企业不具有销售商品的真实内容或者不以销售商品为主要目的，采取商品回购、寄存代售、消费返利、免费体检、免费旅游、赠送礼品、会议营销、养生讲座、专家义诊等方式欺骗、诱导老年群体，实施非法集资。四是以宣称“以房养老”为名非法集资。一些企业以非法占有为目的，打着“以房养老”的旗号，通过召开推介会、社区宣传等方式，诱使老年人签订“借贷”或者变相“借贷”“抵押”“担保”等相关协议，抵押房屋以获得出借资金，再用资金购买其“理财产品”并承诺给付高额利息，实施非法集资。

针对上述打着“养老”旗号进行非法集资的行为，必须重点警惕如下三类风险：一是高额利息无法兑现。机构或企业承诺的高额利息主要来源于老年人缴纳的费用，属于拆东墙补西墙。多数企业不存在与其承诺收益相匹配的正当服务实体和收益，资金运转难以持续维系，高额利息仅为欺诈噱头，一旦资金链断裂，高额利息无法兑付，本金也难以追回。二是资金安全无法得到保障。机构或企业承诺超出可持续盈利水平的利息，以此为诱饵骗取老年人钱财。大量来自社会公众的资金由发起机构控制，无法得到有效监管，存在转移资金、卷款跑路的风险。三是养老需求无法满足。机构或企业以欺诈、诱骗的方式骗取老年人信任，向老年人承诺高端养老服务或者销售养老产品，往往无法达到预期效果，老年人的养老需求无法得到有效满足。

资料来源：人民网，2021年5月17日。

第四节　人力资本计算实际运用举例

一、人力资本计算的基本原理

人力资本这一术语在保险、经济和金融领域经常具有不同的含义，我们把人力资本视作未来净收入的经济现值。一般而言，净收入包括退休前的工资和奖金以及退休后的退休金。人力资本的多少和性质直接影响着资产配置决策和人寿保险的最佳数量。本节我们通过具体的案例来介绍如何衡量人力资本。

我们假设符号 h_t 表示一个人在年份 t 内获得的实际净收入，则 x 岁时所有未来净收入流量在当前时刻 X 的预期贴现值 $H(x)$ 可以用以下公式表示：

$$H(x)=\sum_{t=x+1}^{n}\frac{E[h_t]}{(1+r+v)^{t-x}} \tag{4-3}$$

在式（4-3）中，n 是预期寿命，x 是当前年龄，r 是经过通货膨胀率调整的无风险利率，v 是一个用来刻画非流动性以及其他与人力资本相关的潜在风险溢价的参数。分子中采用了未来收入 h_t 的期望值 $E[h_t]$。请注意，除了公式中分子部分包含的预期之外，分母中的 v 解释了所有广泛定义的风险，作为折现率的组成部分，它显然会相应地降低未来收入在 t_0 时刻的贴现值。

二、未来收入确定情况下的人力资本计算

我们把一个人未来获取的净收入视为确定值，即净收入没有不确定性，此时计算人力资本规模的方法相对简单。例如有一位 25 岁的投资者赵先生，其工作十分稳定，每年净收入 5 万元，并且预计随着通货膨胀而相应增长。他将在年满 65 周岁后退休，并且每年获得 1 万元的社会保障金（以当年人民币计价），预期寿命为 85 岁。关于金融市场投资收益率及风险的假设如表 4-4 所示。

表 4-4　市场假设（%）

资产	年复利收益率	风险
无风险资产（债券）	5	—
风险资产（股票）	9	20
通货膨胀率	3	—

我们采用式（4-3）计算赵先生的人力资本。首先，考虑投资者在刚退休（65 周岁）时的人力资本。此时他已经不再工作，人力资本仅来源于每月获得的社会保障金。在 Excel 中，我们使用计算年金现值的函数 $PV(rate, nper, pmt, [fv], [type])$ 来完成这项运算。其中，$rate$ 使用的是折现率，在本例中，采用无风险利率 5%，且因为工资和社会保障金都以当年人民币计价，因此不用再进行通货膨胀率调整。$nper$ 是社会保障金从退休后第一年至预期寿命年份之间的年数，本例中为 65～85 岁，共计 20 年。pmt 是每

期支付的金额，在本例中为 1 万元，fv 是指终值，在本例中并不存在，Excel 中可自动缺省；type 代表付款时间（0 表示在期末支付，1 表示在期初支付），Excel 缺省状态默认为 0，即我们常说的普通年金。上述各参数确定后，可以方便地计算出赵先生在 65 岁时的人力资本约为 12.5 万元。当然，你也可以按照第 2 章给出的年金现值公式进行计算。

在投资者赵先生 25～65 岁这一期间，把其 65 岁退休时的人力资本规模作为终值（fv），然后把各年份的净收入分别进行折现，这样就可以得到他在不同年龄的人力资本，如图 4-6 所示。可以看到，在赵先生的生命周期里，人力资本从职业初期的 87.6 万元逐步递减到退休时的 12.5 万元。

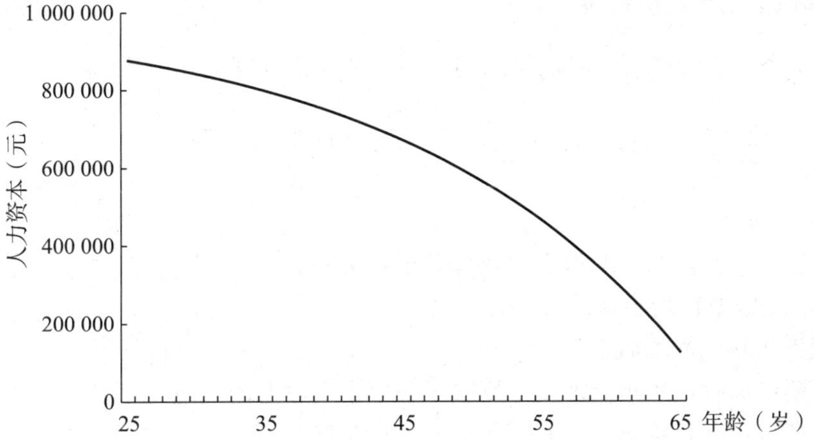

图 4-6　未来收入确定的投资者的人力资本

三、未来收入不确定情况下的人力资本计算

在赵先生的例子里，假设人力资本 100%无风险，然而现实情况是仅有小部分投资者会拥有这种“安全”的人力资本，多数人的净收入因多种原因，包括工作变动、失业等而存在不确定性。

(一) 净收入

那么，如何体现净收入的不确定性呢？我们从每一期的净收入开始考虑。依然用 h_t 表示一个人在年份 t 内获得的随机、实际的净收入，同时假设 h_t 遵循如下随机过程：

$$h_{t+1}=h_t\exp(\mu_h+\sigma_h Z_{h,t+1}) \tag{4-4}$$

在式（4-4）中：

μ_h 是净收入的年增长率；

σ_h 是净收入的年标准差，用于衡量净收入的波动性；

$Z_{h,t+1}$ 是一个随机变量，它服从期望为 0、方差为 1 的标准正态分布，记为 $Z_{h,t+1}\sim N(0,1)$。

(二) 未来净收入的现值

我们用 H_t 表示在 t 时刻的人力资本价值，它是从 $t+1$ 岁到预期寿命（T）期间的未来净收入的现值，其计算公式为：

$$H_t=\sum_{j=t+1}^{T}\{h_{x+j}\exp[-(j-t)(r_f+\eta_h+\zeta_h)]\} \tag{4-5}$$

在式（4－5）中：

r_f 是无风险利率；

η_h 是净收入的风险溢价，反映了净收入的市场风险，下文会详细介绍；

ζ_h 是反映人力资本的流动性风险的折现因子，为简化起见，我们假设为 4%。

（三）净收入的风险溢价 η_h

根据资本资产定价模型，我们可以用下面的公式来计算 η_h：

$$\eta_h=\frac{\mathrm{cov}(Z_h,Z_s)}{\mathrm{var}(Z_s)}(\mu_s-r_f)=\rho[\mu_s-(e^{r_f}-1)]\frac{\sigma_h}{\sigma_s} \tag{4-6}$$

在式（4－6）中：

$\mathrm{cov}(Z_h,Z_s)$ 是净收入与股票市场收益的协方差；

$\mathrm{var}(Z_s)$ 是股票市场收益的方差；

μ_s 是股票市场的平均收益；

σ_s 是股票市场收益的年标准差，反映了股票市场收益的风险；

σ_h 是净收入的年标准差，反映了人力资本的风险。

ρ 是人力资本与股票市场的相关系数。

（四）人力资本的风险类型

多数人的净收入因多种原因而不确定，因此人力资本的风险因人而异，例如企业家、基金经理、股票经纪人和大学教授的人力资本面临的风险截然不同。我们按人力资本面临的风险将投资者分为两种基本类型：第一种类型是其人力资本面临的风险与其他风险资产（股票）相关的投资者；第二种类型是其人力资本面临的风险与股票市场不相关的投资者。对于第一种类型的投资者，假设净收入的年标准差 σ_h 为 0.2，人力资本与股票市场的相关系数 ρ 为 0.5；对于第二种类型的投资者，假设净收入的年标准差 σ_h 依然为 0.2，但是人力资本与股票市场的相关系数 ρ 为 0。

（五）用 Excel 计算人力资本

在 Excel 中可以模拟这两种类型的投资者的人力资本规模的计算。通过式 *NORMINV*(*RAND*()，0，1) 可以产生一个服从标准正态分布的随机变量 $Z_{h,t+1}$，将其代入式（4－4），可以计算出每一期净收入的价值 h_{t+1}。继续运用式（4－5），对每一期净收入价值进行折现并加总，即可得到人力资本 H_t。

需要注意的是，对于第二种类型的投资者，由于其与股票市场的相关系数 ρ 为 0，因此反映净收入的市场风险的折现率 η_h 为 0。图 4－7 展示了在一种模拟情景下计算出的第一种类型的投资者在 25～65 岁的人力资本。

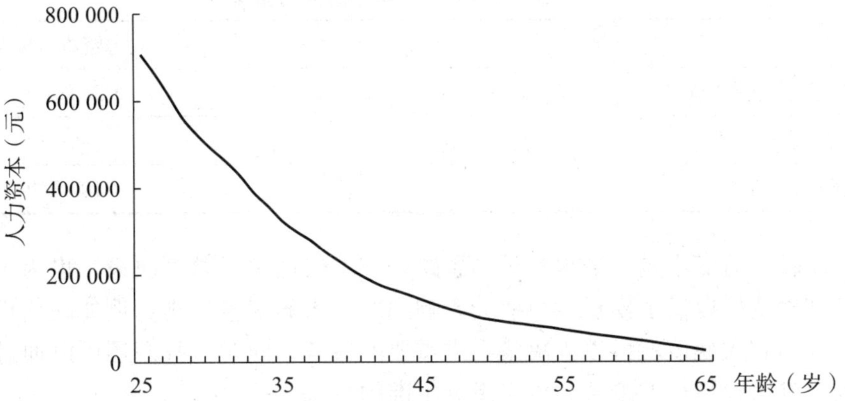

图 4－7　未来收入不确定的投资者的人力资本

四、教育决策

在一个人的生命周期中，有许多选择可能改变其人力资本，最典型的就是教育决策。一次成功的教育投资可能成为人力资本提升的关键。很多个人与家庭所面临的普遍问题是：是否继续深造？例如，本科毕业后是否直接工作？工作若干年后是否要读 MBA，是在国内就读还是出国就读？在学习了本节后，我们可以根据所搜集的各方面信息，通过计算人力资本的方式，为教育决策提供更加科学的参考。下面通过一个例子来详细说明。

假设投资者王先生现在 25 岁，他面临以下三种选择：

①本科毕业后直接工作，未来 40 年每年净收入为 25 万元。

②攻读国内研究生 2 年，每年需要支付学费 5 万元，毕业后每年净收入为 30 万元。

③攻读国外研究生 1 年，费用 25 万元，毕业后每年净收入为 29 万元。

假定王先生 65 岁退休，无风险利率为 5%，王先生未来的工资保持稳定，且均以当年人民币计价。运用计算年金现值的方法，可以方便地计算出王先生 25 岁时选择这三种方案所分别对应的人力资本。

我们以攻读国内研究生为例来说明计算过程，有两种计算方法。第一种方法是将该方案中的现金流看作未来 40 年每年流入 30 万元与未来前 2 年每年流出 35 万元的组合（此时前 2 年的现金流量均为净流出 5 万元），因此，可以在 Excel 中输入“＝*PV*(0.05，40，－30)＋*PV*(0.05，2，35）”，得到结果为 449.69 万元。第二种方法是把现金流看成后 38 年每年流入 30 万元与前 2 年每年流出 5 万元的组合，此时可以在 Excel 中输入“＝*PV*(0.05，38，－30)/(1＋0.05)^2＋*PV*(0.05，2，5）”，得到的结果也是 449.69 万元。

需要说明的一点是，由于计算人力资本时不存在初始投资额的概念，我们把未来净收入设定为负值，对应地未来支出则设定为正值，这样一来折现后的结果符号为正，可以使得人力资本更加直观，便于理解。

根据表 4－5 的计算结果，在其他条件保持不变的情况下，王先生应该继续攻读国内研究生，数据表明其人力资本相比直接工作增加了约 20.7 万元，这一选择能最大限度地提升其人力资本。

表 4-5 三种教育方案下的人力资本

方　案	人力资本（元）
①本科毕业后直接工作	4 289 772
②攻读国内研究生 2 年	4 496 932
③攻读国外研究生 1 年	4 461 849

计算并比较人力资本是一条很实用的思路，它不仅适用于教育决策，也为生命周期中面临的许多其他抉择提供了模板。只要会影响到净收入的因素出现，例如跳槽机会、休假时机等，计算净收入现值就可以为决策提供重要的参考。同时，我们还可以通过补充更多有关净收入及其风险特征的细节，得出更为精准的结果。

关键术语

生命周期	家庭总财富	人力资本价值
金融资产价值	消费平滑	养老规划

习　题

1. 生命周期主要包含哪几个阶段？

2. 在生命周期中，人力资本规模与金融资产规模之间有什么关系？

3. 有一种观点认为，刚毕业的大学生没有多少积蓄，因而不需要进行理财规划。请问这一观点是否准确？为什么？

第5章

现金管理规划

本章要点

1. 流动性的概念
2. 满足流动性需求的资产规模和资产结构
3. 流动性管理的常用工具
4. 流动性管理案例

知识讲解

现金管理规划

第一节 财富管理中的流动性需求

有句俗话叫“远水解不了近渴”。所谓“近渴”，在财富管理中就是指流动性需求，要解决“近渴”的问题，需要在进行财富管理时留出应急储备部分。本节重点探讨以下三个问题：什么是流动性？为什么流动性管理对财富管理至关重要？怎么进行合适的流动性管理？

一、流动性

流动性是指资产在保持自身价值的前提下迅速转化为现金进行支付的能力。某项资产的流动性越高，说明这项资产越容易变现。比如，银行的活期存款可以随时取出，流动性最强，但是定期存款相对来说流动性要弱一些，若在到期前提取，会损失定期存款的利息，并且手续也较为烦琐。股票和债券等金融资产的流动性比定期存款更弱，因为这些金融资产只能在交易时间买卖，且在急需用钱的时候，未必能够卖出合意的价格。

根据之前对家庭资产的分类，我们对家庭资产负债表中的资产按照流动性从高到低排序依次是：现金、银行活期存款、定期存款、股票和债券等有价证券、房产、人力资本。通常来说，流动性越高的资产其收益越低。比如，现金的流动性最高，但没有任何收益，这可以理解成为保持资产流动性而承担的代价。

二、流动性需求

理解了流动性的概念，就容易理解流动性在财富管理中的重要性，因为财富管理的首要任务是确保安全，其中包含两层意思：一是要能够满足日常开支，这直接关系到基本生活的维持；二是在紧急状况下要有应急储备，不至于被迫出售作为长期投资的资产，以免遭受额外的损失。

（一）满足流动性需求的资产规模

在构建流动性资产组合之前，我们要先确定满足合理的流动性需求的资产或资金规模。资产规模太小，则无法满足日常消费和紧急需求；规模太大，则会降低家庭资产的总体收益率。衡量家庭的流动性需求时，通常需要考虑以下三个方面：

一是日常消费需求。日常消费需求基本上是可以合理预期的，主要包括短期内家庭消费支出。我们只要稍加留意家庭日常消费，或者运用在第 3 章中学习的家庭收支记录表，就能估算家庭的日常消费金额。比如，发现家庭近一年来每月平均日常开销在8 000元左右，则每月至少应该留有 8 000 元的流动性资金来保证日常消费。

二是用来应付意外情况的紧急储备，比如家人意外受伤或者住院等紧急情况下的可能开支。这个额度因家庭而异，可以根据不同家庭的风险承受能力和过往经验来决定。考虑日常可能发生的紧急支出，家庭通常应该预留至少能覆盖 3 个月的日常消费支出的流动性资金，在上述例子中就是 24 000 元。如果家庭成员所处的工作环境周期性强、风险大，则相应地需要预留更多的紧急储备。

三是减少流动性的事件，包括预期在未来某个时点会发生的大额支出、日常开销的明显改变等。比如，某家庭计划五年后对现有住房进行重新装修，或家庭成员退休引起日常开支发生较大变化等。当然，也可能存在增加流动性的事件，比如预期在 10 年后得到父母赠与的房产或留下的其他遗产等。综合考虑这些将在未来改变家庭流动性需求的事件，我们就可以持有在未来时刻按照预计价格出售的资产，以覆盖未来产生的新的流动性需求。

（二）满足流动性需求的资产结构

在确定满足流动性需求的资产规模后，下一步需要选择恰当的满足流动性需求的资产结构，也就是决定具体配置哪些类别的资产。流动性资产主要分为三类：第一类是现金或活期存款，第二类是具有支付功能的信贷额度，第三类是除活期存款外流动性高的金融资产。

首先来看现金或活期存款。手中留存的现金没有任何直接收益，但是支付能力强、适用的场景广。银行活期存款的收益最低，存、取、转账、支付等都十分方便，特别是大额支付和转账时，比现金更为便捷、安全、高效。随着金融科技和移动终端的发展，活期存款与现金的支付功能日益接近，社会的无现金化趋势越来越明显，甚至出现了一些完全替代现金支付的场景，如网购等。但是当发生自然灾害如地震、洪水等突发事件时，可能会产生断电断网引发的信息中断问题①，进而影响如手机、手环等绑定活期账户的移动设备的支付功能，这时必须有一定的现金储备才能完成交易。所以，现金和活期存款都需要有

① 2021 年 7 月，郑州突发严重洪水，导致部分区域停水、断电、断网，严重影响了移动设备的支付，甚至出现了一些个人或家庭因为没有足够的现金而无法购买生活物资的情况。

一定的储备，具体比例可根据个人情况确定。

其次来看具有支付功能的信贷额度。信贷额度是借款提供方与个人在协议中约定的借款最高限额，当个人按期履行还款义务后，可以在若干个借贷周期内重复使用。有了信贷额度，个人及其家庭既可以满足自身的消费支付需求，又可以延期付出资金，从而可以节省闲散资金以获得短期收益。信贷额度还有一个潜在的好处，即为家庭的紧急支出提供了付款准备。因此，家庭成员的信贷额度越高，就意味着家庭的应急储备越充足。

常见的信贷额度包括商业银行自身或联合其他机构发放的信用卡，如京东“白条”、支付宝“花呗”等。以京东“白条”这一金融产品为例，它是国内常见的互联网消费金融产品，其本质是京东购物网站为消费者提供的短期免息消费贷款。消费者开通京东“白条”后，通常会获得一定的信贷额度，可以在拥有的信贷额度范围内，在账户上没钱的情况下“先消费，后付款”，而这笔消费贷款通常可以选择延后付款或分期付款等方式偿还。进一步地，假设支付宝“花呗”和京东“白条”均向你提供了 5 000 元的消费额度，就意味着你每月拥有合计 10 000 元的相关电商平台或部分线下渠道的消费额度。此时，如果你的银行信用卡还有 20 000 元的信贷额度，那么意味着你当月在不支付现金的前提下，可以实现的购买力是 30 000 元。需要特别注意的是，尽管当月使用消费信贷可以减少等额现金或活期存款的支出，但是在约定的还款期内，使用者必须偿还这些贷款，否则将面临高达 8%～20%（甚至更高）的年化贷款利率的借款成本，并且信用记录也会受到影响。

最后来看除活期存款外流动性高的金融资产。这类金融资产的功能之一是应对家庭每月都要偿还的信贷额度。从具体类型看，最常见的是银行储蓄存款，之后是货币市场基金，然后是各种形式的银行理财产品。

除了活期存款之外，财富管理者还可以选择持有定期存款、定活两便存款、通知存款和大额存单等储蓄存款，后面这些存款品种能够获得比活期存款更高的收益，在有应急需求时也可以转换成活期存款以提取现金。

货币市场基金（Money Market Funds，MMF）是指投资于货币市场上短期有价证券的一种投资基金。该基金资产主要投资于短期货币工具如国库券、商业票据、银行定期存单、银行承兑汇票、政府短期债券以及企业债券等短期有价证券，持有期限通常在 1 年以内。通常来说，货币市场基金的安全性较高，而收益率略高于银行存款，并且在银行或者基金公司的直销网站上都可以购买，是较为理想的流动性资产投资品种。比如，近年来人们常用的余额宝就是天弘基金负责管理的一只货币市场基金。需要注意的是，货币市场基金的赎回通常需要两个工作日，也就是说，在用钱的两个工作日前就要进行货币市场基金的赎回操作，才能确保用钱的时候资金能够到账。当然，现在很多货币市场基金产品都有快速赎回额度，有的是 1 万元人民币，有的更高。

和银行存款相比，银行理财产品就显得琳琅满目、复杂多样多了，可以根据风险等级来识别其类型。风险等级主要是根据理财产品的投资范围和风险收益来划分的，一般有五个：R1 代表保守型；R2 代表谨慎型；R3 代表稳健型；R4 代表进取型；R5 代表激进型。其中，R1 和 R2 级别的银行理财产品主要投资于交易所交易的债券或者银行间同业拆借，通常风险比较小，适合家庭流动性资产配置；R4 和 R5 级别的理财产品更多投资于股票、黄金、外汇等波动性大的金融产品，风险比较大，更适合作为长期投资而非流动性资产配置。此外，我们还需要特别关注理财产品的期限，家庭的流动性资产配置一般选择期限在1个月之内的理财产品。或者，对90天、180天等1年内到期的理财产品进行结构化配置，使得收益最大化，并且保证每个月都有到期的产品来满足流动性需求。

第二节 流动性的内涵和资产的流动性排序

一、流动性的内涵

流动性是影响资产需求的一个重要因素。早在20世纪30年代，凯恩斯就提出了“流动性”这个概念。国际货币基金组织（IMF）在2000年颁布的《货币与金融统计手册》中把流动性概括为“金融资产在多大程度上能够在短时间内以全部或接近市场的价格出售”。弗雷德里克·S. 米什金在《货币金融学》一书中提出，资产的流动性是资产以较低成本转化为现金的容易程度和速度。如果交易该资产的市场具有广度和深度，即市场中有很多卖方和买方，这种资产就具备了流动性。假定其他因素不变，一种资产相对于其他替代性资产的流动性越强，就越受到人们的青睐，因此对它的需求也越大。

为了更好地阐释流动性，学界提出了经典的流动性四维理论，即认为流动性存在四个维度：宽度（Width）、深度（Depth）、即时性（Immediacy）和弹性（Resiliency）。宽度和深度是从流动性成本角度对流动性的刻画，着重关注能否在短期内以较低买卖价差完成较大的交易量；即时性和弹性是从流动性时间角度对流动性的刻画，着重关注等待交易的时间和价格恢复均衡的速度。但是，即时性和成本是一对矛盾，追求较低的成本往往需要耗费较长的交易时间，而追求交易的即时性则往往需要承担较高的成本。

流动性的内涵很丰富。从微观层面理解，可以把流动性视为市场流动性，某个具体市场中的流动性往往与市场交易量、交易成本、交易时间等因素有关，而与公众生活密切相关、受公众关注较多的是股票市场和房地产市场的流动性。从宏观层面理解，流动性可通过一些宏观经济指标来解释，如麦金农就曾用金融深化指标M2/GDP来衡量流动性。宏观层面的流动性又可从银行体系流动性和宏观经济流动性两个角度来探讨。下面我们将流动性分为宏观流动性、银行流动性、市场流动性这三个层次来进行介绍。[①]

（一）宏观流动性

借鉴《新帕尔格雷夫货币金融大辞典》以及相关学者的研究，宏观流动性主要体现为整个经济运行和货币金融资产状况。有些学者认为宏观流动性不是指某一个具体资产，而是表现为各种金融资产与广义货币、狭义货币之间的替代关系，特别是市场信用支撑的金融资产与政府信用支撑的高流动性资产之间的替代关系。

衡量宏观流动性的相关指标有狭义货币M1、广义货币M2、外汇占款以及各类银行

---

① 学界对流动性有二分法和三分法两种划分方法，二分法是将流动性分为市场流动性与宏观流动性，三分法是将流动性划分为宏观流动性、银行流动性和市场流动性。

存款和短期债券等。其中，广义货币供给 M2 是宏观流动性中最主要的指标。金融系统因为内在脆弱性或者外部冲击造成的普遍出现的信用膨胀和信用紧缩过程，可能会首先以流动性过剩、流动性不足或流动性陷阱等形式表现出来。这些宏观流动性风险是金融系统不稳定的重要表现，也是金融危机的早期表现。

（二）银行流动性

银行流动性主要是指银行信用系统的资金创造能力和流动性资产的供需动态，涉及的指标包括银行系统的存贷款利率、银行间拆借利率、债券投资与回购规模以及信贷投放规模等。分析银行流动性时，要将中央银行和商业银行组成的二元银行系统作为整体，并理解这个体系的资金供给状态。

首先，从央行层面来看，银行流动性和货币政策紧密相连。商业银行在进行资产变现时，与交易对手的资金往来均需要通过央行的清算体系完成，交易行为会导致央行的准备金存款相应发生增减。根据货币乘数原理，央行准备金存款账户与流通货币数量联系密切。我国央行的流动性管理经历了由直接调控到间接调控、由被动调控到主动调控、由数量型调控到数量价格调控并重的发展历程。1993 年，我国明确了货币政策目标是保持币值稳定，并以此促进经济增长，此后货币政策操作主要围绕这一政策目标开展。

谈到货币政策，有必要介绍一个相关的热门词汇——量化宽松（QE)。量化宽松货币政策是在名义利率为零或者接近零、常规货币政策工具失效的背景下，通过保持宽松货币政策承诺、调整央行资产负债表规模和结构、购买长期资产等特殊手段，增加货币供给，缓解金融体系流动性压力，是旨在消除通缩压力、稳定金融市场、刺激经济增长的非常规货币政策。它作为一种非常规的货币政策，在理论基础、政策目标、货币工具、传导机制、政策效果等方面，均与传统货币政策存在明显区别。从实务来看，在 2001—2006 年期间，为了应对国内经济的持续下滑与投资衰退，日本央行采取量化宽松政策，在利率极低的情况下，通过大量持续购买公债以及长期债券的方式，向银行体系注入流动性，使利率始终维持在接近零的水平。日本央行通过向银行体系注入流动性，迫使银行在较低的贷款利率下对外放贷，进而增加整个经济体系的货币供给，促进投资以及国民经济的恢复，因而与正常情况下央行的货币政策存在较大差异。

其次，从商业银行层面来看，其流动性管理需要重视存款人的储蓄倾向及可能引发的挤兑风波。商业银行吸收的存款多不一定意味着流动性好。商业银行流动性好可以简单理解为存款人提取存款的需求能被迅速满足。这就要求银行根据存款客户的储蓄倾向设定合适的存款准备金率，并且有充足的库存现金或交易性金融资产，能满足突发的大额提款需求。存款人对银行失去信心或者基于不良预期导致的银行挤兑是商业银行流动性风险的极端表现。建立存款保险制度、最后贷款人制度是解决此类问题、提高银行体系稳定性的一种思路和方法。

（三）市场流动性

市场流动性着眼于微观层面的流动性，是指在价格保持基本稳定的情况下，市场参与者快速达成交易的能力。流动性的概念大多用于描述金融资产等投资品，而不是日常生活用品等消费品。比如，当家庭去超市购买粮油、果蔬等食品时，主要讨论它们的价格如何，但日常却会经常谈论投资的房产、股票、债券等资产的流动性如何。

金融市场中的资产的一个特点是流动性和收益率成反比。流动性较强的资产如现金或活期存款，通常收益率较低；流动性较弱的资产如债券，通常收益率较高。从流动性溢价的角度来解释，流动性较弱的资产的较高收益率是对其转化成现金的时间更长、成本更高的补偿。此外，市场流动性风险与在交易价格水平上即时达成交易的能力有关。市场流动性风险具有非分散性，即它属于通常所说的系统性风险，无法通过分散化投资消除。对于系统性风险，可以将成本或者溢价看作对市场流动性风险的补偿，它对资产定价有正面影响。资产定价可以反映流动性成本，而流动性成本又与流动性风险的存在相关。

二、资产的流动性排序

现实中，现金和活期存款的流动性最强，其次是货币市场工具（如各种票据、可转让定期存单），再次是证券市场工具（如债券、股票等），最后是流动性比较弱的不动产和其他动产（如房产、艺术品、古董）等。人力资本是流动性最差的资产之一，只能通过劳动获得收益，不可直接交易且较难通过保险获得保障。基于此，可以将个人或家庭可能持有的资产按照流动性强弱进行简单排序，如图 5－1 所示。

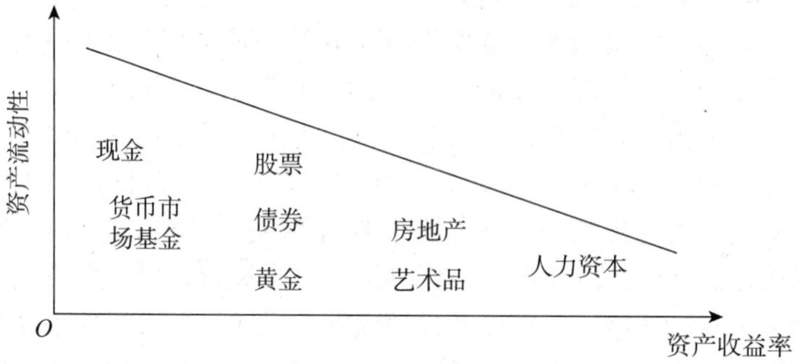

图 5－1　资产流动性排序

对于股票、债券、房地产等资产，我们将在其他章节进行详细介绍。此处我们先对货币市场基金做进一步讨论。

共同基金是通过向小额投资者销售份额来聚集资金，并用于购买证券的金融中介机构。货币市场共同基金是指主要通过货币市场工具进行资产配置的共同基金，是一种特殊的共同基金，通常简称为货币市场基金。其中，货币市场工具主要包括短期资金借贷市场上可供交易的金融工具，如短期国库券、银行承兑汇票、可转让定期存单等。相比其他类型的共同基金，货币市场基金具有高安全性、高流动性、高收益稳定性，具有“准储蓄”的特征，因而是一种较好的家庭投资标的，能够使家庭的流动资金获得比现金更高的收益率。

第三节　流动性管理案例

一、程先生家庭的流动性管理①

（一）基本情况

1. 家庭成员

家庭成员	年龄（岁）	工作/职务	身体状况
程先生	45	部门经理	健康
程太太	43	科长	健康
小程	20	学生	健康

2. 每月收支情况

每月收入（元）		每月支出（元）	
程先生收入	4 000	房屋贷款	1 500
程太太收入	3 500	基本生活开销	2 000
其他收入	0	外出购物、娱乐等	1 500
合计	7 500	合计	5 000
每月结余（收入一支出）		2 500	

3. 年度收支情况

年度收入（元）		年度支出（元）	
年终奖金	10 000	保险支出	0
存款、债券利息	4 000	旅游支出	5 000
股利、股息	10 000	人情费用	5 000
合计	24 000	合计	10 000
年度部分结余（收入一支出）		14 000	

4. 家庭资产负债情况

家庭资产（元）		家庭负债（元）	
现金及活期存款	20 000	房屋贷款（余额）	145 000
定期存款	13 000	汽车贷款（余额）	0

① 案例改编自百度文库的《家庭理财案例》。

续表

家庭资产（元）		家庭负债（元）	
基金	50 000	消费贷款（余额）	0
债券	0	信用卡未付款	0
房地产（自用）	500 000	其他	0
房地产（投资）	0		
其他（朋友借款）	12 000		
资产总计	595 000	负债总计	145 000
净值（资产－负债）		450 000	

（二）家庭财务现状分析

资产负债比率＝负债/总资产＝145 000/595 000＝24.4%

一般而言，家庭资产负债比率低于50%，说明发生财务危机的可能性较小。目前程先生家庭的资产负债比率较为合理。

每月结余比例＝2 500/7 500＝33.3%

每年结余金额＝2 500×12＋14 000＝44 000(元)

一般而言，结余比率反映了家庭提高其净资产水平的能力，保持在0.3左右较为适宜。目前程先生家庭的结余比例较为合理。

每月还贷比＝每月还贷额/家庭月收入＝1 500/7 500＝20%

一般而言，家庭每月还贷比低于50%，说明偿还债务的能力较强。目前程先生家的每月还贷比较为合理。

流动性比率＝流动资产/日常开支＝20 000/5 000＝4

一般而言，家庭的流动性资产应该保持在能够满足3～4个月的家庭日常开支的水平。目前程先生家庭的流动性比率基本合理。

（三）对程先生家庭的流动性管理建议

从基本情况和财务分析来看，目前程先生家庭的日常消费结构比较合理，流动性较为充裕。但是，家庭投资产品中目前并没有保险产品，投资性金融资产也不多，存在一定风险。

在流动性管理方面，一方面，建议程先生家庭可以从每年结余金额中拿出一部分为家庭成员购买保险，比如为大人购买人寿保险和重疾保险，为孩子购买意外保险，以应对未来突发的意外事件，从而降低家庭风险。

另一方面，建议程先生家庭为未来可能发生的会导致家庭流动性大幅减少的事件做准备。具体来说，程先生的孩子已经上大学，随着孩子年龄的增大，程先生和太太需要考虑为孩子购置房屋及结婚提供帮助，这就意味着在现阶段需要将家庭结余资金进行投资以实现保值增值，投资工具包括但不限于货币市场基金、基金定投等，如果他们的风险容忍度较高，也可以拿出部分资金投资股票，以实现高风险下的高收益。另外，由于距离未来流动性事件的发生尚有一定时间，因此从期限上看，程先生家庭可以配置期限相对较长的投资产品，从而实现与导致家庭流动性大幅减少的事件的发生时点的匹配。

二、刘父刘母家庭的流动性管理

（一）基本情况

1. 家庭成员

刘父刘母有两个孩子，刘兄与刘妹。刘妹与刘父刘母同住，是一位单身母亲，有一个 2 岁的孩子小刘。目前刘妹的收入由自己安排，母子俩的支出由刘父刘母承担。刘父刘母曾投资于上市公司 A，未来计划将他们手中的股份变现，并可能有买方愿意出价 500 万元（税后）。刘父刘母计划未来 3～5 年内在本地购置第二套房产，供刘妹和小刘居住。

2. 工作情况

家庭成员	年龄	工作/职务	身体状况
刘父	55	企业管理层	健康
刘母	54	家庭主妇	健康
刘兄	27	企业职员	健康
刘妹	25	公务员	健康
小刘	2	—	健康

3. 每月收入

每月收入（元）		每月支出（元）	
刘父收入	40 000	基本生活开销	25 000
刘母收入	0	小刘教育基金	1 250
其他收入	0	外出购物、娱乐等	10 000
合计	40 000	合计	36 250
每月结余（收入－支出）		3 750	

4. 年度收支

年度收入（元）		年度支出（元）	
年终奖金	0	保险支出	0
存款、债券利息	70 000	旅游支出	50 000
股利、股息	62 400	人情费用	50 000
合计	132 400	合计	100 000
年度部分结余（收入－支出）		32 400	

5. 家庭资产负债情况

家庭资产（元）		家庭负债（元）	
现金及活期存款	100 000	房屋贷款（余额）	0
定期存款	200 000	汽车贷款（余额）	0
基金	1 000 000	消费贷款（余额）	0
债券	1 200 000	信用卡未付款	0
房地产（自用）	10 000 000	其他	0
房地产（投资）	0		
股票	5 000 000		
资产总计	17 500 000	负债总计	0
净值（资产－负债）		17 500 000	

（二）家庭财务状况分析

刘父刘母家庭属于相对比较成熟的家庭，资产规模较为可观，从资产负债比来看发生财务危机的可能性很小。但即使如此，他们也需要安排好流动性资产，才能在收益性和流动性之间找到合适的平衡点。刘父刘母家庭的每月结余比例和每年结余金额分别为：

每月结余比例＝3 750/40 000＝9.375％

每年结余金额＝3 750×12＋32 400＝77 400(元)

由此可知，刘父刘母家庭每月结余比例并不高，家庭日常开销较大，刘父的工资收入基本能满足家庭的日常支出。

从对资产负债和收入支出情况的分析来看，刘父刘母家庭目前的消费结构尚能维持，每年有少量结余，资产规模继续小幅增长。但是，无论从收入角度还是流动性管理角度看，目前的收入支出结构都无法长久维系。其原因在于：第一，家庭收入来源较单一，目前只有刘父有工资收入，但其将于5～10年内退休（假设实施渐进式延迟法定退休年龄的政策，男性法定退休年龄为60～65岁）。因此在刘父退休后，如果要维持原有的消费结构，需要用投资收益等弥补刘父的工资收入，否则只能削减家庭的日常开支。第二，家庭并未购买保险，刘父作为家庭主要劳动收入来源未得到合理保障。第三，在刘父刘母家庭的投资性金融资产中，股票所占比例较高，由于该类投资品种的收益具有较大不确定性，因而家庭收入面临一定的风险。

刘父刘母家庭的流动性比率为：

流动性比率＝流动资产/日常开销＝100 000/36 250＝2.76

一般而言，家庭的流动性资产应该至少能满足其3～4个月的家庭日常开支。因此，目前刘父刘母家的流动性资产不够充裕。

（三）对刘父刘母家庭的流动性管理建议

根据前文的讨论，对刘父刘母家庭的流动性需求可以做如下分析：

①日常消费需求：36 250（元）。

②紧急储备：36 250×2＝72 500（元）。

③未来会导致流动性大幅减少的事件：未来3～5年为刘妹购置房产花费500万元；

未来 5～10 年刘父退休。

据此提出的流动性管理建议如下：

（1）为了满足日常消费需求和紧急储备的需要，刘父刘母家庭应该至少准备现金及活期存款 108 750（＝36 250＋72 500）元，因此，在现有的 10 万元活期存款的基础上，应至少增加 1 万元左右的现金或活期存款。

（2）未来 3～5 年，刘父刘母预期拿出 500 万元给刘妹购置住房，恰逢他们计划将上市企业 A 的股票变现（其价值与购房款相当），故应当关注股票价格的变动并择时退出，以覆盖购房的流动性需求。值得注意的是，卖掉上市公司 A 的股票后所购买的第二套房产是流动性很低的资产，其价值约占家庭总资产的 29%，且无法再获得股息等收益。另外，由于购房后刘妹和小刘会搬出去单独居住，所以刘父刘母家庭的日常开支会相应减少，届时还可以考虑调整现有的投资组合以获得更高的收益。

（3）在更长远的未来，刘父退休，工资收入将锐减，因此建议把家庭结余资金更多地投资于股票或其他收益率较高的理财产品，增加家庭金融资产的收益；合理安排日常开支，适当削减人情费用等不必要的支出，避免入不敷出的情况。另外，为了减少由人身意外伤害或重疾引起的额外损失，刘父刘母家庭还应该从每年结余金额中拿出一部分为家庭成员购买保险。

关键术语

流动性	满足流动性需求的资产规模	满足流动性需求的资产结构
货币市场基金	流动性管理	

习　题

1. 什么是流动性？什么是流动性需求？
2. 流动性管理的常用工具有哪些？
3. 根据天弘基金管理公司对余额宝 2021 年度有关情况的信息披露，该基金持有金额最大的个人的持有金额为 2.22 亿元，占总份额的比例为 0.03%。请从流动性管理的角度对此进行分析。

本章附录

附录 1：全球货币市场基金的发展历程

1971 年，世界上第一只货币市场基金诞生于美国，被称为储备基金（Reserve Fund），其目的是为投资人保存现金并获取安全的小额收益。短短几年内，货币市场基金就在美国迅速发展，并带动公募基金整个行业发展。货币市场基金以固定收益公募基金的形式把零售投资者的小额、分散的资金集中起来，集中投资于标的分散、流动性好的优质资产，并对投资剩余期限和剩余存续期有严格要求，可以让普通投资者在满足流动性和日常现金管理需求的同时获取一定的收益。因此，货币市场基金诞生的初衷就是满足普通投资者的小额、分散的投资需求。

同样，将货币市场基金与支付结合的实践也起源于美国。由于货币市场基金具有风险低、流动性高的特点，美国货币市场基金管理公司允许个人投资者直接从投资账户开支票，这样就把投资于货币市场基金的证券账户变成了流动性管理账户。

我国货币市场基金起步于2003年底，首批三只货币市场基金由华安、博时和招商三家基金公司分别获准发起。但长期以来，一些货币市场基金由于申赎手续仍然较为烦琐、申购门槛较高，未能有效触达最适合的广大普通客户，反而是机构投资者在其份额中的占比较高。

但是，移动互联网的普及让这一切有了转机。2013年余额宝出现，改变了我国货币市场基金行业的格局。余额宝最初产生的目的在于为消费者的零散消费资金做投资管理，在保持支付便捷的同时，让小额投资获得合理的收益。由于具备可在手机上便捷操作、申购门槛低至1元、零手续费、随时可消费和赎回等优点，余额宝一经推出就受到了大众投资者的欢迎。在余额宝推出后，其他基金公司、银行等金融机构也开始争相推出货币市场基金产品，从而促进了我国货币市场基金的迅速发展。

附录2：余额宝及其背后的天弘基金

天弘基金成立于2004年11月8日，是经中国证监会批准设立的全国性公募基金管理公司之一，目前注册资本为5.143亿元。

天弘基金的业务范围涵盖二级市场股票投资、债券投资、现金管理、衍生品投资，以及股权、债权、其他财产权利投资等。截至2018年底，天弘基金共管理运作45只公募基金，资产管理规模约为1.34万亿元，位居行业前列。

余额宝成立于2013年5月29日，基金管理人为天弘基金，基金类型为货币市场基金。投资范围主要包括：现金；通知存款；短期融资券；期限在1年以内的银行定期存款、大额定期存单、债券回购、中央银行票据；剩余期限在397天以内的债券、资产支持证券、中期票据等。图5-2列出了2018年第四季度余额宝的资产分布。该基金的投资目标是在保持基金资产的低风险和高流动性的前提下，力争实现超越业绩比较基准（即同期七天通知存款税后利率）的投资收益。

该基金为货币市场基金，属于证券投资基金中的低风险品种，其预期收益和风险均低于债券型基金、混合型基金及股票型基金。但购买货币市场基金并不等于将资金作为存款存放在银行，基金管理人不保证基金一定盈利，也不保证最低收益。截至2018年底，余额宝规模约为1.13万亿元，2018年期间净值收益率为3.450 6%。

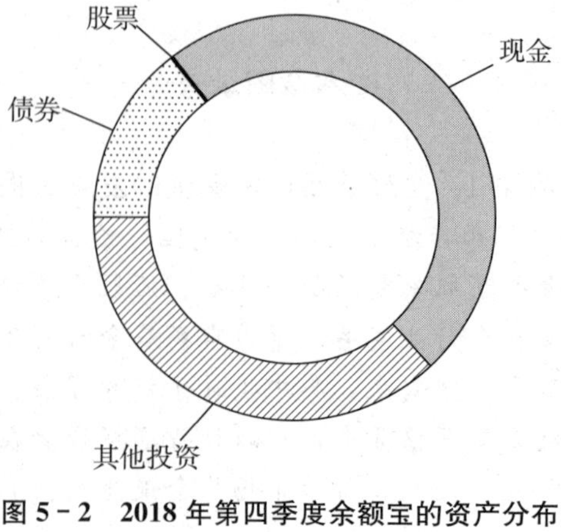

图5-2　2018年第四季度余额宝的资产分布

第6章
风险管理与人身保险规划

本章要点

1. 医疗险、重疾险及意外伤害险规划
2. 养老保险规划
3. 人寿保险规划
4. 儿童保险规划
5. 人寿保险规划案例

对家庭来说，人力资本是总财富中最重要的一部分。现代投资组合理论告诉我们如何管理证券资产的投资风险，但是对于如何管理因为丧失生命而无法达成投资目标的风险，却无能为力。事实上，除了投资本金的安全性外，相信每个人都更关心自己的生命安全，再好的投资规划都可能会因为生命的丧失而失去意义。身体健康、能够正常生活和工作，是一个人作为家庭成员创造和维持财富的基本前提。但是，生活中总是存在一些风险，这些风险的发生具有偶然性，谁也无法预知，因此在创造财富的同时，必须始终保持风险管理的意识，并通过保险等方式管理风险。

风险是指人们在从事某种活动或者决策的过程中，预期未来结果的随机不确定性，通常表现为实际结果与人们预期结果的偏差。风险在人类社会中客观存在，是非常普遍的现象，它的发生和产生破坏的形式是多样的。人们的生活会受到疾病、伤残、下岗、失业以及死亡的影响；家庭住房和其他财产可能因火灾、爆炸、盗抢以及各类自然灾害而遭受损失。尽管风险无时无刻不在影响人们的生活和工作，但不幸的是，人们似乎经常忽视风险的存在，以致到灾难发生并给人们的物质财产和生命、健康造成极大破坏后才幡然醒悟，原来我们对风险的认识和管理是多么欠缺。

个人和家庭风险管理的目标是满足个人和家庭的效用最大化，即以较小的成本获得尽可能大的安全保障。风险管理对策必须有利于增加个人和家庭的价值和保障，并在风险与收益之间进行权衡。风险管理的对策有多种，商业保险是其中之一。在本章的前四节内容里，我们将介绍采用保险进行个人和家庭风险管理的基本思路。这四节内容分别是医疗险、重疾险及意外伤害险规划，养老保险规划，寿险规划，以及儿童保险规划，基本覆盖了从成年人到儿童、从家庭顶梁柱到其他家庭成员的风险保障需求的各个方面。在讲解具体险种前，我们将首先介绍人身保险配置最基本的逻辑。很多家庭会优先选择为小孩和老人购买保险，这其实是一个误区。正确的做法应该是，优先为家中的顶梁柱，也就是最能赚钱的人配置保险，因为家庭顶梁柱倒下的后果最严重：如果家庭顶梁柱死亡——贷款全由配偶承担，子女教育和父母赡养不能延续；如果家庭顶梁柱残疾——长期不能再赚钱，但是要长期花钱，家庭基本生活将难以为继。如果为家庭顶梁柱购买了合适的保险，则事故发生后给付的保险金能减轻灾难对家庭财富的冲击。

本章最后一节将介绍有关人寿保险规划的案例。

知识讲解

医疗险、重疾险及意外伤害险规划

第一节　医疗险、重疾险及意外伤害险规划

健康风险是每个人都会面临的风险，因此首先应该关注医疗费用保险（以下简称医疗险）和重大疾病保险（以下简称重疾险）。看病贵是大家的共同体验，目前重大疾病的平均治疗花费均在10万元以上，恶性肿瘤、冠状动脉搭桥等重大疾病的治疗费用远超过这个数字，这还不包括康复费用和误工费用。2018年2月，一篇名为《流感下的北京中年》的微信长文在网络上受到广泛关注。这篇近2.6万字的文章记录了一位网友的家人从流感到肺炎、从门诊到重症监护室29天的经历。文章后面的评论让人印象深刻："人到中年，我们一度以为在北京这样的地方有套房子、有辆车子、资产千万就算是不错的人生了。可你永远不知道，随时都可能有一场意外打破你现在所拥有的一切。未雨绸缪，时刻准备着，也许才是正确的中年打开方式。"这篇文章揭示了一个现实：很多家庭在财富管理的过程中忽略了风险管理这个重要环节。再比如，2019年的热播剧《小欢喜》在讲述孩子教育的同时，也让人认识到了中年危机。原本看上去很美好的家庭，会被突如其来的意外、疾病击垮。中年最大的危机就是健康危机。《2012年中国肿瘤登记年报》的数据显示，我国恶性肿瘤的发病率在0～39岁时处于较低水平，其中35～39岁年龄段为87.07人/10万，40岁以后开始快速升高至154.53人/10万。除了平时注意保养身体，勤加运动以外，我们还需要借助保险来转移风险，增加保障。

在各类保险产品中，首先应该关注医疗险和重疾险。我国现阶段人民的美好生活需求很大程度上是有了稳定生活及富裕以后对健康、养老等方面的保障需求。然而，按照中国银保监会公布的重大疾病发生率表，以30岁的男性为例，重大疾病的发生率是万分之7.8，在这个年龄段的被保险人中，因患重大疾病而导致死亡的人数占全部死亡人数的比率为26.18%。如果是60岁的男性，重大疾病发生率达到1.73%，而在此时罹患重疾的患者中有64.39%的人会因此而死亡。恶性肿瘤、心脏病、脑血管疾病、呼吸系统疾病是导致国内城市居民死亡的主要疾病，占了80%以上。

总体上来说，由于缺乏风险管理意识，大多数人会低估自己可能面临的风险。在各种风险管理对策中，保险是比较好的管理风险和转移风险的工具之一。这里需要说明的是，我们讨论保险规划，一方面是希望满足个人或家庭的风险保障需求，另一方面也希望兼顾节约保费支出、减轻经济负担。如果个人或者家庭有足够的费用承受能力，那么可以寻求更全面的风险保障，而不必在险种选择方面计较太多。

这一节我们主要介绍健康保险中的医疗险和重疾险。由于意外也可能使身体受到伤害，甚至导致伤残和死亡，所以我们也对意外伤害险一并进行介绍。

一、医疗费用保险配置

健康保险是对由健康方面的原因（疾病、意外伤害等）引起的损失（费用支出或收入减少等）提供补偿或给付的保险。根据保险保障的内容不同，健康保险分为医疗保险、疾病保险、失能收入损失保险和护理保险。医疗费用保险和疾病保险都属于健康保险，两者的区别是：前者是以保险合同中约定的医疗行为的发生为给付保险金条件，从而为被保险人接受诊疗期间的医疗费用支出提供保障；后者则是以保险合同约定的疾病的发生为给付保险金条件，疾病保险的赔付并不要求有诊疗行为发生，因而后者属于给付性保险合同。

很多人会有疑问，单位缴纳的社会保险里面已经包含了医疗保险，为什么还需要购买商业医疗保险呢？原因在于，社会保险中的医疗保险通常只提供基本医疗保障，对给付保险金会设置起付线和封顶线，而且对一些医疗项目、治疗技术和药品等有报销限制，因此在这种情况下，商业医疗保险就成为大额医疗费用的重要补充。以上海市为例，《上海市职工基本医疗保险办法》规定：统筹基金的最高支付限额为 34 万元。职工在一年内住院、急诊观察室留院观察所发生的起付标准以上的医疗费用，以及门诊大病或者家庭病床医疗费用，在最高支付限额以下的，由统筹基金根据规定的支付比例支付，最高支付限额以上的医疗费用，由附加基金支付 80%，其余部分由职工自负。

按照《健康保险管理办法》的规定，市场上的医疗保险分为定额给付型和费用补偿型两类。其中，比较典型的定额给付型医疗保险是住院津贴保险或者住院床位费用保险，保险金额比较低，按合同约定的住院天数定额给付，不适用补偿原则，通常作为附加险存在。而费用补偿型医疗保险（通常也称为报销型医疗费用保险）是根据被保险人实际发生的医疗费用支出，按照合同约定的标准确定保险金数额。费用补偿型医疗保险的给付金额不得超过被保险人实际发生的医疗费用金额，该险种在报销时会扣减从其他渠道获得的医疗费用补偿额。监管机关要求保险公司在设计费用补偿型医疗保险产品时，按被保险人是否拥有公费医疗、社会医疗保险等不同情况，在保险条款、费率以及赔付金额等方面予以区别对待。消费者在购买此类保险时，需要与保险公司沟通清楚。

费用补偿型医疗保险所保障的费用包括医生的医疗费和手术费、药费、住院费、护理费、检查费以及医疗设施的使用费等，各种不同的医疗保险所保障的费用一般是其中的一项或若干项组合。常见的医疗保险有普通医疗保险、住院医疗保险、综合医疗保险等，购买时需要注意其中有关保障项目、免赔额、给付比例等的内容。

在费用补偿型医疗保险中，近几年市场上引发关注较多的是“百万保额医疗险”，其在 2017 年推出时迅速走红。所谓“百万保额医疗险”，并不是得了病就可以拿到 100 万元，而是说在一个保单有效期内总的报销额度是 100 万元。作为补偿型险种，它采取实报实销形式，如果有其他渠道进行了保险补偿，保险公司在报销时会相应扣减。这类险种的投保年龄大都在被保险人出生满 30 天（或者 28 天）至 60 周岁（或 65 周岁）之间，保险期限为 1 年，有 1 万元免赔额，还有 30 天或者 60 天的等待期（也就是从合同生效之日起 30 天或者 60 天内对被保险人因病住院或者门诊所发生的医疗费用不予赔付，目的是管理客户带病投保的逆向选择风险）。它的保险责任通常分为一般医疗、恶性肿瘤或合同约定的其他重疾医疗两类，并分别确定保险金额。以一名 30 岁的男性为例，在其有社会医疗保险的情况下，通过网络渠道购买 100 万元保额的一般医疗险，缴纳的保费为 300～400

元，而通过个险渠道或者经纪人渠道购买 100 万元保额的医疗险，缴纳的保费则从 6 000 元到 1.4 万元不等，具体价格差异与合同中约定的保障水平、医疗范围以及住院项目等相关。

需要注意的是，“百万保额医疗险”由于价格便宜吸引了很多客户投保，但是需要特别重视其中的续保条款。中国银保监会曾专门对互联网渠道短期健康保险续保等问题做出消费提示，明确指出条款中表述的“连续投保”不等同于保证续保。按照《健康保险管理办法》的规定，保证续保条款是指在前一保险期间届满前，投保人提出续保申请，保险公司必须按照原条款和约定费率继续承保的合同约定。在实践中，一些保险公司在推广短期健康险时不够规范，有的在产品条款、宣传材料中使用“承诺续保”“连续投保”等字样混淆有关续保的表述，有的在销售过程中加以误导，诱使投保人将短期保险误认为长期保险。对于非保证续保的产品，保险公司可能会出现停售、调整费率或者推出替代产品等情况，届时保险消费者将会面临不能续保的风险。监管机构严禁保险公司及其销售渠道以“保证续保”概念对消费者进行误导宣传。也就是说，不能保证续保的医疗保险产品不属于长期保险。

2019 年以来，全国各地多个城市又陆续推出了普惠型医疗保险，如广州的惠民保、北京的京惠保等。普惠型医疗保险通常由地方政府牵头、保险公司承保，属于普惠性商业补充医疗保险，主要目的是作为老百姓基本医疗保险的补充。以 2020 年北京市推出的京惠保百万医疗险为例，其投保条件宽松，无须健康告知，不限年龄、不限户籍、不限职业，只要在北京缴纳社保就可以购买，保费较低，保险期限为一年。对于住院医疗费用，年度累计免赔额为 2 万元，免赔额以上的费用在符合赔付条件的情况下，按 100%比例赔付，最高赔付额为 100 万元。对保单涵盖的 17 种高价自费癌症用药，0 免赔额，在符合赔付条件的情况下，按 90%的比例赔付，最高赔付额为 100 万元。除此之外，京惠保还有一些增值服务如寄送药品、健康咨询、体检折扣等。需要注意的是，这些普惠型医疗险也有一定的局限性：它们本质上也是商业保险，免赔额高，住院费用中只报销社保范围内的用药，而且必须在医保所在地参保和使用。例如，李某不幸罹患癌症，看病住院共花费 30 万元，其中 20 万元属于社保范围内的费用，北京社保报销比例为 70%。如果李某买了京惠保百万医疗险，那么该险种还可以报销 4[＝20×(1－70%)－2×100%]万元，李某自费的金额仍然高达 12 万元。

另外，“百万保额医疗险”通常仅限于在公立医院的普通门诊就诊，被保险人无法选择更好的医疗环境。因此，如果被保险人有能力选择中高端医疗保险，可以有更多的就医选择，如按照约定可以去公立医院特需部，也可以去国际部等保单所允许的机构就诊，在医疗资源相对紧张时可以获得更好的医疗服务。

二、重大疾病保险配置

疾病保险是指以保险合同约定的疾病的发生为给付保险金条件的保险。也就是说，疾病保险在给付保险金时并不以治疗行为的发生为前提，只要患了合同中约定的疾病，并且经合同指定的医疗机构确诊，就可以申请保险金，属于定额给付型保险合同。疾病保险中除了大家关注比较多的重大疾病保险外，还有为日常护理费用提供保险保障的特种疾病保险，比如眼睛护理保险、牙齿护理保险等。

重大疾病保险是专门针对人们易发生的多种重大疾病，如恶性肿瘤、急性心肌梗死、脑中风后遗症等而设计的。重疾险的保险期间有定期和终身两种，购买终身保障的重疾险价格相对更高。保费预算较低的年轻人可购买消费型定期重疾险，以降低保费负担，待保费预算宽松时再考虑购买终身重疾险。重疾险所覆盖的疾病种类有增加的趋势，但是，由于保费是保险精算师根据该险种所保障的各种疾病的发病率等各种指标综合得出的，因此保障的疾病种类越多，保费自然越高。因此，在投保重疾险时，最重要的是考察条款中是否包含了常见的心脑血管疾病、器官性疾病和老年性疾病，只要包含了这三大类，基本上就满足了常规的保障需求。在此基础上，再考虑被保险人的特殊情况，比如，为儿童购买重疾险时涵盖对白血病的保障，女性购买重疾险时涵盖对乳腺癌等女性多发病种的保障等。

个人或家庭在购买重大疾病保险时要仔细阅读保险条款，特别留意保障范围，如不清楚可以要求保险公司或其业务人员做出解释。比如在购买重大疾病保险时，应当特别留意它所承保的疾病种类及其定义，因为重大疾病保险仅仅承保其保险责任条款中明确列举的疾病，而不是对所有重大疾病都提供保障。中国保险行业协会和中国医师协会已经在 2007 年制定了《重大疾病保险的疾病定义使用规范》，对 25 种重大疾病做出了定义，并在全行业统一使用，这是我国针对重大疾病保险建立的第一个行业规范性操作指南。2013 年 11 月，中国精算师协会发布《中国人身保险业重大疾病经验发生率表（2006—2010）》，这是我国人身保险业第一套重疾发生率表，它的发布使得重疾险产品的设计更加规范。2020 年末，新发布的《重大疾病保险的疾病定义使用规范（2020 年修订版）》不仅将疾病定义进行了分级、扩展了保障范围，还规范了多项疾病表述。同时发布的《中国人身保险业重大疾病经验发生率表（2020）》首次编制形成了 2020 年版定义规范下的粤港澳大湾区病种合计经验发生率专属参考表和两种老年人代表性病种发生率参考表。

需要注意的是，目前网络上推出的大多数“互助计划”与保险产品存在本质差异，参与时应当注意风险。2018 年 10 月，一款名为“相互保”的重大疾病保障计划在网络平台推出，在十余天时间内投保用户就突破 1 000 万。截至当年 11 月 27 日，该产品由对接团体重疾险转型为纯粹的网络互助计划时，已经有 2 000 万人投保。不过需要注意的是，目前网络上推出的大多数“互助计划”主要集中在重大疾病和意外伤害等风险领域，注册成为会员并缴纳几十元会费就可以享受最高达几十万元的互助保障。推出这些网络互助计划的平台多为互联网公司或科技公司，它们以互联网为主要渠道，以互助计划等名义向公众收取费用、招募会员。如果会员发生约定的意外事故、重大疾病等风险事件，再向会员分摊或募集互助金。中国保监会曾做出风险提示，大多数“互助计划”只是简单收取小额捐助费用，与保险产品存在本质差异，参与时应注意风险。

三、人身意外伤害保险配置

人身意外伤害保险（以下简称意外险）的保险责任是指由保险人承担的对被保险人因意外伤害所导致的死亡和伤残给付保险金的责任。意外险分为普通意外险和特定意外险（比如交通工具意外伤害保险、民用燃气意外伤害保险等）。普通意外险为由非本意的、身体外部原因导致的、突然发生的意外事故如车祸、溺水、触电、食物中毒等致使身体遭受伤害而导致的残疾或死亡提供保障。特定意外险仅针对合同中约定的特定风险（比如交通意外）提供保障。投保时应根据被保险人的职业特点与生活习惯，选择合适的险种。在投保意外险时，要特别注意责任期限的规定：被保险人遭受意外伤害的事件发生在保险期限内，在其遭受了意外伤害之后的一定时期内造成的死亡或者伤残后果，保险人承担保险责任。这里所说的遭受意外伤害之后的一定时期就是责任期间，通常约定为 90 天、180 天、360 天等。只要意外伤害发生在保险期间内，保险人就需要对被保险人在责任期间内的死亡或者伤残承担给付责任。

意外险是人身险中价格相对比较便宜的险种，建议成年人每年给自己购买一份。经常出差的个人可以购买交通意外险，即使选择一年期的保险合同，例如，涵盖 200 万元保额的飞机意外伤害导致的身故或伤残保障、50 万元保额的火车或者轮船意外伤害导致的身故或者伤残保障、10 万元保额的汽车意外伤害导致的身故或者伤残保障的保险的保费有的不到 60 元。出门旅行时可以购买短期旅游意外险，例如，提供 7 天或者 10 天的保障、除交通意外之外还包括一般意外伤害并附加意外伤害医疗费用保障等的保险也只需要 30 多元的保费。综合意外险的价格稍贵一些，但可获得更全面的风险保障。

第二节　养老保险规划

党的二十大报告明确提出："完善基本养老保险全国统筹制度，发展多层次、多支柱养老保险体系。"商业养老保险是养老保险体系的重要组成部分，也是社会保障体系的重要一环。随着国内保险市场的发展，今天的社会大众对保险的态度与前些年已经大不相同。央视《经济生活大调查》揭示，保险已经连续多年成为公众购买金融产品的首选，最愿意买保险的是"80 后"。为什么人人都要买保险？因为大家都逃不开"生老病死"的人生宿命。人总有一天会生病，因为你不能跟健康讨价还价；人也总有一天会变老，因为你不能跟时间讨价还价。目前养老保险在产品和服务模式上不断创新，包括养老年金保险、税收递延型养老保险、住房反向抵押养老保险、养老保单＋社区服务等。本节将对养老保险产品的种类和投保时应注意的事项展开介绍。

一、老龄化社会与长寿风险

当人口老龄化、社保资金缺口等成为近年来公众耳熟能详的热词时，退休以后是否有足够的生活费用来源就成为每个人需要考虑的问题。我国正逐步进入老龄化社会，国家统计局 2020 年第 7 次全国人口普查数据显示，截至 2020 年 11 月 1 日零时，我国 60 周岁及以上人口接近 2.70 亿人，占总人口的 18.70％；相比之下，2000 年，我国 60 周岁及以上的老年人约为 1.30 亿人，占总人口的 10.33％。如何面对衰老并与之共处，成为每个人都无法逃避的课题。买保险的目的是管理风险，养老保险管理的风险是长寿风险。这话听起来有点奇怪，长寿也有风险吗？长寿往往被视为一项令人高兴的成就，但是活得久也有隐忧。事实上，活得太久可能会耗尽个人的财务资源，换句话说，人们享受生命的时间越来越长，但可供花费的金钱却越来越少，这种现象就被称为"长寿风险"（Longevity Risk）。养老保险和人寿保险所管理的风险正好相反：买人寿保险，是为了防范"死得太早"；而买养老保险 ，却是为了管理"活得太久"，消除因人的剩余寿命不断延长而造成的财源不足的风险。为了免除晚年生活的后顾之忧，每个人都可以而且应该在工作期间积累一定的资金，如果这笔资金足够在剩余生命期间花费，则个人养老问题就解决了，其前提条件是能够准确估计自己的剩余生命，但这种预测对个人来说是相当不确定的。因此，为了避免“人还活着，钱没了”的痛苦，养老保险规划就显得非常有必要。

目前我国的养老保障体系主要包括三个层面：国家层面的基本养老保险（也就是大家常说的社会养老保险）、单位层面的企业年金或者职业年金以及个人层面的商业养老保险。根据人力资源和社会保障部的数据，截至 2021 年 11 月末，全国基本养老保险参保人数已经超过 10.25 亿人，但是社会养老保险基金积累不足、保障能力弱，面临资金缺口。2019 年 2 月，中国社会科学院发布的社会保障白皮书《中国社会保障发展报告（2019）》指出，因为老龄化速度加快，个人账户养老缴费被用于支付当期退休者，结果职工个人账户为空账，养老金权益债务实际上处于隐性负债状态。作为养老保障体系的第二个层面，企业年金刚刚开始，尚未普及。

由于前两个层面提供的养老保障还比较薄弱，因此做好商业养老保险规划显得尤为重要，且有很大的发展空间。据统计，中国普通家庭用于养老的资金仅占家庭财富的 1.5%，而美国达到 24%，英国达到 37%。一份完善的养老准备当然不仅仅由保险组成，但保险有着其他养老产品所不具备的确定性，尽管保单年利率相对较低，但是能保证未来养老目标的实现。

二、商业养老保险的种类及实践中的新发展

2017 年，国务院办公厅在《关于加快发展商业养老保险的若干意见》（以下简称《意见》）中指出：“商业养老保险是商业保险机构提供的，以养老风险保障、养老资金管理等为主要内容的保险产品和服务，是养老保障体系的重要组成部分。发展商业养老保险，对于健全多层次养老保障体系，促进养老服务业多层次多样化发展，应对人口老龄化趋势和就业形态新变化，进一步保障和改善民生，促进社会和谐稳定等具有重要意义。”

那么如何规划养老保险呢？目前市场上的商业养老保险主要包括普通养老保险和养老年金保险两种，其区别在于保险金的领取方式不同。普通养老保险是生存给付，即当被保险人生存到合同约定的养老保险金领取日时，一次性给付保险金；而养老年金保险则是依据合同约定的频率给付养老保险金，通常的频率可以是按年、按季或者按月。按年金方式给付的好处是，保险公司根据生存概率和大数法则，能够确保被保险人在剩余的生命期间都能如期领到约定的给付金额，确保“活到老领到老”，避免出现“人还活着但养老金已花光”的问题。保险公司在设计产品和进行投资时，对投资风险和通货膨胀风险都会进行管理。与股票、债券、基金等其他投资工具相比，年金保险不仅重视积累期的资本增值，而且提供完善的给付期风险规划，因而能够兼顾积累期和给付期的需求，从而有效防范长寿风险。年金保险还可以通过产品设计实现给付金额随通胀率的变化而调整（如递增年金保险等），在一定程度上保障了年金保险给付的购买力。

除了领取养老金之外，市场上的养老保险产品还有很多新的制度设计，比如养老社区对接产品规定，投保人通过购买足额的养老社区对接产品，即可锁定入住养老社区的权利。即，在被保险人生存到合同约定的年龄后，只要提前申请，即可拎包入住保险公司提供的养老社区，享受医疗、养老、护理等服务，实现较高的生活品质。当前，入住养老社区的人的年龄主要集中在 70 岁以上，他们对于养老社区的饮食、居室户型、日常社交、

文化教育、医疗、护理、保健、心灵归属等都有特定的需求。当然，这类产品的价格较高，通常在百万元以上。据不完全统计，目前已有十多家保险公司投资了超过 30 个养老社区项目，这些项目广泛分布于北京、天津、河北、上海、江苏、海南等省市。

另外，体现税收优惠政策的税收递延型养老保险也值得关注。国务院办公厅在《意见》中指出，支持商业保险机构开发多样化商业养老保险产品，满足个人和家庭在风险保障、财富管理等方面的需求；积极发展满足长期或终身领取要求的商业养老年金保险；支持符合条件的商业保险机构积极参与个人税收递延型商业养老保险试点。这里所说的税收递延型养老保险，是指对业务试点地区的个人通过个人商业养老资金账户购买符合规定的商业养老保险产品的支出，允许在一定标准内税前扣除；计入个人商业养老资金账户的投资收益，暂不征收个人所得税；等到个人领取商业养老金时再征收个人所得税（财政部在相关通知中规定，以退休后领取的税延养老金收入为标的，其中 25%给予免税，余下的 75%的部分按照 10%的税率计收个人所得税，税收优惠明显）。其中的税前扣除标准按照个人当月工资薪金或者连续性劳务报酬收入的 6%和1 000元取两者中较低者。举例来说，如果你的月收入为 8 000 元，那么按 6%计算为 480 元，480 元小于 1 000 元，所以最多扣除 480 元；同理，如果你的月收入超过 2 万元，那么最多扣除 1 000 元。

上述《意见》还提到，要大力发展老年人意外伤害保险、老年人长期护理保险、老年人住房反向抵押养老保险等适老性强的商业保险，这里简单介绍住房反向抵押养老保险。早在 2014 年 7 月，住房反向抵押养老保险已经在北京、上海、广州、武汉开展试点，该业务被称为保险版的“以房养老”。到 2018 年 7 月底，这项业务已经被允许在全国范围开展。在该业务中，根据保险合同的约定，拥有房屋完全产权的老年人将其房产抵押给保险公司，自己继续拥有房屋的占有、使用、收益和经抵押权人同意的处分权；保险公司根据老年人的年龄、预期寿命、房产现值、未来价值、折损等因素评估房产价值，并按照约定条件给付相应的养老金直至老年人身故。老年人身故后，保险公司获得对抵押房产的处分权，处分房产所得将优先用于偿付养老保险相关费用。按照传统观念，中国的老年人多数还不能接受失去房子这个结果，而且我国住房市场还存在诸如房价涨跌、价值评估、70 年产权等诸多问题，但它毕竟为养老规划提供了一种选择。住房反向抵押养老保险这一模式只适用于那些不想把房子作为财产留给后代继承的人。目前，这项业务在国内外的发展规模都不大。

《意见》中提到的护理保险是指以因保险合同约定的日常生活能力障碍引发护理需要为给付保险金条件，为被保险人的护理支出提供保障的保险。2016 年 6 月，人社部印发了《关于开展长期护理保险制度试点的指导意见》。长期护理保险已被试点纳入我国社保体系中。护理保险通常为那些因年老、重病或伤残而需要在家中或在设施齐全的护理院长期接受护理的被保险人提供医疗或者其他服务费用给付，属于健康保险的范畴，通常是按月给付。大多数保单为从专业护理到日常护理等多项服务提供保障。不同保单之间的给付水平存在很大的差别，但多数有防范通货膨胀的条款，即当通货膨胀致使生活费用上涨时，保险金给付水平也会相应提高。当人生步入老年期时，要面对的第一个残酷现实就是身体功能的衰退。长期护理保险就是为被保险人在丧失日常生活能力、年老患病时提供护理保障和经济补偿的制度安排。护理保险的投保时间选择一般应在 50 岁前，等到健康状况较差时再投保护理保险有可能被保险公司拒保，通常护理保险核保时的健康审查比人寿保险更严格。另外，很多人在退休前没有规划护理保险，老年时用所获得的养老金支付护理费用，这样做很有可能导致养老生活费保障不足。如果将护理保险与年金保险有效组合，专项规划老年护理费用来源，避免把养老金资产移作护理费用，那么可以在一定程度上保护养老金资产。

第三节　人寿保险规划

人寿保险（简称寿险）是人身保险的重要组成部分，也是进行家庭财富管理、获得风险保障的重要工具。它是以被保险人的寿命作为保险标的，且以被保险人在保险期间内生存或者死亡作为给付保险金条件的保险。在寿险规划中，你应当了解为什么需要寿险、什么人需要配置寿险以及如何配置寿险等。

一、配置人寿保险的必要性

人力资本是一个人在未来时期所能够赚取的经济利益。每个人的人力资本所面临的最大风险，就是在未来失去赚钱的机会和能力，如发生死亡或伤残等。而目前规避这种风险的最有效方式就是配置人寿保险。一般来说，如果家里有大量房贷、车贷或其他借款，就可以考虑配置寿险，以减轻一旦收入中断所引发的偿债压力；有需供养的子女、老人或配偶的家庭，存在财务安全缺口，也需要配置寿险。如果提前做好保险规划，那么虽不能避免死亡的风险，但可以减少死亡带给家人的经济影响。

面对死亡风险，我们需要回答很多问题。比如：父母需要的赡养费用准备好了吗？家中的生活费需要负担吗？子女的教育费用还有多少缺口？家里对外有欠债吗？如果家里只有一人有收入，那么一旦这唯一的经济支柱出险，家庭的财务安全度就会大大降低。例如，王先生是家庭的经济支柱，工作稳定，收入很高，家里已经买车买房，虽然肩负百万贷款，但生活仍然比较有奔头。由于家庭没有太大经济压力，太太全职在家照顾孩子，并且每月给双方父母一些生活费。如果王先生由于意外或者疾病不幸身故，那么不仅人不在了，家庭的收入没有了，还会导致房贷、车贷、子女抚养、赡养老人的压力都落到太太一人头上。这种类型的家庭最需要给创造收入的一方购买寿险。

人寿保险的被保险人在保险期间内死亡或者期满生存，都可以作为保险事故，即当被保险人在保险期间内死亡或达到保险合同约定的年龄、期限等条件时，保险人按照合同约定给付死亡保险金或者期满生存保险金。人寿保险考虑的主要风险因素是死亡率。按照自然规律，每个人最终都会死亡，但是每个人都不知道自己会在何时死亡。由于人们不确定自己的死亡时间，无法事前做好安排，所以需要人寿保险提供死亡风险保障。需要明确的是，提供死亡风险保障的寿险是利他的，购买寿险的目的是在被保险人身故后给作为保单受益人的家人留下一笔钱，代替被保险人为家人后续的生活提供经济保障，因而非常有必要。

二、人寿保险的种类及保障功能

人寿保险通常可以分成普通型人寿保险和新型人寿保险。普通型人寿保险按照寿险产品的保障内容可以分为定期寿险、终身寿险和生死两全寿险。新型人寿保险按照寿险产品的设计形态可以分为分红型寿险、万能型寿险和投资连结型寿险。相比较而言，普通型寿险突出了产品的死亡风险保障功能，而新型寿险则在普通寿险的风险保障功能之外增加了一定的投资功能。

不同的寿险产品在风险管理中的作用不同，面对市场上许多类型的寿险产品，必须了解产品特点，才能做出合适的选择。在普通型寿险中，定期寿险是以被保险人死亡为给付条件的人寿保险，且它的保险期限为固定年限的人寿保险，如果被保险人在保险期间内未发生死亡事故，则到期合同终止，保险人不给付保险金；终身寿险也是以被保险人死亡为给付条件的人寿保险，但它的保险期限不固定，自保险合同生效日起，至被保险人死亡时止，无论被保险人何时死亡，保险人均须按照合同约定给付死亡保险金；生死两全寿险则是指在保险期间内以被保险人死亡或者生存为给付保险金条件的人寿保险，它既为被保险人提供死亡保障，又提供生存保障。在生死两全寿险中，如果被保险人在合同规定的期限内死亡或者到合同规定的时点仍生存，保险人按照合同均负有给付保险金的责任。因此，生死两全寿险不仅能使死亡保险金受益人得到保障，而且能使被保险人本身享受合同利益。由于很多人并非仅从利他的角度来考虑保险，而生死两全寿险满足了他们对保险的期许，即生存也赔付，死亡也赔付，所以生死两全寿险在市场上较为畅销。当然，生死两全寿险的价格普遍比具有同等保障的定期寿险和终身寿险贵，考虑货币时间价值，如果进行纯粹的死亡风险管理，那么生死两全寿险并不一定是最好的选择。新型寿险在普通寿险的风险保障功能之外增加了一定的投资功能，其保障范围与普通寿险是相同的。比如，××终身寿险（分红型）、××两全寿险（万能型）等的风险保障功能还是建立在终身寿险或者两全寿险的基础上。

在家庭财富管理中，不同的金融产品有不同的功能，购买保险的一个原则就是能够在支出合理保费的前提下获得最大的风险保障，投资并不应该成为购买保险时首要考虑的问题。在选择投保人寿保险时，应考虑被保险人当时的家庭责任状况。保守型客户可选择保障型产品，如定期寿险，这些保险的保费低、保额高，但不返还。积极型客户可选择保障与储蓄、投资功能兼顾的品种，如分红型寿险。从纯粹风险保障的意义上来说，对大多数家庭而言，如果保费预算有限，那么应该配置定期寿险。所谓定期，就是保障一段时间，常见的保障时间有 10 年、20 年、30 年，或者是保到被保险人 60 岁、65 岁、70 岁等。定期寿险属于消费型产品，很多人都不太接受。在寿险保障需求较强而缴费能力有限的情况下，选择定期寿险可以用较少的钱获得一定期限内较充分的寿险保障，这是定期寿险的最大优点。从价格来看，定期寿险的价格大约为同等保额、同等保障期限的生死两全寿险价格的 10%左右（还要看年龄、性别、保额、保险期限、缴费期限、保障范围等的差异），甚至更少。所以在财富管理中有“买定投余”的策略，就是在可供使用的资金一定的情况下，拿少量资金购买定期寿险以应对确定期限的死亡风险，把余下的资金用于其他投资以获取收益。

定期寿险很适合有孩子、有贷款的家庭顶梁柱，因为如果他们出现意外，至少可以给家人留下一笔保险金，让孩子未来的生活和成长有一定的经济保障。定期寿险能够最大限度地将家庭顶梁柱早逝或全残造成的经济损失降到最低，是发达保险市场上最普遍的保险产品。在保险实践中，要充分利用定期寿险的可续保条款和可转换条款。如果被保险人在确定期限内的保障到期后，还有可能要求通过定期寿险继续获得保障，例如家庭的房贷在 10 年内可能无法还清，则在订立定期寿险合同时应注意加入可续保条款。另外，在购买寿险时要认真阅读其中的免责条款，充分了解合同的保障范围，还要注意保险责任是保障身故和全残，还是仅仅保障身故。对于被保险人来说，寿险是对其丧失创造收入能力的经济补偿，很多寿险产品只保身故，但其实全残也会导致收入能力的丧失，甚至比身故对家庭经济的影响还要大，因此可以选择同时保障身故和全残的寿险产品。

三、人寿保险的具体规划

什么人需要优先配置寿险？这个问题可以从“家人是否需要依靠此人经济上的供给或照顾”的方面考虑。如果你是上有老、下有小的家庭顶梁柱，且认同疾病和意外是所有人都可能遇到的，担心自己不幸身故后，家人没有足够的能力维持现在的生活，那么请务必给自己投保保额足够高的寿险。关于寿险的具体规划，可以从寿险保额的确定、寿险与遗产规划、寿险与家庭资产流动性这三个方面来分析。

第一，寿险保额的确定。购买寿险的目的是减轻被保险人身故后导致的家庭总收入降低给未来生活带来的负面影响。换句话说，寿险要解决的问题是被保险人因身故太早而未尽到家庭责任，这些责任包括子女教育费用、父母赡养费用、家庭贷款还款等。从这个逻辑看，家庭责任越大，需要的寿险保额就越大。对于保额的计算，有以下三种方法可供参考：倍数法则、生命价值法和遗属需求法。

倍数法则是一种简单估算死亡保险金额的方法，是以简单的倍数关系来估计寿险保障的经验法则，这种方法可以在基本资料（包括年龄、收入等信息）很少的情况下推算其应有的保险金额。例如，根据常用的“十一法则”，人寿保险的死亡保险金额应该为家庭税后年收入的约 10 倍，保费为税后年收入的约十分之一。按照这种简单的估算方法，从理论上讲，不考虑通胀等因素，10 年的时间应该能够让一个经历重大变故的家庭回到正常的生活轨道。而家庭收入扣除大约 70%的生活费用、20%的储蓄之后，剩下的 10%用于购买保险，保费负担也不重。倍数法则的不足之处在于，在保额的规划方面，它没有考虑不同家庭的支出情况，也没有考虑被保险人的家庭角色和责任，所以只能用于一般的估算。

按照生命价值法，寿险保额应该等于未来收入的折现值减去未来支出的折现值。从理财的角度而言，可以用未来收入与未来支出的现值之差来估计人生的价值，并根据人生的价值估计应有的保额。假设被保险人现年 30 岁，年收入为 10 万元，个人年支出为 3 万元，打算 60 岁退休。不考虑货币时间价值，如果被保险人现在死亡，则未来一生的净收入会减少 210 万元，这个数额就是按照生命价值法计算的应有保额。用这种方法算出来的保额会受到年龄、个人支出占个人收入的比例、个人收入的增长率以及投资收益率等因素的影响。

按照遗属需求法，应有保额＝遗属生活费用缺口＋住房费用＋父母赡养费用＋紧急预备金＋子女教育费用＋退休生活基金＋房贷及其他负债＋丧葬最终支出－家庭生息资产变现值。按照这种算法，在被保险人身故时，遗属终其一生的生活需要扣除被保险人生前的累积净值，就应该是投保的寿险保额。按遗属需求法来估算保额时，被保险人年龄越大，过去累积的资产净值应该越多，对家属的扶养负债也因期限缩短而减少，因此保险需求越小。

总体而言，每个人在青年和中年阶段都会存在财务缺口，因此需要购买保险，保障当自己身故或伤残时家人可以维持一定的生活水准。一个人在幼年阶段无须背负家庭责任，理论上讲并不需要寿险保障。随着年龄的增长，家庭责任慢慢增加，人寿保险的保额也应该慢慢提升。当其自己的孩子出生，同时又要奉养老年人时，寿险需求达到最高峰。

第二，寿险与遗产规划。遗产规划的目的在于制订一份能够保障并加强个人及其家庭财务安全的计划。人寿保险通常是在遗产清算时提供流动性的最佳手段，而且在众多的理财产品中，人寿保险是为数不多的可以在引致现金需求的事件（死亡）发生的同时提供现金的工具。按照目前税法的规定，按照寿险合同约定给付的保险金免交所得税和遗产税，这使得寿险在遗产规划中具有独特优势：首先，以被保险人身故作为给付死亡保险金的条件；其次，可以按照被保险人本人意愿在保险合同中指定领取死亡保险金的受益人；最后，可以事先确定受益顺序和受益金额。

要发挥这种优势，在使用寿险保单进行遗产规划时，指定死亡保险金受益人就非常重要。受益人是指人身保险合同中由被保险人或者投保人指定的享有保险金请求权的人，但投保人指定受益人时必须经过被保险人同意。寿险中的死亡保险金受益人，就是在保险合同中指定的当被保险人身故时可以向保险公司申请领取死亡保险金的人。寿险合同中的被保险人有权决定死亡保险金的最终归属，为避免出现争议影响保险金的领取，被保险人在指定受益人时应注意按照投保要求写明受益人的姓名、法定身份证件及其号码，以及双方的身份关系等。

被保险人或者投保人可以指定一人或者数人为受益人。受益人为数人的，被保险人或者投保人可以确定各受益人的受益顺序和受益份额；未确定受益份额的，受益人按照相等份额享有受益权。受益人的这种指定方式使得通过寿险合同来做遗产规划比通过遗嘱做遗产规划更加简便高效。而且在寿险合同履行过程中，被保险人或投保人根据需要还可以变更受益人，变更时书面通知保险人即可。当然，投保人变更受益人仍然须经被保险人同意。

在遗产规划中，目前越来越多的人选择保险金信托这种方式，借助信托的资产隔离功能来保证财富传承。保险金信托，就是投保人在和保险公司签订寿险合同后，再和与保险公司合作的信托公司签订信托合同，约定未来的保险金直接进入信托账户，成为信托财产，由信托机构进行管理和运作，并将信托财产及收益按合同约定分配给信托受益人。按照约定，在被保险人身故后，死亡保险金进入信托账户，由受托人进行管理，信托财产由当事人约定分配方式。如果信托受益人是被保险人的子女，可以约定信托财产按时间进行分配。例如，在30岁之前，每年领基本生活费；18～25岁，每年增加一笔教育基金；到45岁时，一次性分配所有信托财产和收益；等等。也可以约定按事件进行分配。例如，子女结婚时给予婚嫁金，买房、购车时一次性给予一笔支持金，受益人罹患重大疾病时，一次性给予一笔资金，等等。

第三，寿险与家庭资产流动性。有人担心购买寿险会影响家庭的现金流，其实，家庭通过人寿保险管理现金恰恰可以避免随意投资或挪用储蓄的冲动，为支持长期稳健生活所需的现金流做出妥善的安排。而且寿险保单的保单贷款、保单质押转让等条款可以在一定程度上缓解缴纳保费对家庭现金流的影响。当然，这类业务主要适用于生死两全寿险和终身寿险。

所谓保单贷款，是指投保人将所持有的具有现金价值的寿险保单质押给保险公司，按照保单现金价值的一定比例（一般为 80%）获得资金的一种借贷方式。由于质押贷款过程中客户的保险保障不受影响，所以保单依然有效。从一定意义上说，含有现金价值的寿险保单是一种有价值的单证，也是投保人拥有保单现金价值的权利凭证。保单贷款的数额按照法律规定或者合同约定，一般不超过保单现金价值的一定比例。投保人需要承担合同约定的贷款利息。合同约定的贷款期限届满时，投保人应返还所借款项本息，逾期不能归还借款时，投保人可申请延期，但当贷款本息累计已超过其保单的现金价值，投保人又未按期归还借款时，保险人有权终止保险合同效力；如果贷款本息清偿之前发生保险事故，保险人则从应给付的保险金中扣除投保人所借贷款本息，其余部分作为保险金支付。投保人还可以将寿险保单质押给其他主体做出临时性转移，通常用于从银行或者其他机构贷款等情形，这就是保单的质押转让。

除此之外，投保人还可以将其保单的所有权利和义务完全转让给另一个主体。也就是说，它是一种所有权的变更。这类转让在英美国家比较常见，被称为保单贴现。保单贴现指的是保单持有人在保单持有到期之前，将保单受益权出售给他人，以满足自己对现金的需求。贴现完成后，第三方将成为这张保单新的拥有者，继续为保单缴纳续期保费，并在被保险人身故时获得保单的理赔金额。对寿险保单持有人而言，保单贴现能够满足保单持有人出于多种原因的变现需求，例如保单持有人身患重病或由于财务状况变化不能继续缴费。而且现金到账的时效性强，手续简单。保单贴现业务的本质就是赋予保单货币化的概念。人寿保单作为一种有价证券，其持有人可依意愿转让，从而提高保单的流动性。贴现保单所获得的资金要高于退保获得的保单现金价值。

目前国内的法规还不允许办理保单贴现业务。不过，2018 年 1 月，中国保监会起草了《人身险保单贴现业务试点管理办法（征求意见稿）》，向社会公开征求意见。该办法所称的保单贴现，是指"保单贴现人（即保单持有人）以保单满期给付折价或被保险人保险责任发生给付折价的方式，通过保单贴现机构将保单受益权转让给保单投资人从而获得贴现资金，当该保单满期或被保险人保险责任发生时，保单投资人可以领取保险金获得投资收益的交易行为"。与保单贷款相比，保单贴现涉及保单贴现机构和保单投资人。保单贴现机构包括保单贴现交易中提供专业咨询、保单价值评估、资金贴现、保单保全、保单追踪等一系列专业化服务的机构。保单投资人可以是保单贴现机构，也可以是其他机构投资人或个人投资人。另外，保单一旦贴现完成，保单受益权是转让到投资人手中的，保单投资人就成为贴现保单的不可撤销受益人。

我们来总结一下人寿保险规划的思路：第一，先大人后孩子。从家庭责任角度分析，大人的家庭责任远高于孩子，如果要体现自己对孩子的爱，首先要考虑的是为大人投保，指定家人作为保单受益人，否则如果不幸发生在大人身上，会对孩子的教育、成长造成很大影响。家庭顶梁柱是家庭储蓄的主要来源，是保险的优先保障对象。第二，先确定保额再计算保费。确定合理且充足的保额对家庭来说非常重要。对于经济收入有限的家庭来说，如果想在保费和保额之间做一个平衡，那么最好的方法是考虑以定期险种进行搭配，这样可以降低保费，提高最需要保障的时间段内（也就是工作收入期间）的保额。年保费预算原则上不超过家庭税后收入的 15%，一般家庭的保费负担通常为其家庭税后收入的 5%～15%。第三，购买保险的时间要早。除了越早购买保费越便宜之外，更重要的一点是，越早购买，通常身体健康状况越好，核保通过率越高。在现实中，有不少人在得病之后才想起自己没有保险，这时再去买保险，保险公司很有可能会附加条件承保，如果病情严重的话，甚至会直接拒保。第四，利用好附加险。附加险是不能单独投保的，只有在购买主险后，才能搭配附加险。附加险最大的好处是以低保费成本获得高保险保障，可以辅助主险做更全面的保障规划，例如以定期寿险为主险，附加意外险、医疗险或者重疾险等。此外，附加险基本都是一年期的，可以灵活配置。第二年如果发现有更好的险种，可以进行更换。

知识讲解

儿童保险规划

第四节　儿童保险规划

很多家庭非常重视给孩子买保险。前面说过，对于一个家庭而言，从家庭责任的角度来看，买保险的顺序是先大人后孩子，要先保障家庭顶梁柱。在这个原则的基础上，我们来说说大家关注的儿童保险规划，了解在人寿保险、养老年金保险、健康保险和人身意外伤害保险等主要险种中，哪些无须为孩子配置，哪些最好为孩子配置，配置时又需要注意哪些问题。

一、儿童面临的主要风险

买保险的目的是通过转移风险的方式管理风险。孩子刚上幼儿园或小学时，自我防范意识和抵抗力相对于成年人来说更为薄弱，很容易受到外界各种疾病和意外灾难的伤害，因此，面对疾病、意外灾难等风险，你一定非常想知道如何借助保险为他保驾护航。在进行儿童保险规划时，首先要分析清楚 0～18 岁的儿童可能面临哪些风险，然后优先为少儿期易发风险投保，而儿童发生概率较小的风险可以较后投保。给孩子买保险没必要一次性买全，而要根据具体情况进行调整。

我们先看对自然人来说最需要管理的死亡风险，这个风险对儿童来说不需要优先管理。原因有三点：第一，儿童阶段死亡率总体偏低。从中国银保监会发布的 0～105 岁各年龄段死亡率的经验生命表来看，儿童阶段的死亡率在万分之二至万分之三，而 40 岁男性的死亡率是万分之十六。并且在婴幼儿阶段，人的身体机能会逐步完善，因此死亡率在 7 岁以前是逐年递减的。第二，儿童的家庭责任小。购买保障死亡风险的人寿保险的目的是在被保险人身故时，为保单受益人提供死亡保险金，以保证其未来一段时间内的生活费用来源。设定前提是被保险人有创造收入的能力，而绝大多数儿童显然不具有这样的能力。如果用前面提到的生命价值法来计算寿险保额，孩子没有收入，不承担家庭经济责任，因此不需要配置寿险。第三，如果以儿童为被保险人购买人寿保险，意味着当儿童身故后，保单受益人或者被保险人的继承人是这笔保险金的申领人。我们可以设想一下，如果这种情形发生，有几个家长有心情去领取这笔保险金呢？并且，为保护未成年人的合法权益，《中国保监会关于父母为其未成年子女投保以死亡为给付保险金条件人身保险有关问题的通知》规定：“对于父母为其未成年子女投保的人身保险，在被保险人成年之前，各保险合同约定的被保险人死亡给付的保险金额总和、被保险人死亡时各保险公司实际给付的保险金总和按以下限额执行：（一）对于被保险人不满 10 周岁的，不得超过人民币 20

万元；（二）对于被保险人已满 10 周岁但未满 18 周岁的，不得超过人民币 50 万元。”这个规定的初衷是防范道德风险，同时也减少了给儿童配置人寿保险以弥补现金缺口的意义。综上，在儿童阶段，对死亡风险保障的需求并不大。

如果说儿童阶段不太需要管理死亡风险，那么是否需要管理养老风险呢？从理论上讲，给儿童配置养老保险也为时尚早，从保险的时间成本、资金的利用程度来看，并不划算。一方面，经济发展的大环境预期存在通货膨胀，即使现在给孩子配置一个在几十年后可领取 30 万元或者 50 万元生存保险金的产品，届时这笔钱的购买力也肯定比现在低很多。另一方面，具有养老保障功能的少儿两全保险产品的价格比别的产品要高很多，并且市场上很多养老保险产品的投保年龄要求是年满 18 周岁或者 16 周岁，儿童本身不一定符合投保年龄的要求。

在人寿保险、养老保险、健康保险、意外伤害保险这四大类人身保险中，除去上面所说的人寿保险和养老保险，给儿童进行保险规划时可以重点考虑医疗费用保险、少儿重疾险、人身意外伤害险和子女教育年金保险。

二、优先关注医疗费用保险配置

少儿医疗费用保险是需要给儿童优先配置的险种。儿童由于免疫系统还不成熟、抵抗力弱，而且缺乏自我保护的意识，遭受意外伤害的概率相对较高，头疼脑热、生病住院的概率也比成年人高很多。感冒发烧、手足口病、肠胃炎、支气管炎等都是儿童阶段的常见病，带孩子上医院看病的高额医疗费用也让大人很头疼，而少儿医疗费用保险可以为被保险儿童因意外或者患病而产生的门诊、住院或手术等费用提供保障。医疗费用保险分为住院医疗费用保险、手术费用保险、门诊医疗费用保险等不同类别，购买时应根据孩子的身体状况和家庭的缴费能力来选择相应的产品。例如，住院医疗费用保险为特定的住院费用，包括床位费、手术费、医院杂费、各项检查费等提供保障；而门诊医疗费用保险则是为被保险人的门诊费用提供保障，主要包括检查费、化验费、医药费等。如果不仔细阅读条款，买错了险种，有可能导致虽然支出了费用，但因不符合理赔条件而得不到赔付。

需要注意的是，目前社会保险体系中的“一老一小”大病医疗保险也可以报销城镇老年人、学生、婴幼儿的门诊及住院治疗费用的一部分。以北京为例，2022 年度学生儿童每年缴费 325 元（学生儿童每人 1 970 元/年，其中财政补助每人 1 645 元/年，个人缴费每人 325 元/年）。“一老一小”大病医疗保险是国家提供的福利，可以为孩子提供最基础的医疗保障，无论身体健康与否，只要符合当地政策均可购买。由于医疗费用保险一般不会重复报销，在已经购买了社会医疗保险的情况下，再投保商业医疗保险时就需要考虑保险金额的高低，并尽量选择零免赔、不限社保报销范围、报销比例更高的保险产品，以补充基础医疗保障。

三、少儿重疾险配置因人而异

从银保监会发布的重大疾病经验发生率的数据来看，总体上儿童阶段的重大疾病发生率相对于成人来说并不算高，但为避免小概率事件的发生给家庭造成较重的财务负担，在具备投保缴费能力的情况下，还是建议购买少儿重疾险。以儿童比较常见的重疾白血病为例，其治疗费用一般需要30万～100万元，治疗中可能用到进口药物或特殊治疗手段，还需要补充营养品，大人也要暂时放下工作来照顾，因此一旦患病，给家庭带来的经济负担较重。医疗险是报销型保险，主要解决治病费用的问题，而重疾险是定额给付型保险，赔付金可以用于解决被保险人因患病治疗而导致的家庭经济困难，并补偿治愈后一定时期内的生活开销。

目前市面上少儿重疾险的保障期限有两种：一种是定期型，保障10年、20年或者更长时间；另一种是保障终身。当然，提供终身保障的重疾险价格要贵不少，如果不希望缴费负担过重，可以给孩子购买定期型重疾险。另外，重疾险还有保障型和返还型之分，保障型（也称消费型）重疾险是只针对疾病进行保障，没有分红、返还之类的附加条款，只对出险疾病进行赔付；返还型保险不仅在发生重疾、身故时进行赔付，而且当被保险人生存到保单约定的年龄后，还能按保费或者保额返还，因而价格也比较高。从寻求风险保障的角度来说，购买保障型重疾险比较合适。关于产品的保障范围，在确认产品的高发轻症是否覆盖全面的同时，还要考虑少儿高发重疾以及少儿特疾，比如，脑膜炎、手足口病的高发人群是5岁以下的儿童；脊髓灰质炎的高发人群是10岁以下的儿童；重症肌无力的平均发病年龄为14岁左右；川崎病的高发人群是6个月到2岁的儿童。

为孩子投保重疾险时除了要注意保险期限外，还需要规划好保额，应当依据重疾的治疗费用以及家庭的经济条件来配置。通常，孩子的重疾保障额度如果要足够支撑绝大部分儿童重疾医疗费，保额就不宜低于30万元，以争取涵盖重疾的治疗费用、后期康复费用以及家长的收入损失；若家庭的经济条件比较好，则可以选择更高的保额，比如50万元、100万元等。缴费方式可以选择期缴而不是趸缴（就是一次性缴清所有保费），以减轻每一期的缴费负担。如果选择终身重疾险，需要考虑多次赔付的产品，从而获得更多的保障。

四、人身意外伤害险可少量配置

人身意外伤害险是当被保险人因意外事故遭受伤害而导致残疾或死亡结果时，向其提供死亡保险金或者伤残保险金给付的险种。儿童活泼、好奇、好动，受到意外伤害的概率要超过成年人。根据某妇幼卫生项目的局部抽样调查，在导致0～14岁儿童身故的各种因素中，意外伤害排在首位，意外伤害导致的死亡人数占总死亡人数的26.1%。以烧烫伤为例，据统计我国每年发生率为2%，其中儿童占到22.5%～54.7%。

意外险的价格较为便宜，在因意外导致儿童伤残时也会提供伤残保险金给付，此外还可以投保意外伤害医疗附加险，因此可以作为家庭应对意外风险的一种保障方式。在意外险的保额方面，与前面讲到的寿险类似，监管规定对意外死亡的保额也有限制：通常情况下，不满10岁的孩子意外身故保额上限为20万元，不满18岁的为50万元，且不可以重复购买。此外，如果幼儿园或者中小学组织学生个人投保学平险，也可以购买。学平险的保障范围很广，只需要缴纳几十块钱的保费就能获得对意外伤害、意外医疗、住院医疗等多种风险的保障，且范围不限于学校，家里、路上出事，只要是合同范围内的，都能获得理赔。不过，与寿险规划的逻辑类似，以儿童作为被保险人去购买人身意外险，有多少父母在孩子遭遇事故时有心情去领取身故保险金呢？对于父母而言，保险只是诸多风险管理对策中的一项，针对意外风险，看护好子女，尽力避免意外，减少遭遇风险的概率，比通过购买保险转移风险更重要、更有意义。

五、子女教育年金保险可适度配置

除了疾病和意外风险之外，不断上涨的教育费用也让家长们压力很大，而子女教育年金保险可以对此进行管理。当然，给孩子配置保险的大原则是先买足人身保障，再根据实际情况考虑孩子未来的学费支出。在购买时要考虑清楚孩子从中学到大学，甚至将来出国留学总共需要多少费用，结合学费上涨率，计算应该买多少保额的教育金，同时也要考虑家庭的保费负担能力。通常，子女教育年金保险在孩子出生满 15 天或者 30 天时就可以投保，有的子女教育年金保险产品仅提供某一段特定时间内的学费保障，例如到被保险人年满 15 周岁时，每年按保额的 30%给付高中阶段的教育金，或者到年满 18 周岁时，每年按保额的 30%给付大学阶段的教育金；有的产品还可以在被保险人年满 25 周岁时按照保额的一定比例给付创业金，30 岁时再按照约定的比例给付婚嫁金；还有的产品甚至包含了医疗保障或者意外保障。通常情况下，保障内容越多，每年需要缴纳的保费就越高。如果孩子将来没有读研究生或留学的打算，现阶段投保支付高中和大学学费的教育年金保险即可，而不需要投保那些在大学毕业之后继续领取各类生存金的保险产品。教育年金保险的好处是能强制储蓄一笔钱，做到专款专用，并且安全性很高，但是保单利息率普遍偏低，因此，家庭可以根据经济状况确定是否购买教育年金保险。

此外，在儿童保险规划中还可关注保费豁免。在进行儿童保险规划时，提醒大家关注一个险种——保费豁免保险，这个险种通常是以附加险的形式存在的，也可能是在主险中添加保费豁免条款。所谓保费豁免，是指在保险合同规定的缴费期内，投保人（通常是家长）在某些特定的情况（比如身故、重度伤残、重疾等）下，经保险公司核准，同意投保人可以不再缴纳后续保费，但保险合同仍然有效。保费豁免最早就是出现在少儿险中，它规定当作为投保人的家长在合同约定的缴费期内不幸丧失工作能力（死亡或者高度残疾）时，免缴以后各期保费，目的是使没有经济收入的儿童仍可继续获得保险合同的保障。因此，在给儿童购买主险时，可以考虑同时购买保费豁免附加险。这样一来，万一父母因某些原因无力继续缴纳保费，对孩子的保障也仍然有效。

以上是关于儿童保险规划的基本思路和险种选择。当然，这里只是按照通常情况进行了介绍，由于孩子成长过程中各种意外和疾病风险无法预测，每个家庭和孩子的情况因人而异，具体规划时可以根据实际情况与保险公司或者业务人员商量确定孩子所需的保险组合。

第五节　人寿保险规划案例

李先生今年 40 岁，目前税后年收入 35 万元。李太太 35 岁，为家庭主妇。两人育有一子，现年 6 岁。家庭年支出为 12 万元，其中李先生和李太太年支出各 5 万元，孩子年支出 2 万元。目前家庭有 10 万元银行存款，11 万元国债，自有住房买入价为 200 万元，市场价为 300 万元，新购轿车价值 20 万元。李先生计划 20 年后退休。目前家庭主要负担为：剩余房贷 30 万元，子女教育金预计需要现值 48 万元。

一、确定保额

前面介绍了倍数法则、生命价值法和遗属需求法三种计算寿险保额的方法，我们按这三种方法分别测算李先生家庭需要购买的寿险保额。

（1）如果按倍数法则计算，李先生税后年收入为 35 万元，李太太无收入，那么家庭的寿险保额约为 350 万元。

（2）如果按生命价值法计算，李先生税后年收入为 35 万元，年支出为 5 万元，未来工作 20 年，假设投资收益率为 4%，收入与支出的增长率均为 3%，则未来收入现值为 615 万元，未来支出现值为 91.37 万元，应有保额是未来收入现值减去未来支出现值后的余额，即 523.63 万元。

（3）如果按遗属需求法计算，假设考虑未来 10 年遗属的生活费用，以及 2 万元的丧葬费用，投资收益率为 4%，收入与支出的增长率均为 3%。如果李先生遭遇保险事故去世，遗属李太太和孩子的生活费用现值为 67.05 万元，由于李太太无收入，则遗属的生活费用缺口为 67.05 万元。如果李太太不幸去世，李先生与孩子的生活费用现值同样为 67.05 万元，但李先生的收入现值为 322.34 万元，则遗属的生活费用盈余为 255.29 万元。在遗属需求法中，还需要考虑家庭的应急基金（12 万元/2＝6 万元）、子女教育金（48 万元）、剩余房贷（30 万元）、丧葬费用（2 万元）、现有生息资产（10 万元＋11 万元＝21 万元）等，所以李先生的应有保额为 132(＝67＋6＋48＋30＋2－21）万元，但从长期来看李太太没有寿险保障需求。

考虑到李先生购买寿险的目的是为保单受益人留下一笔生活费用，遗属需求法是与这一目标更契合的方法。

二、确定保费与选择产品

根据十一法则，李先生家庭的税后年收入为 35 万元，每年的寿险保费支出大约为 3.5 万元。从家庭收入来源方面考虑，李先生为主要收入来源者，所以应该优先为李先生购买保险，优先考虑定期寿险，加上终身寿险。例如：20 年期、80 万元保额的定期寿险，年缴保费 4 000 元左右；20 年期、50 万元保额的终身寿险，年缴保费 2 万元左右。其他险种可考虑人身意外伤害保险（200 万元保额）、意外伤害医疗保险（2 万元保额），年缴保费合计 2 000 元左右。可考虑给李太太配置重疾险、医疗保险和养老年金保险，给孩子先配置医疗保险。

关键术语

人寿保险　养老年金保险　人身意外伤害保险　健康保险
遗产规划　遗属需求法

习　题

1. 李先生现年 45 岁，企业主，目前资产为 1 000 万元，有一子。假设有遗产税且比例税率为40%，李先生应如何利用人寿保险来最大限度地实现家庭资产传承？

2. 王先生现年35岁，工程师。在考虑购买保险时，保险代理人A推荐其购买某公司20年期的生死两全寿险，保额为50万元，年缴保费2.4万元；保险代理人B推荐其购买同样期限、同样保额的定期寿险，年缴保费2 500元。如果王先生决定在上述两款保险中选择一种投保，你会推荐哪一款？为什么？

3. 何先生是个对家庭高度负责的人，他听说寿险里有定期寿险、终身寿险、生死两全寿险，还经常听人说起分红险、万能险、投资连结险，也听到有人说买人寿保险不如做投资等。应如何向何先生介绍人寿保险的功能、不同寿险产品的特征？每个人或家庭应当如何选择合适的寿险产品？

第7章
财产与责任保险规划

本章要点
1. 财产保险规划
2. 家庭财产保险的具体规划
3. 机动车辆保险规划
4. 重视责任风险管理

第一节　财产保险规划概述

一、财产保险规划的必要性

就风险管理而言，在做好人身保险规划的基础上，我们还需要关注财产所面临的风险并进行相应的保险规划。家是人生的港湾，安全性是家庭成员对家的第一需求。然而，家又是一个充满着各种潜在风险的地方，在日常生活中，不仅人可能发生意外，我们住的房屋和拥有的财产也可能遭受各种各样的“意外”，如火灾、爆炸、雷击、盗抢，以及因持续暴雨导致的家庭车辆被浸泡等，一些发生在家中的灾害事件甚至还可能伤害来家中做客的亲友等。风险一旦发生，就必然导致家庭财富减少，生活水平下降。因此，家庭同样要重视风险管理，并借助保险来转移自己的各种风险。如果购买了家庭财产保险、家庭住户第三者责任险和机动车辆损失保险，那么由相应风险造成的损失都属于保险责任范围。我国家庭财产保险业务开展的时间较早，但普及率较低，发展较为缓慢，并且在理赔方面仍存在手续复杂、定损困难等问题。目前我国有超过3亿个家庭，随着中国城镇化的不断发展，家庭财产保险的潜在市场巨大。

二、财产保险的内容

财产保险是指以各种财产物资和有关利益为保险标的，以补偿投保人或被保险人的经济损失为基本目的的一种社会化经济补偿机制。广义的财产保险是指包括各种财产损失保险、责任保险、信用保险和保证保险等业务在内的一切非人身保险业务，而狭义的财产保险则仅指各种财产损失保险，它强调保险标的是各种具体的财产物资。财产损失保险的范围很广泛，包括家庭财产保险、企业财产保险、货物运输保险、运输工具保险、农业保险、各种工程保险等。其中，家庭财产保险主要针对房产和主要耐用消费品。房产包括房屋自有价值和装修附加价值两部分，目前的产品主要承保房龄在30年（含）以内的房屋，一般需要以居住为目的，农村集体产权、小产权房屋，工厂，商铺不在承保范围内。家庭主要耐用消费品包括汽车、家用电器、家具等，具体标的需要在保单中列明。

财产风险就是指导致财产发生毁损、灭失和贬值的风险。家庭财产风险可以从不动产和动产两方面来看。不动产主要是住宅，面临火灾、爆炸、自然灾害、空中运行物体坠落等风险；动产包括住所里的用品、贵重个人物品、机动车辆等，除面临火灾、爆炸、自然灾害等风险以外，还会面临盗窃、抢劫、损坏等风险。

由于其服务对象是千家万户，且完全属于私人自愿投保的保险，因此，家庭财产保险的承保率往往从一个侧面反映了财产保险的普及程度和发展水平，同时也体现了公众的保险意识及对风险保障选择的偏好。遗憾的是，当前社会公众对家庭财产风险保障的关注度普遍不高，绝大多数家庭的财产保险保障都处于缺失状态。相关数据表明，我国家庭财产保险的普及率较低，不到13%。家庭财产保险保费收入在财产保险公司总的保费收入中的占比也很低。例如，2019年前5个月，我国家庭财产原保险保费收入为44亿元，只占财产保险公司收入的0.8%，占比极小。其原因在于，从我国家庭实际看，当前人们对身体健康的风险忧患意识远远超过家庭财产，所以更容易接受健康险、寿险等产品，而对家庭财产保险的关注度较低。但由前文所述可知，在日常生活中家庭财产面临着各种风险，因此，家庭非常有必要进行财产风险管理，借助保险来转移这些风险，最基础的配置包括家庭财产保险、机动车辆保险，以及必要的职业责任保险。

第二节　家庭财产保险的具体规划

一、选择合适的险种

买保险的第一步其实不是选择最好的险种，而是选择最适合自己的险种。对于大多数家庭来说，保障型家庭财产保险是主要选择，一年保费几百元，一般的保障都有了。家庭财产保险是以城乡居民室内的有形财产为保险标的的险种，承保城乡居民所有的、存放在合同中写明的住址范围内、处于相对静止状态的各种财产物资。家庭财产所面临的风险主要有三类：一是自然灾害引起的财产损失。我国是自然灾害多发的国家，台风、暴雨、雷击、洪水等自然灾害每年都有发生，其中尤其以台风、洪水、暴雨对居民财产造成的损失最为严重。比如2021年7月，河南省出现罕见的持续强降水天气，全省普降大暴雨、特大暴雨，造成了巨大损失：倒塌房屋1.80万户、5.76万间，严重损坏房屋4.64万户、16.44万间，一般损坏房屋13.54万户、61.88万间，等等。二是意外事故造成的财产损失。在造成家庭财产损失的各类原因中，意外事故发生概率较高。火灾、爆炸、水管或暖气管道突然破裂、煤气泄漏、财产失窃等情况经常发生。统计数据表明，全球范围内每年发生的火灾事故多达700万起。三是依法应对第三人承担的民事赔偿责任。家庭住户第三者责任风险就是居民的房屋及其附属物由于意外事故造成第三者人身伤亡或者财产损失的风险。比如，家中客人在室内受伤、饲养的宠物咬伤人、窗台花盆或空调外挂机掉落砸伤行人或砸坏车辆、家中水管爆裂使邻居家遭到水浸损失等风险。这些风险一旦发生，不仅可能会影响邻里关系，由此导致的民事赔偿责任也会给家庭造成相当大的经济损失。

二、财产保险的可保财产和险种配置

财产保险的可保财产通常包括：（1）房屋及其附属设备。房屋是指投保人用以居住、生活的处所，房屋的附属设备是指固定装置在房屋中的冷暖卫生设备、照明设备、供水设备等。（2）生活资料，包括衣服、行李、家具、文体娱乐用品、家用电器、非机动交通工具等。（3）农民的农具、工具和已经收获的农副产品。不过，拖拉机、农业机械等需要另行投保专项保险。（4）与他人共有的前述财产、代他人保管的财产以及租用的财产等，经过特别约定，也可以承保。需要注意的是，对于下列财产，家庭财产保险一般不予以承保：（1）个体工商户和合作经营组织的营业器具、工具和原材料等。（2）正处于危险状态的财产，如危房等。（3）价值高、物品小，出险后难以核实的财产或者无法鉴定价值以及无市场价值的财产，如金银、首饰等。（4）处于生长期的农作物、机动车辆、运输中的货物等。

需要说明的是，保险产品有主险和附加险之分。家庭财产保险作为主险，主要承保前面提到的火灾、爆炸、保单列明的自然灾害以及空中运行物体坠落等导致的家庭财产损失，以及发生上述灾害事故时为防止灾害蔓延采取的必要、合理措施所造成的保险财产损失及施救过程中支付的合理费用等。同时，按照保险条款的约定，通常会有一些财产和风险被排除在家庭财产保险主险的保险责任之外。以财产为例，家庭的金融资产比如储蓄存款、股票、现金等通常不在家庭财产保险的承保范围内，金银珠宝等也是如此。这些需要通过购买现金、金银珠宝盗抢附加险的方式寻求保障。再以风险为例，家庭财产所面临的风险中发生概率居于前两位的是火灾和盗抢，其中火灾已经由家庭财产保险提供了保障，而盗抢因其性质特殊则需要购买盗抢附加险。只要加保了附加盗窃险，保险人就对存放于保险地址室内的保险财产因遭受外来的、有明显痕迹的盗窃损失负赔偿责任，但对被保险人及其家庭成员、服务人员、寄居人员的盗窃或者纵容他人盗窃所致财产损失不负责任。再比如上面例子中提到的水暖管爆裂也需要购买水暖管爆裂附加险才能获得相应保障。

因此，从家庭财产保险规划来看，可以在家庭财产保险这一主险的基础上，附加购买盗抢险＋水暖管爆裂险＋第三者责任保险。其中家庭住户第三者责任保险越来越重要，2010 年 7 月 1 日，《中华人民共和国侵权责任法》正式实施，对高空坠物致人伤亡、饲养的宠物咬伤人等明确了侵权责任，2020 年颁布的《中华人民共和国民法典》也对此予以了确认[①]，因而家庭住户第三者责任风险越来越引起大家的关注。家庭住户第三者责任保险是指在保险合同保险期间内，在保单载明的房屋（包括房屋专属的天台、庭院）内，因发生意外事故导致第三者人身伤亡或财产损失，对依照中华人民共和国法律应由被保险人承担的经济赔偿责任，保险人按照保险合同约定负责赔偿。例如邀请朋友到家里做客时，由于地面湿滑致使客人滑倒造成骨折，由此产生的医疗费用需要业主进行赔偿。如果业主

① 《中华人民共和国民法典》第 1253 条规定：“建筑物、构筑物或者其他设施及其搁置物、悬挂物发生脱落、坠落造成他人损害，所有人、管理人或者使用人不能证明自己没有过错的，应当承担侵权责任。所有人、管理人或者使用人赔偿后，有其他责任人的，有权向其他责任人追偿。”该法第 1245 条规定：“饲养的动物造成他人损害的，动物饲养人或者管理人应当承担侵权责任；但是，能够证明损害是因被侵权人故意或者重大过失造成的，可以不承担或者减轻责任。”自《中华人民共和国民法典》施行之日起，《中华人民共和国侵权责任法》被废止。

投保了家庭住户第三者责任保险的话，那么对第三者在业主的房屋范围内因发生意外事故而导致的人身伤亡或财产损失等，将由保险公司依照保险合同的规定进行赔偿。不仅如此，如果在事故发生后还产生了诉讼或仲裁，保险公司对于应由被保险人支付的法律费用也可在保险金额内进行理赔，因此对于投保客户可起到很好的保障作用。另外，如果家里有数额较大的各类贷款，还可以考虑购买贷款返还保证保险，例如住房贷款保证保险，但这类险种的费率通常较高。还有一点需要特别说明的是，地震通常不在家庭财产保险的保险责任范围内，但是监管机构已经批准一些财险公司专门开发了针对地震风险的家庭财产保险，需要时可以关注。目前中国人保、平安产险、华安产险等保险公司都有承保地震风险的家庭财产保险，其保障内容是因烈度达到保险财产所在地抗震设防标准的地震或由此引起的海啸、火灾、爆炸所致保险财产的直接损失。

三、财产保险期限的分类

家庭财产保险采取定期保险方式，但保险期限又可以分为两类：一类为一年期保险业务，另一类为多年期保险业务，即保险人可以同时规定几个保险期限，由投保人自行选择，如 3 年期、5 年期，某些公司经营的投资型家庭财产保险的保险期限甚至达到 10 年。目前社会上对家庭财产保险的关注度不高，这可能是因为大家没有意识到家庭财产保险的价格并不贵。比如，给家庭房屋投保 100 万元保额、装修投保 10 万元保额、室内财产投保 10 万元保额，再附加室内财产盗抢险保额 2 万元、水暖管爆裂险保额 2 万元、家庭住户第三者责任保险保额 5 万元，这样的话家庭总保额为 129 万元，有些保险公司提供的一年期产品总保费还不到 300 元。另外，家庭财产保险按照财产的价值投保足额保险就可以，没有必要做超额保障，因为财产保险遵循损失补偿原则，简单来讲就是损失多少，赔偿多少，而且以保额作为赔偿的上限，超额投保的话超额部分是无效的。同时也要避免重复投保，如果在多家保险公司投保，一旦出险也是各家公司分摊赔偿，以避免被保险人不当得利。因此，家庭或个人在投保过程中，根据自己房屋的实际价值适当投保即可，没必要多花钱去购买更高的保额。

除了普通家庭财产保险外，还可以关注还本型家庭财产保险和投资型家庭财产保险。还本型家庭财产保险又称为家庭财产两全险，是兼具家庭财产保险和满期还本双重性质的家庭财产保险业务。在此项业务实践中，保险人并不直接向投保人收取保费，而是以投保人缴纳的保险储金所生的利息作为保费收入。当保险期限届满时，无论是否发生过保险赔款，该保险储金都如数退还给投保人，因而具有其他财产保险业务所没有的满期还本性质。还本型家庭财产保险通常为多年期业务，在保险期间内，如果发生保险事故，保险人承担的赔偿责任与普通家庭财产保险相同。随着投资型保险的不断创新，集保障性、储蓄性、投资性于一身的投资型家庭财产保险也开始出现。此类险种既能使被保险人获得保险保障，又能使投保人收回保障金并获得高于银行同期存款利率的投资收益，有的险种甚至还规定，产品的收益会随着银行同期利率的调整而同幅度调整并分段计算，同时可以随时退保赎回。投资型家庭财产保险的优点是投保人可以获得转移风险和投资理财的双重保障，缺点是一次性缴纳费用较高，资金流动性不强，投保时家庭应当确保有一定数量的闲置资金且在保险期限内不急用，否则一旦退保就会造成一定的经济损失。

四、财产保险的补偿原则

与人身保险不同，财产保险适用补偿原则。补偿原则的含义是：当保险标的发生保险责任范围内的损失时，被保险人有权依照合同的约定获得保险赔偿，用于弥补被保险人的损失，但被保险人不能因损失而获得额外的利益。由于财产保险的损失补偿以被保险人的真实损失为限，因此购买财产保险时一定要正确地估算家庭财产的保险价值，尽可能做到足额投保，避免超额投保或不足额投保。本章提到的家庭财产保险、机动车辆损失保险都是不定值保险，也就是在订立保险合同时不事先列明保险标的的实际价值，仅将列明的保险金额作为赔偿的最高限额。发生损失后计算赔款时，以损失发生时保险标的的价值作为保险价值。超额保险指的是合同中约定的保险金额超过保险价值。按照《保险法》的规定，保险金额不得超过保险价值，超过保险价值的，超过部分无效，此时保险公司对超额部分不负责赔偿。不足额保险是指合同中约定的保险金额低于保险价值，在这种情况下，除合同另有约定外，保险人按照保险金额与保险价值的比例承担赔偿保险金的责任，则被保险人的损失不能得到全额赔偿。

例如，给机动车辆投保了 50 万元的保额，但事故发生时机动车辆的价值仅为 30 万元，那么保险公司将按照实际损失进行赔偿，赔偿金额不会超过 30 万元。同样，如果房屋价值为 500 万元，但只投保了 300 万元保额，如果发生事故造成了 100 万元的损失，那么保险公司不会赔偿 100 万元，而是赔偿 100 万元的 3/5，因为投保人没有足额投保，只是按照财产价值的 3/5 投了保，所以也就只能按照 3/5 这个相应的比例赔偿。

示例：

某房屋投保的保额为 10 万元，出险时房屋价值为 12 万元，实际损失为 8 万元。则：

投保比例＝保险金额/保险价值＝10/12(结果小于 1,是不足额保险)

赔偿金额＝实际损失×投保比例＝80 000×(10/12)＝66 667(元)

另外，与寿险不同，财产保险中要避免重复保险，因为多投不一定多得。重复投保家庭财产保险并不能获得额外的赔付。重复保险是指投保人对同一保险标的、同一保险利益、同一保险事故分别与两个或两个以上的保险人订立保险合同，且保险金额总和超过保险价值的保险。为避免投保人通过在多家保险公司重复投保而不当得利，重复保险的各保险人赔偿保险金的总和不得超过保险价值。除合同另有约定外，各保险人按照其保险金额与保险金额总和的比例承担赔偿保险金的责任。例如，徐先生在 A 保险公司为室内装潢投保了一份保额为 10 万元的家庭财产保险，后觉得保额较少，一个月后又在 B 公司为室内装潢投保了 20 万元的家庭财产保险，两份保险合同的保险期限均为一年。半年后家中不幸遭遇火灾，总价值 20 万元的室内装潢损失了 5 万元。徐先生分别向两家保险公司报案，但结果并不是从每家公司各获得赔偿 5 万元。而是按照保额的比例，A 公司的赔偿金额为 5 万元的三分之一，B 公司的赔偿金额为 5 万元的三分之二。所以在购买家庭财产保险时一定要注意，保险公司不会重复赔付，而且重复保险的投保人还应当将重复保险的有关情况告知各保险人。

综上所述，当今社会人们普遍追求更高的生活品质，居家生活是重中之重，大家把越来越多的精力和资金用在装修住房、购买生活用品上，希望家人在工作、学习之余拥有温馨舒适的环境，因此家庭财产保障不容忽视。本章介绍的家庭财产保险、机动车辆保险、第三者责任保险以及相应的附加险，可以帮助家庭构建一道安全防护网。另外，这些保险主要是针对有形财产损失和责任风险来说的，对于高净值家庭，除上述标的风险外，还可以考虑为专利权、商标权、著作权等无形的财产权利，以及艺术收藏品等寻求保险保障。每个家庭的财产都有自己的特点，每个家庭也都有自己的财务计划，因此需要根据家庭自身财产的特点、投资的偏好，结合房屋周围的环境和保费支出，用最合理的投入获得对家庭财产的最大安全保障。

第三节　机动车辆保险规划

一、机动车辆保险的险种

本节主要介绍家用汽车所需要的保障，围绕机动车辆的保险主要有机动车辆损失保险、商业第三者责任保险和机动车交通事故责任强制保险（也就是大家通常所说的交强险）。目前，《中华人民共和国道路交通安全法》规定，车主必须购买交强险。根据《机动车交通事故责任强制保险条例》第三条的规定，机动车交通事故责任强制保险是指“由保险公司对被保险机动车发生道路交通事故造成本车人员、被保险人以外的受害人的人身伤亡、财产损失，在责任限额内予以赔偿的强制性责任保险”。

除了交强险之外，还需要重点强调商业第三者责任保险的购买。中国保险信息技术管理有限责任公司发布的 2018 年全国交通事故责任保险保障程度分析报告显示，2018 年近七成消费者交通事故责任保险的保障程度不足。其主要原因在于，不少省份的道路交通事故死亡赔付费用标准一般为 100 万～200 万元，而目前的交强险即使在 2020 年 9 月调整之后，也仅有 20 万元的总保额（其中死亡伤残赔付限额为 18 万元，医疗费用赔偿限额为 1.8 万元，财产损失赔偿限额为 0.2 万元），故如要覆盖机动车交通事故损害的赔偿责任，还需要更大的保额支撑，因此不能因为有了交强险就忽视商业第三者责任保险。商业第三者责任保险与其他责任保险一样，没有保险金额，只有赔偿限额，每次事故的责任限额从 5 万元、10 万元到1 000万元不等，投保时可以根据自己的缴费能力和实际需要进行选择。

除第三者责任保险外，机动车辆损失保险也是必须配置的。机动车辆损失保险是以机动车辆本身为保险标的，当保险车辆遭受保险责任范围内的自然灾害或意外事故，造成保险车辆本身损失时，保险人按合同规定给予赔偿的保险。我国从 2015 年开始进行商业车险条款费率管理制度改革，各家公司在不同渠道销售的机动车辆损失保险的费率会有差异，购买时可以适当比较。2020 年 9 月车险改革之前，机动车综合保险的主险只有机动车辆损失保险、机动车第三者责任保险、机动车车上人员责任保险、机动车全车盗抢保险共四个独立的险种，投保人可以选择投保全部险种，也可以选择投保其中部分险种。车主们关注的自燃、玻璃单独破碎、发动机涉水等风险均需购买附加险以获得保障。2020 年 9 月车险改革后，盗抢、自燃、发动机涉水、玻璃破碎等保障内容已经被添加到机动车辆损失保险中，不再需要通过额外购买附加险的方式获得保障。但车轮单独损失、车身划痕、新增设备损失等还需要购买附加险。此次改革还删除了实践中容易引发理赔争议的免责条款，如地震及其次生灾害等。至此我国车险产品基本覆盖了地震、台风、洪水等主要巨灾风险。

中国保险行业协会机动车商业保险示范条款（2020 版）

机动车损失保险

保险责任

第六条　保险期间内，被保险人或被保险机动车驾驶人（以下简称“驾驶人”）在使用被保险机动车过程中，因自然灾害、意外事故造成被保险机动车直接损失，且不属于免除保险人责任的范围，保险人依照本保险合同的约定负责赔偿。

第七条　保险期间内，被保险机动车被盗窃、抢劫、抢夺，经出险地县级以上公安刑侦部门立案证明，满 60 天未查明下落的全车损失，以及因被盗窃、抢劫、抢夺受到损坏造成的直接损失，且不属于免除保险人责任的范围，保险人依照本保险合同的约定负责赔偿。

第八条　发生保险事故时，被保险人或驾驶人为防止或者减少被保险机动车的损失所支付的必要的、合理的施救费用，由保险人承担；施救费用数额在被保险机动车损失赔偿金额以外另行计算，最高不超过保险金额。

二、车险领域的新业务：新能源车保险

车险长期以来是财险领域第一大业务，中国银保监会的数据显示，2019 年我国车险承保机动车 2.6 亿辆，保费收入达 8 189 亿元，占财险保费的 63%。高定价、高手续费、经营粗放等问题一直是我国车险行业发展痛点，因此在购买车险时要选择规范经营的公司和销售渠道。2020 年 9 月，中国银保监会在《关于印发实施车险综合改革指导意见的通知》中指出，未来车险市场的主要目标是建立市场化条款费率形成机制、丰富产品服务、合理化附加费用、健全市场体系、推动市场竞争有序进行，实现车险高质量发展等，短期内将“降价、增保、提质”作为阶段性目标。从实际效果来看，本次改革使消费者获得感明显增强，89%的保单签单保费下降，其中保费降幅超过 30%的保单占比达到 64%。风险保障程度明显提升，三责险平均保额由改革前的 89 万元提升到 133 万元。

随着越来越多的家庭购买了新能源汽车，对新能源汽车的风险保障需求不断增加。公安部数据显示，截至 2021 年 9 月，全国新能源汽车保有量达 678 万辆，占汽车总量的 2.28%。以往对新能源汽车没有专用的条款，一直使用传统燃油车的车险为新能源汽车上险。但新能源汽车的构造与燃油车不同，电池及储能系统、电机及驱动系统、其他控制系统的出险特点也不同。新能源汽车以动力电池作为储能装置，车辆辅助设备延伸至充电设施，在车辆使用过程中，除了传统的交通意外等风险外，动力电池起火、爆燃引发的重大事故也会构成新的风险因素。对于上述风险，传统车险显然已无法覆盖。2021 年 12 月 14 日，中国保险行业协会发布了《新能源汽车商业保险专属条款（试行）》。该条款中包含主险和附加险，其中主险包括新能源汽车损失保险、新能源汽车第三者责任保险、新能源汽车车上人员责任保险共三个独立的险种，另有包括附加外部电网故障损失保险、附加自用充电桩损失保险、附加自用充电桩责任保险在内的 10 多项附加险。新能源汽车损失保险条款中约定，在保险期间内，被保险人或被保险新能源汽车驾驶人在使用被保险新能源

汽车的过程中，因自然灾害、意外事故（含起火燃烧）造成被保险新能源汽车的车身、电池及储能系统、电机及驱动系统、其他控制系统，以及其他所有出厂时的设备的直接损失，且不属于免除保险人责任的范围，保险人依照保险合同的约定负责赔偿。这里所说的使用包括行驶、停放、充电及作业。以后购买新能源汽车的家庭可以购买该专属条款以免除自己的后顾之忧。

中国保险行业协会新能源汽车商业保险示范条款（试行）

第一章　新能源汽车损失保险

保险责任

第六条　保险期间内，被保险人或被保险新能源汽车驾驶人（以下简称“驾驶人”）在使用被保险新能源汽车过程中，因自然灾害、意外事故（含起火燃烧）造成被保险新能源汽车下列设备的直接损失，且不属于免除保险人责任的范围，保险人依照本保险合同的约定负责赔偿。

（一）车身；

（二）电池及储能系统、电机及驱动系统、其他控制系统；

（三）其他所有出厂时的设备。

使用包括行驶、停放、充电及作业。

第七条　保险期间内，被保险新能源汽车被盗窃、抢劫、抢夺，经出险地县级以上公安刑侦部门立案证明，满60天未查明下落的全车损失，以及因被盗窃、抢劫、抢夺受到损坏造成的直接损失，且不属于免除保险人责任的范围，保险人依照本保险合同的约定负责赔偿。

第八条　发生保险事故时，被保险人或驾驶人为防止或者减少被保险新能源汽车的损失所支付的必要的、合理的施救费用，由保险人承担；施救费用数额在被保险新能源汽车损失赔偿金额以外另行计算，最高不超过保险金额。

第四节　重视责任风险管理

一、责任保险

责任保险是指以被保险人依法应负的民事赔偿责任或者经过特别约定的合同责任作为承保责任的一类保险。责任保险通常包括公众责任保险、产品责任保险、雇主责任保险、职业责任保险等类别。作为个人，除了上文介绍的房屋、室内财产、家用汽车等财产所面临的风险外，对于自身职业所带来的侵权损害赔偿责任风险也要有足够的风险管理意识，这一点在现代社会格外需要重视。无论你身处哪个行业，你都有责任为客户提供高质量的建议或服务。如果你的团队玩忽职守或给出的建议不正确，你将面临客户诉讼。许多企业主低估了法律诉讼的成本。如果你的公司卷入诉讼，你最终将不得不花费数万元聘请律师为你辩护，这与你是否有责任无关，很多中小企业为支付这些成本而头疼，因此需要管理好这些职业责任。

职业责任是指各种专业技术人员因为工作上的疏忽或过失造成当事人或其他人的人身

伤害或财产损失而依法应该承担的民事损害赔偿责任。职业责任风险的特点在于：第一，它属于技术性较强的工作导致的责任事故；第二，它不仅与人的因素有关，同时也与知识、技术水平等有关；第三，它限于技术工作者在从事本职工作的过程中出现的责任事故。在当代社会，医生、会计师、律师、设计师、经纪人、代理人、工程师、企业的董事、监事和高管人员等都存在职业责任风险，从而均应当重视通过购买职业责任保险的方式来转移风险。

二、职业责任保险的承保方式和费率

职业责任保险就是保障各种专业人员的职业责任的一种保险，常见的有医生职业责任保险、药剂师职业责任保险、会计师职业责任保险、律师职业责任保险、设计师职业责任保险等。例如，如果医务人员在医疗活动中因执业过失导致医疗事故，造成患者人身损害，医疗责任保险可以起到转移风险的作用。再如，企业尤其是上市公司的高管、董事、监事也面临职业责任风险，董事、监事和高级管理人员责任保险可以分担公司董事、监事及高级管理人员在履行职责的过程中由于自身的错误行为导致第三方向其个人提出赔偿而造成的经济损失，以及在保险合同约定范围内，公司为其董事、监事和高级管理人员支付的合理且必要的法律费用。

职业责任保险的承保方式有两种：一种是以索赔为基础的承保方式。即保险人仅对在保险期间内受害人向被保险人提出的有效索赔负赔偿责任，而不论导致该索赔案的事故是否发生在保险有效期内。不过，保险人为了保证自己承担的危险责任不被无限前置，在经营实践中通常会规定一个责任追溯日期作为限制性条款，保险人仅对追溯日以后保险期满前发生的职业责任事故且在保险有效期内提出索赔的法律赔偿责任负责。另一种是以事故发生为基础的承保方式。在该类保单中，保险人仅对在保险有效期内发生的职业责任事故引起的索赔负责，而不论受害方是否在保险有效期内提出索赔，它实质上是将保险责任期限延长了。为保证这一期限不被无限延长，保险人通常会规定一个后延截止日期。个人在购买职业责任保险时应注意保单中约定的不同承保方式，目前实践中多采用以索赔为基础的承保方式。

职业责任保险费率的确定是职业责任保险中较为复杂和关键的问题。各种职业均有其自身特定的风险，从而需要制定不同的保险费率。总体而言，职业责任保险的费率主要受以下因素的影响：一是被保险人的职业类别，二是被保险人的工作场所，三是被保险人所在单位的性质，四是被保险人的专业技术水平与工作责任心，五是赔偿限额、免赔额和其他承保条件，六是被保险人职业责任事故的历史损失资料以及同类业务的职业责任事故情况。投保人在投保时可以综合考虑上述因素并与保险公司进行协商。在赔偿金额方面，保险人或者采取规定一个累计的赔偿限额，而不是规定每次事故的赔偿限额的办法；或者采取规定每次事故的赔偿限额而不规定一个累计的赔偿限额的办法。

关键术语

家庭财产保险　机动车辆保险　责任保险　职业责任保险　足额保险

习　题

1. 购买家庭财产保险时为什么要合理确定财产总额与分项限额？为什么要避免超额保险与重复保险？

2. 按照《中华人民共和国道路交通安全法》的规定，机动车实施第三者责任强制保险制度。家里的汽车投保了交强险之后，为何还要考虑投保商业第三者责任保险？

3. 王某、李某夫妇均为35岁，计划60岁退休。王某为会计师，年收入50万元，李某年收入20万元，家庭每月日常花销为2万元，每月还要偿还固定房贷，有家用汽车。两人有孩子的教育金、外出旅游、未来养老等需求。请问如何为他们设计合适的保险方案？

第 8 章

投资规划与资产组合管理

本章要点

1. 投资的最佳收益率
2. 资产组合的原理
3. 资产组合的投资品种
4. 资产配置国际分散化
5. 大类资产配置

第一节　投资规划及目标收益率

知识讲解

目标收益率

一、正确认识投资并制订合适的规划

投资是指放弃当期消费的机会以期在未来获得更大价值的一种经济活动。随着经济的不断发展，投资已经成为财富管理的重要组成部分，比如大家经常使用的余额宝就是货币市场基金中的投资工具之一。正确认识投资的作用，并根据财富管理者的实际情况制订预期可实现的投资规划，是实现最优资产配置的基础。

（一）避免陷入对投资的认识误区

尽管投资在财富管理中占据重要地位，但是人们对于投资的认识经常有失偏颇。比如，有一种观点认为，投资是件非常可怕的事情，甚至武断地判断股市就是赌场，一不小心钱就打了水漂，因此将资产组合中的股票比例设置为 0。还有一种观点认为，投资就是炒股票，忽视债券、基金以及另类资产等投资品种，并经常以极高的换手率在股市中反复交易，却并未获得预期的投资收益率。还有一些人尽管认识到了投资的重要性，却由于惧怕投资失败的风险、厌恶繁杂的操作或者缺乏专业知识，最终选择把钱存在银行，因而错过了本来可以实现的更高的投资收益率。事实上，投资对每一个人或家庭都有重要影响，人们只要掌握了投资的基本知识就可以据此获得相应的收益率，从而更容易地实现自己的生活目标。

（二）用金融方式表达生活理想

开展理性投资，首先要学会用金融方式表达自己的生活理想。比如，单身人士王先生

对未来生活有一个简单的规划：几年之后买一辆车，再过几年买一套房。如果使用金融方式来表达这一生活规划，则可以将其具体化为：3 年以后购买一辆价值 15 万元的汽车，8 年以后购买一套价值在 400 万元左右的住房，首付 200 万元。此时，王先生的生活规划转变成具体的理财目标，即 3 年以后支出 15 万元，8 年以后支出 200 万元，并且购买住房以后需要每月偿还住房抵押贷款。

王先生编制了自己的资产负债表，目前有银行存款 50 万元，预计未来每年工作收入为 18 万元，用于生活支出 9 万元，结余 9 万元可进行投资。假设存在如下三种情形：

（1）王先生对投资一无所知，他选择把钱存在银行，即使是定期存款，5 年期年化投资收益率也只有 2.75%左右。这样一来，王先生尽管可以在 3 年以后购买一辆价值 15 万元的汽车，但由于定期存款的投资收益率较低，经过测算，他至少需要再等待 14 年才能积累 200 万元的住房首付款。

（2）王先生了解关于投资的基础知识，愿意承担一定的风险，他选择购买信用等级较高的银行理财产品，预期年化投资收益率为 4%，此时由于资产的投资收益率提高，王先生可以提前两年住进他的新房。

（3）王先生的风险承担意愿进一步增强，他选择将资产的一半用于配置银行理财产品，另一半用于配置中国股票市场的指数基金，后者的预期年化投资收益率为 7%，此时王先生的投资收益增长得更快，现在只需要 10 年时间就能凑齐住房的首付款。

不过需要指出的是，上面三种投资产品的收益率均未实现王先生的预定目标。我们也可以利用前面章节中学习的方法，通过 Excel 表格计算出，为了实现 3 年买车、8 年买房的目标，王先生的年化投资收益率至少要达到 13%。

（三）目标收益率设定与生活规划弹性

从上述案例可以总结出三个重点：

第一，计算你的目标收益率。你的目标收益率取决于两个因素：一是你的生活目标规划，二是你当前拥有的财富和未来能够赚取的收入。具体而言，你当前资产越多、未来收入越高、生活需求越低，则所需要的投资收益率越低；反之，你当前资产越少、未来收入越低、生活需求越高，则所需要的投资收益率越高。

第二，充分利用好生活规划的弹性。比如，你的生活规划是“3 年购买一辆豪华汽车，8 年购买一套四居室的住房”，这个标准可以定义为“90 分的满意人生”。为了实现这个目标，投资活动所要求的收益率可称为“理想的投资收益率”。如果对此生活规划进行调整，比如修正为“3 年购买一辆普通汽车，10 年购买一套两居室的住房”，那么这个标准可以定义为“60 分的合格人生”。为了实现合格人生的投资收益率可称为“必要投资收益率”。

第三，充分了解市场上的产品类型及对应的收益率。首先看流动性高即买入卖出都很方便的市场，最典型的是股票市场。截至 2021 年 6 月末，上海证券交易所和深圳证券交易所的股票共有 4 386 只，如果你有幸持有了过去一年涨得最好的股票，那么 10 万元的投资可能对应的当前市值是 30 万元；但是如果你不幸“踩了地雷”，则 10 万元的投资可能当前市值仅为 1 万元。表 8－1 列示了 1991—2020 年期间股票市场的年度收益率，数据来源于国泰安数据库。可以发现，股票市场的收益率波动非常大，比如 2008 年的投资收益率为－62.50%，而 1991 年的投资收益率则高达 187.64%。

表 8-1 1991—2020 年中国股票市场 A 股公司的年度收益率
（考虑红利再投资并按公司流通市值加权）（%）

年份	股票市场收益率	年份	股票市场收益率
1991	187.64	2006	110.54
1992	48.72	2007	177.92
1993	8.50	2008	−62.50
1994	−32.47	2009	113.28
1995	−13.59	2010	1.94
1996	137.15	2011	−28.71
1997	33.45	2012	1.76
1998	−5.05	2013	26.69
1999	17.83	2014	41.81
2000	56.37	2015	53.09
2001	−24.45	2016	−14.06
2002	−18.59	2017	0.51
2003	−4.00	2018	−28.19
2004	−15.71	2019	33.47
2005	−10.28	2020	31.58

（四）主要投资产品的流动性与收益率比较

通过表 8-1 的数据，许多人可能会认为股票市场的高波动性不适合自己，此时可以把投资品种转向基金，通过基金实现对股票、债券、黄金甚至国际市场的投资。比如，如果购买沪深 300 指数基金，那么过去 5 年能够实现 7%左右的年化收益率；如果购买债券指数基金，则过去 5 年的年化收益率接近 4%。此外，还可以通过专门投资于海外市场的合格境内机构投资者（QDII）基金投资美国或其他国家/地区的股票市场。历史数据显示，全球股票市场的长期平均年化收益率为 7%～8%。此外，较常见的投资市场还有银行理财市场，银行渠道的理财产品的购买和赎回更加便捷，投资收益率一般为 3%～5%，略高于银行存款，但是低于债券和股票。

在了解了不同产品的投资收益率后，可以根据自身目标收益率选择恰当的产品。回到王先生的案例，如果要实现“3 年购买一辆普通汽车，10 年购买一套两居室的住房”的合格人生目标，需要实现 6%的必要收益率。从这个目标看，股票指数基金在 10 年的时间长度上比较容易实现 6%的收益率，因而足以应对 10 年后的购房开销。虽然股票指数基金在 3 年时间长度上的收益率波动较大，但 3 年后购买一辆普通汽车的支出 15 万元在可控范围内，因此王先生可以根据自身目标收益率和资金支出时间，将几类资产搭配起来进行组合投资。

二、金融市场提供的可能收益率

(一) 不同金融资产的历史投资收益率比较

以最常谈论的中国股票市场为例，投资者可以获得什么样的投资收益率呢？假设投资者既不想花费时间和精力去选择股票，也不想选择买卖时机，只是在每年年底买入沪深300 指数（可以通过购买完全跟踪复制沪深 300 指数的指数基金实现这一目的），再在下一年年底卖出沪深 300 指数，暂时不考虑交易费用，那么该投资在 2009—2018 年的收益率如图 8-1 所示，最高为 2009 年的 96.71%，最低为 2018 年的 −25.31%，平均年化投资收益率为 10.15%。

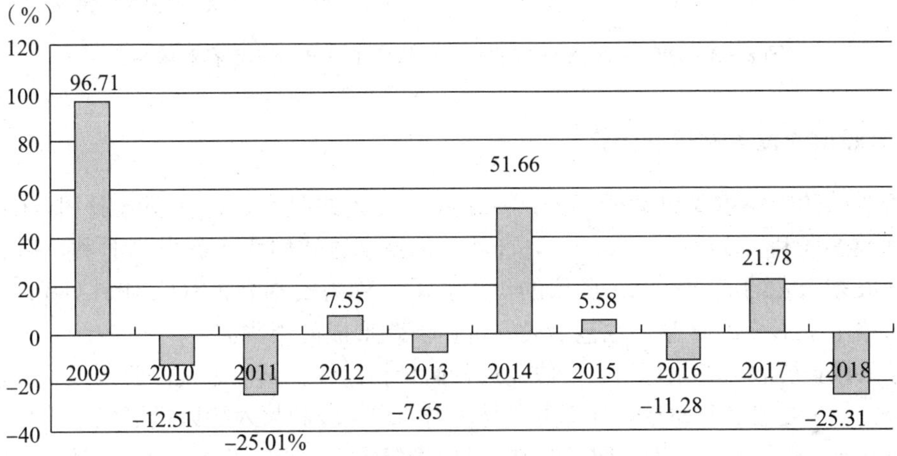

图 8-1　2009—2018 年沪深 300 指数年度收益率

如果投资者购买的是中国债券指数，其 2009—2018 年的投资收益率如图 8-2 所示。其中，最高为 2015 年的 6.09%，最低为 2017 年的 0.66%，平均年化投资收益率为 3.45%。

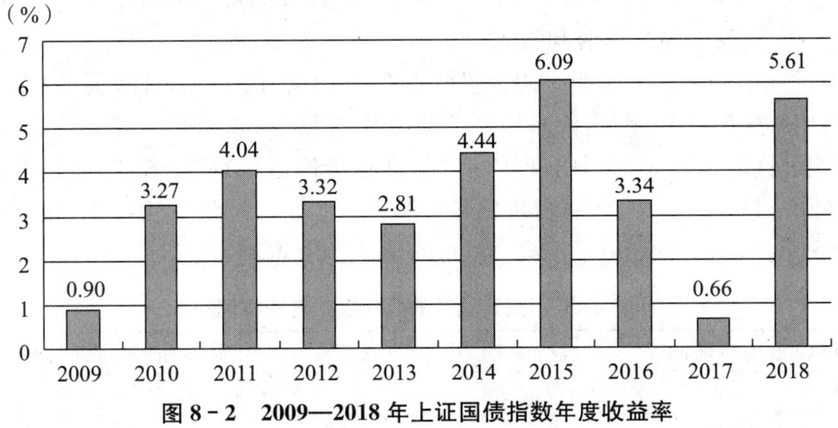

图 8-2　2009—2018 年上证国债指数年度收益率

如果投资者把资金以一年期定期存款的形式存入银行呢？在 2009—2018 年期间，一年期定期存款收益率最高为 2011 年的 3.28%，最低为 2016—2018 年期间的 1.50%（见图8-3），几何平均的年度投资收益率（对一年期定期存款在年内的变动进行几何平均处理）为 2.35%。

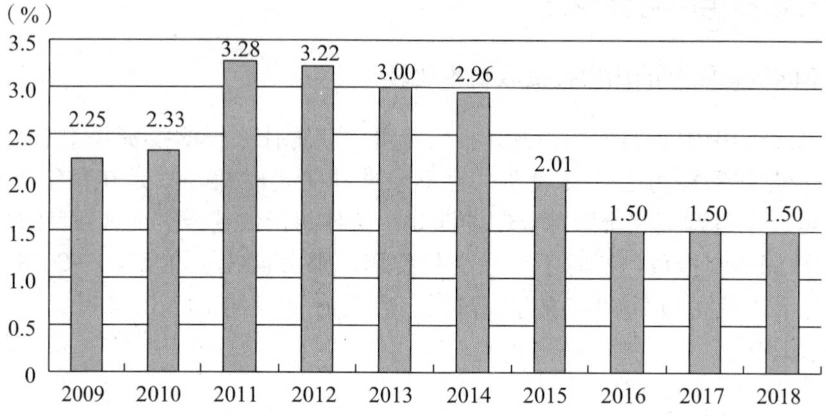

图 8-3 2009—2018 年存放于商业银行的一年期定期存款收益率

（二）股票的投资收益率计算

投资股票的收益主要包括两部分：一是股票发放的股利，包括现金股利（Cash Dividend）和股票股利（Stock Dividend），前者是以现金方式向股东派发的股利，后者是以股票方式向股东派发的股利；二是股票的价格变动，称为资本利得（Capital Gain），这既包括股票价格上涨形成的收益，也包括股票价格下跌形成的损失。

通常采用投资收益率指标对投资收益进行衡量和比较。具体来说，股票投资收益率分为两个部分：一个是股利收益率，计算方法是用当期现金股利收入除以投资成本；另一个是资本利得收益率，计算方法是用当期资本利得除以投资成本。股票投资收益率的计算公式如下：

$$\begin{aligned}\text{股票投资收益率} &= \text{股利收益率} + \text{资本利得收益率} \\ &= D_{t+1}/P_t + (P_{t+1} - P_t)/P_t \qquad (8-1)\end{aligned}$$

其中，P_t 指在 t 时刻的股票价格；P_{t+1} 指在 $t+1$ 时刻的股票价格；D_{t+1} 指从 t 时刻到 $t+1$ 时刻这一期间获得的现金股利收入。

下面通过一个例子进行说明。假设投资者在 2012 年 12 月 31 日购买了 1 000 股青岛啤酒（股票代码：600600），购买价格是当天收盘价格每股 33.06 元，在 2013 年 7 月 22 日获得现金股利每股 0.40 元，2013 年 12 月 31 日收盘价格是每股 48.95 元。投资者继续持有至 2014 年 12 月 31 日，当天收盘价格是每股 41.78 元，在 2014 年 7 月 28 日获得现金股利每股 0.45 元。表 8-2 列出了该投资的股利收入与资本利得。

表 8-2 投资股票的股利收入与资本利得

证券代码	时间	收盘价（元/股）	股利收入（元）	资本利得（元）	总投资收入（元）
600600	2012-12-31	33.06			
600600	2013-07-22		400		
600600	2013-12-31	48.95		15 890	16 290
600600	2014-07-28		450		
600600	2014-12-31	41.78		−7 170	−6 720

如表 8－2 所示，该投资者获得的现金股利收入分别如下：

2013 年：股利收入＝0.40×1 000＝400(元)

2014 年：股利收入＝0.45×1 000＝450(元)

该投资者获得的资本利得分别如下：

2013 年：资本利得＝(48.95－33.06)×1 000＝15 890(元)

2014 年：资本利得＝(41.78－48.95)×1 000＝－7 170(元)

该投资者获得的投资收益分别如下：

2013 年：投资收益＝股利收入＋资本利得＝400＋15 890＝16 290(元)

2014 年：投资收益＝股利收入＋资本利得＝450＋(－7 170)＝－6 720(元)

需要注意的是，该投资者 2013 年的资本利得为 15 890 元。如果该投资者在 2013 年 12 月 31 日以 48.95 元/股的收盘价卖出了该股票，那么这一资本利得属于“已实现的资本利得”（Realized Gain），如果该投资者未在 2013 年 12 月 31 日卖出股票，而是选择继续持有，那么这 15 890 元的资本利得属于“未实现的资本利得”（Unrealized Gain）。从企业会计准则的角度来看，两者的区别是在资产负债表中的列示不同。在利润表中，“已实现的资本利得”和“未实现的资本利得”均反映在“投资收益”科目中，也就是说，当股票作为企业的交易性金融资产时，只要股票的市场价格发生了变化，不管其变动部分是否通过市场交易实现了，均反映在企业的利润中。但是在资产负债表中，对应的“未实现的资本利得”只能列入“其他综合收益”（Other Comprehensive Income）科目，而不能列示在反映股东收益的“留存收益”科目中，从而实现与“已实现的资本利得”归属的区分。

正如前文所述，家庭资产负债表和收入支出表主要是家庭为了满足自身进行财富管理的需要而编制的，不会对外公开披露，加之家庭不存在对外融资等财务需求，因而不必严格遵循企业会计准则的要求。在本例中需要掌握的是，计算出的 2013 年未实现的资本利得 15 890 元，就是通常所说的“账面利润”，在 2013 年末不会形成现金流入，因而不应列入 2013 年的家庭收入支出表，但是可以在 2013 年末的家庭资产负债表的资产科目中列示，以便更加准确地反映家庭金融资产的增值情况。

本例中股票投资收益率的计算结果如表 8－3 所示。其中：

该投资者的股利收益率如下：

2013 年：股利收益率＝当期股利/期初股价

＝400/33 060＝1.21%

2014 年：股利收益率＝当期股利/期初股价

＝450/48 950＝0.92%

该投资者的资本利得收益率如下：

2013 年：资本利得收益率＝当期资本利得/期初股价

＝15 890/33 060＝48.06%

2014 年：资本利得收益率＝当期资本利得/期初股价

＝－7 170/48 950＝－14.65%

该投资者的投资收益率分别如下：

2013 年：投资收益率＝股利收益率＋资本利得收益率
＝1.21%＋48.06%＝49.27%

2014 年：投资收益率＝股利收益率＋资本利得收益率
＝0.92%＋(－14.65%)＝－13.73%

表 8－3 股票投资收益率计算

证券代码	时间	收盘价（元/股）	股利收益率	资本利得收益率	投资收益率
600600	2012－12－31	33.06			
600600	2013－07－22		1.21%		
600600	2013－12－31	48.95		48.06%	49.27%
600600	2014－07－28		0.92%		
600600	2014－12－31	41.78		－14.65%	－13.73%

（三）年化收益率

在上文的投资收益率计算中，投资期限正好是一整年，因此计算出来的投资收益率也正好是年投资收益率。但是，在日常投资活动中，投资期限很少正好等于一年，有可能长于一年，也有可能短于一年，因此就需要把计算出的投资收益率转化为年化收益率。回到上例，2012 年 12 月 31 日（星期一），投资者以 33.06 元/股的价格购买了 1 000 股青岛啤酒，到 2013 年 3 月 31 日（星期日），股票价格是 36.87 元/股（上一个交易日，即 2013 年 3 月 29 日的收盘价），在此期间未发放红利。那么，这一期间投资收益率为（36.87－33.06)/33.06＝11.52%。

期间收益率转换为年化收益率的公式是：

$$1+年化收益率=(1+期间收益率)^m \quad (8-2)$$

其中，m 表示一年中有多少个这样的投资期间，比如在本例中投资期间为 3 个月，因此 $m=12/3=4$，代入式（8－2）可得：

$$1+年化收益率=(1+11.52\%)^4=154.70\%$$

因此，年化收益率＝54.70%。

我们在 Excel 中的计算过程如表 8－4 所示。

表 8－4 Excel 中的计算过程演示

	A	B	C	D	E	F	G
1	证券代码	时间	收盘价（元/股）	期间收益率	计算公式	年化收益率	计算公式
2	600600	2012－12－31	33.06				
3	600600	2013－03－29	36.87	11.52%	(C3－C2)/C2	54.70%	(1＋D3)^4－1

（四）算术平均收益率、几何平均收益率与资金加权平均收益率

接下来进一步考察五类不同金融资产在过去 10 年的投资收益率。

（1）上证 50 指数。它是由上海证券市场规模大、流动性好的最具代表性的 50 只股票组成样本股，综合反映了上海证券市场最具市场影响力的一批龙头企业的整体状况。上证 50 指数可以看成上海证券交易所的大盘股①指数。

（2）沪深 300 指数。它是由沪深 A 股中规模大、流动性好的最具代表性的 300 只股票组成样本股，于 2005 年 4 月 8 日正式发布，综合反映了沪深 A 股市场的整体表现。沪深 300 指数可以看作中国 A 股市场的大盘股指数。

（3）中证 500 指数。它是扣除沪深 300 指数样本股及最近一年日均总市值排名前 300 名的股票，将剩余股票按照最近一年（新股为上市以来）的日均成交金额由高到低排名，剔除排名后 20%的股票，然后将剩余股票按照日均总市值由高到低进行排名，选取排名在前 500 名的股票作为样本股，综合反映了沪深证券市场内小市值公司的整体状况。

（4）一年定存。它是指以一年期定期存款的形式存放于商业银行的资金。

（5）上证国债指数。它是反映我国国债投资收益率的指数。

图 8－4 的横坐标是时间，起点为 2009 年，纵坐标表示金额，在 2009 年初为 1 元钱。图 8－4 表示在 2009 年初，投资者分别投资 1 元钱于这五类金融资产，到 2018 年末分别变成了多少钱。

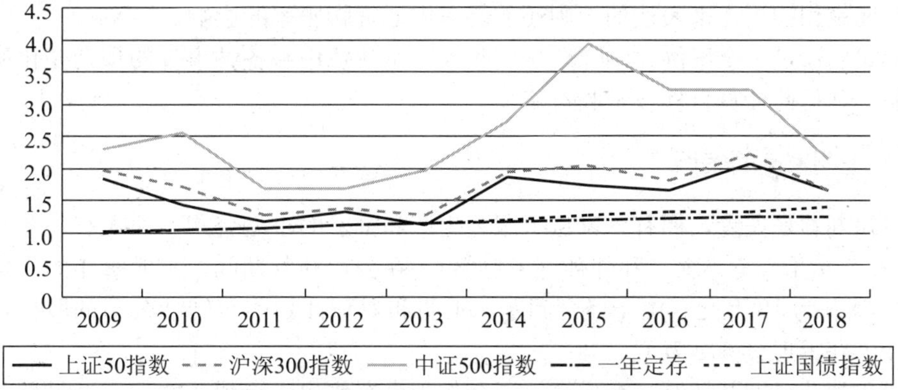

图 8－4　五类金融资产 2009—2018 年的投资收益率

从图 8－4 可知，投资收益率最高的是中证 500 指数，也就是中国的小盘股指数。若在 2009 年初投资了 1 元钱购买中证 500 指数，那么到 2018 年末该投资就变成了 2.15 元。投资收益率排第二位的是沪深 300 指数，也就是中国的大盘股指数。若在 2009 年初投资了 1 元钱购买沪深 300 指数，那么到 2018 年末该投资就变成了 1.66 元。接下来依次是上证 50 指数、上证国债指数和一年定存，投资分别变成了 1.65 元、1.40 元和 1.26 元。

知道了这五类金融资产 10 年的期间收益率后，运用期间收益率和年化收益率的转化公式，就可以准确地计算出它们的年化收益率。表 8－5 列示了通过 Excel 表格完成的计算过程。

---

① “盘”是证券市场的一个专用术语，指市值，也就是一家上市公司的股价乘以其发行在外的股价总数量。大盘股就是市值较高的公司的股票；中盘股即市值居中的公司的股票；小盘股指市值较小的公司的股票。

表 8－5 五类金融资产的年化收益率计算过程演示

	A	B	C	D	E	F	G
1		2009 年初（元）	2018 年末（元）	期间收益率	期间收益率计算公式	年化收益率	年化收益率计算公式
2	上证 50 指数	1	1.655 8	65.58%	D2＝C2/B2－1	5.17%	G2＝(1＋D2)^(1/10)－1
3	沪深 300 指数	1	1.656 3	65.63%	D3＝C3/B3－1	5.18%	G3＝(1＋D3)^(1/10)－1
4	中证 500 指数	1	2.149 1	114.91%	D4＝C4/B4－1	7.95%	G4＝(1＋D4)^(1/10)－1
5	一年定存	1	1.261 8	26.18%	D5＝C5－B5－1	2.35%	G5＝(1＋D5)^(1/10)－1
6	上证国债指数	1	1.401 7	40.17%	D6＝C6/B6－1	3.43%	G6＝(1＋D6)^(1/10)－1

三、案例分析：确定目标投资收益率

在财富管理过程中，确定目标收益率是一个系统的过程。目标投资收益率与投资者的风险承受能力密切相关，可以分为必要投资收益率和理想投资收益率两种。前者是指为了实现投资者主要或关键的目标所要求的投资收益率，后者是指同时满足了投资者次要或更高的目标的投资收益率。目标投资收益率通常按实际值计算，如果投资者的当前支出和长期储蓄目标是用购买力来表达的，则还需要考虑通货膨胀率的影响。

下面我们通过一个案例详细介绍预期收入、生活费用和各种事件的预期变化所产生的累积影响，并据此计算目标投资收益率。

（一）王明家庭的案例

王明和刘莉是夫妻，拥有一家从事服装生产和批发的小型公司。两人有一个儿子（王小明），一个女儿（王小莉）和外孙（王悠悠）。在公司经营期间，王明每年的工资收入为 20 万元，刘莉为 18 万元。由于经营问题，王明和刘莉计划明年转让公司的股权，转让成功后预计可获得现金 600 万元。

王明和刘莉名下共拥有三套房产：一套作为自有住房，市值 120 万元，另外两套用于出租，总市值为 300 万元，每年共可获得租金 4 万元。为获得更多收益，王明购买了股票和债券，市值分别为 23 万元和 15 万元。王小明计划明年结婚，王明和刘莉打算拿出 50 万元作为儿子的新婚贺礼。同时，刘莉每年会花费 1 万元给外孙王悠悠买礼物。王明和刘莉每年的日常生活支出大约为 8.5 万元。为了维持家庭财务状况的安全，并抵消通货膨胀的影响（假设通货膨胀率为 2.4%），暂不考虑税收的影响，请问王明家庭在第 2 年的目标投资收益率要达到多少才可以覆盖开支？

（二）王明家庭的目标收益率计算

在本例中，首先，根据案例信息编制出王明家庭的现金流量表（如表 8－6 所示）。

其次，编制出王明家庭的资产负债表（如表 8－7 所示）。

最后，王明家庭的目标收益率的计算过程如表 8－8 所示。

表 8-6　王明家庭的现金流量表

单位：元

项目	今年	第 1 年	第 2 年
现金流入			
王明的工资	200 000		
刘莉的工资	180 000		
转让公司股权获得的收入		6 000 000	
租金	40 000	40 000	40 000
总现金流入	420 000	6 040 000	40 000
现金流出			
给王小明的新婚贺礼		(500 000)	
给王悠悠的礼物	(10 000)	(10 000)	(10 000)
生活支出	(85 000)	(85 000)	(85 000)
总现金流出	(95 000)	(595 000)	(95 000)
现金流量净额	325 000	5 445 000	(55 000)

表 8-7　王明家庭的资产负债表

项目	金额（元）	占比（%）
投资性资产		
第 1 年现金流量净额	5 445 000	54.31
股票	230 000	2.29
债券	150 000	1.50
投资性资产合计	5 825 000	58.10
房产		
自有住房	1 200 000	11.97
出租房	3 000 000	29.93
房产合计	4 200 000	41.90
总计	10 025 000	100.00
负债	0	0

表 8-8　王明家庭的目标投资收益率计算

项目	数值
(1) 第 2 年所需的现金流量净额	55 000 元
(2) 投资性资产	5 825 000 元
(3) 通货膨胀率	2.40%
(4) 目标投资收益率	3.34%(=55 000/5 825 000+2.40%)

职业素养提升专栏

资本主义世界经济危机与推动共同富裕

工业革命以来，资本主义世界经济危机频繁发生，20 世纪 30 年代大萧条和 2008 年国际金融危机是其中蔓延最广、破坏力最大的两次，它们都是资本主义内生矛盾积累到无法自我调节的程度后的集中爆发。观察这两次危机，可发现它们的共同特点：一方面，危机都产生于重大的技术革命发生后，在危机爆发之前都出现了前所未有的经济繁荣，危机发源地的政府都采取了极其放任自流的经济政策。自由竞争使主要行业的产业集中度和垄断程度大幅度提高，劳资对立由于经济繁荣得到一定缓解，而弱势的农业相对衰退，从而埋下了产业失衡、收入分配差距扩大和经济投机性增强等种种隐患。另一方面，收入分配差距过大是危机的前兆。大萧条期间所表现出的实体经济产能过剩和有效需求不足的实质是私人占有和社会化大生产之间的矛盾。2008 年国际金融危机虽然与全球化、互联网和知识经济的发展、经济虚拟化程度提升、不同国家人口结构的变化有很大的关系，但其最突出的表现是生产资料名义所有权和实质支配权分离，权力集中到虚拟经济领域极少数知识精英手中。

在此背景下，发达国家政府所采取的民粹主义政策通常成为危机的推手。技术变革和分配差距扩大造成的心理压力往往会引起社会公众的不满，由于在执政期内无力改变现状，加之选票政治的推动，政府倾向于更多地采取民粹主义政策以安抚民心。比如，在大萧条时期，美国总统柯立芝做出“每家的后院有两辆汽车、每家的锅里炖着一只鸡”的承诺；2008 年金融危机发生前，两任总统克林顿和小布什都承诺提高住房自有率，小布什在竞选连任的演讲中提出：“任何一个家庭搬进自己拥有的房子都会感到美国比其他国家强。”这些承诺改变了大众对福利的预期，加重了他们对政府的依赖，一旦福利预期得不到满足，社会心理很快就会发生逆转，并形成蔑视权威、拒绝变革和仇视成功者的强烈氛围。政治家往往被短期民意绑架、被政治程序锁定、不敢突破意识形态束缚，这在 2008 年全球金融危机，特别是希腊债务危机中表现得最为明显。

资本主义世界经济危机表明，国家贫富分化严重以及中产阶层塌陷将会导致社会撕裂、政治极化、民粹主义泛滥，由此引发的教训十分深刻。因此，在向第二个百年奋斗目标迈进的过程中，我们应当吸取这一教训，坚持以人民为中心的发展思想，坚决防止两极分化，促进共同富裕，才能实现社会和谐稳定和国家长治久安。从这个角度看，共同富裕体现了社会主义的本质要求，是中国式现代化的重要特征。同时需要注意的是，我们说的共同富裕是全体人民共同富裕，是人民群众物质生活和精神生活都富裕，既不是少数人的富裕，也不是整齐划一的平均主义。

资料来源：刘鹤．两次全球大危机的比较研究．北京：中国经济出版社，2013：7－10．

知识讲解

资产组合与风险管理

第二节　资产配置

本节将探讨财富管理者的资产配置问题。资产配置取决于财富管理者的类型和可供选择的资产类别。比如，当被问及“在一线城市，一个中产家庭有多少存款合适”这一问题时，答案可能千差万别。有人认为至少需要几百万元，有人觉得五十万元就够了，还有人的答案是零元。这表明，人们对于应该留有多少存款的看法各异，风险容忍度较高的个体希望通过投资取得更高的收益，也有个体追求稳定，希望已有的资产能够安全保值。不过，从支出角度看，依然存在许多类似的挑战，比如父母年迈后的医疗支出、孩子日益增长的教育支出、住房改善需求等，这使得不同财富管理者的资产配置存在相似性。

一、财富管理者的类型

首先要明确适合自身的资产配置方式。这一过程中要先区分财富管理者的类型，再据此选择合适的资产组合。我们以四种动物类比四种常见的财富管理者：松鼠冬季不冬眠，要提前储备好过冬的食物；蛇由于冬眠的原因，会在秋季多进食以长一身膘；大雁冬季仍需要觅食，得在秋季就从北方飞到南方；雪豹在冬季依然能够正常生活。这四类动物过冬的方式是截然不同的，类似地，这四种类型的财富管理者的资产配置方式也各不相同。

（一）松鼠类财富管理者

松鼠类财富管理者的主要特点是：收入受经济或行业景气程度的影响较大，当整体经济环境恶化时，可能面临较大的失业风险或收入下降风险；目前存在房贷之类的负债，持续性支出较大，因而风险承受能力相对较弱。这类似于松鼠，难以在寒冬找到食物，但在冬天依然需要持续进食。这类财富管理者在进行资产配置时，应当多持有一些对抗经济周期的资产；在投资股票等波动较为剧烈的品种时，应当先考虑风险承受能力，再决定投资金额。

（二）蛇类财富管理者

蛇类财富管理者的收入也会受到经济或行业环境变化的较大影响，不过目前没有大额的负债，但在未来会有较大的支出，比如当前没有房贷但未来有改善型置业计划的财富管理者。这类似于蛇，在秋季可以大量捕食，为过冬做准备。一旦冬眠，则前期的积累直接决定了冬季的生存质量。此类财富管理者在进行资产配置时，应当确定一个理想投资收益率和一个必要投资收益率，在此区间内寻求风险与收益的平衡。

（三）大雁类财富管理者

大雁类财富管理者通常有着较为稳定的收入来源，无论行业是否景气，其收入都能维持在不错的水平，但这类家庭可供投资的资金有限，在经济寒冬中很难拿出大额资金供投资，例如首购或增置房产等。这类似于大雁，可以通过在秋季时南迁的方式过冬，但过程较为辛苦，选择也较为有限。这类家庭在进行资产配置时，应当着重于中长期目标，通过稳定的复利效应，实现财富的飞跃。同时，该类投资者对资产的流动性要求相对较低，可以适度选择一些流动性低、收益高的投资品种。

（四）雪豹类财富管理者

雪豹类财富管理者不仅有着较高的收入，而且有着较为充足的可供投资的资金；在经济不景气的情况下，可以使用备用资金以较低廉的价格收购固定资产或公司股权等。这类似于雪豹，即使在寒冬也能有效地捕食，并拥有较多选择。这类家庭在进行资产配置时，应当注重对宏观经济的理解和重大投资机会的把握。世界上一些著名投资家的成功便是缘于踏准了经济节奏、选对了大类资产，并且做出了专业的决策判断。

以上介绍的是四种典型的财富管理者，但并没有涵盖所有财富管理者。总的来说，资产配置的依据主要包括如下方面：（1）确定合理的目标收益率；（2）正确评估自身对风险的态度和承受能力；（3）充分了解家庭状况，比如对流动性的要求、相关法律要求等；（4）全面认识自身的投资能力，在能力范围内行动。在完成上述评估后，可以确定家庭所对应的投资类型，然后据此选择合适的资产组合。

二、大类资产的类别

市场上的大类资产包括股票、债券、衍生品以及另类资产等类别，以下分别做一简述。

（一）股票

股票是指股份有限公司签发的证明股东所持股份的凭证，分为普通股和优先股。我国上海证券交易所和深圳证券交易所交易的股票均为普通股。按照经典的估值方法，股票价格应当等于公司未来的现金流按照一定的折现率折现到当前时刻的价值。换言之，人们通过推测公司未来的成长性、盈利能力等来估算当前的股票价格。那么，当前的股票价格是否围绕公司价值上下波动呢？很多金融理论试图对这个问题进行回答。例如，有效市场假说认为，一切有价值的信息都已经及时、准确地体现在股价走势当中；行为金融学则认为，投资者的心理和行为对股票价格有重大影响。从当前我国股票市场的实际情况来看，依然存在大量股票的价格长期偏离合理价值的现象。因此，既需要认识到股票市场能够为投资者带来较高的投资收益，也需要认识到股票价格存在长时期的非理性波动，在瞄准盈利的过程中，恰当地处理好风险问题。

（二）债券

债券是发债人为筹措资金而向投资者出具的承诺按票面所标的面额、利率、偿还期等给付利息和到期偿还本金的债务凭证。与股票相比，债券是一种风险程度更低的资产。我国当前市场中交易的债券品种主要包括利率债和信用债。

利率债是国家或有政府信用做背书的机构为筹措资金而发行的债券，一般被认为几乎不存在信用风险，价格可随市场利率浮动。利率债包括国债、地方政府债、央行票据等。比如，我国财政部 2003 年发行了面值规模为 260 亿元、期限为 20 年的固定利率国债，年票面利率为 3.40%，起息日期为 2003 年 4 月 17 日，每年 4 月 17 日和 10 月 17 日（每半年）支付利息，2023 年 4 月 17 日到期归还本金。该国债代码为 100303，简称国债 0303，2003 年 4 月 25 日在深圳证券交易所上市交易，它是一种典型的利率债。

信用债是指由政府之外的主体发行的、约定了确定的本息偿付现金流的债券。信用债具体包括企业债、公司债、短期融资券、中期票据、分离交易可转债、资产支持证券、次级债等品种。信用债背后的担保者通常是各类企业。由于信用担保程度不同，不同类型的债券收益率差异很大。我国目前的债券交易主要发生在银行间债券市场，交易所债券市场的交易占比很小。个人投资者参与债券投资的方式主要是购买债券类或混合类基金。一般而言，债券市场的收益具有较高的可预期性，通常被作为保留资本或者积累长期投资的工具。

（三）衍生品

衍生品是一种金融工具，一般表现为两个主体之间的一个协议，其价格由其他基础资产的价格决定。典型的衍生品包括期货和期权等。期货是以实物商品或者金融资产等为标的的可交易的标准化远期合约。例如，以 IF1903 期货为例，其对应的是在 2019 年 3 月交割的沪深 300 指数。期货最吸引投资者的地方在于其杠杆效应：投资者一般只需缴纳 5%～15%的履约保证金，即可参与期货交易。这种杠杆交易能够放大沪深 300 指数波动带来的收益和亏损。因此，期货属于高风险、高收益的投资工具，比较适合有相当多的闲置资金、可以承受较大亏损的投资者。

期权则是赋予持有人在某一特定日期或该日期之前的任何时间以固定价格购进或售出一种资产的权利的合约。举例来说，如果你认为上证 50 指数未来会上涨，那么你可以买入上证 50ETF 的看涨期权，此时你的成本是所支付的期权费。如果你的判断正确，指数的市场价格与行权价格之间的差额将形成你的投资收益；如果你的判断错误，你可以选择不行权，此时你的损失就是期权费。不过需要注意的是，期权的买入方和卖出方所面临的亏损风险是不对称的，因此在进行期权交易之前，需要详细了解方可进行投资交易。

（四）另类资产

另类资产通常包括私募股权投资基金、投资性房地产和艺术品等。这类资产的特点是流动性较低、价格波动性较大。在进行另类资产投资前，一定要详尽调研，并谨防流动性风险。

私募股权投资基金主要是指投向未上市企业股权、上市公司非公开发行或交易的股票以及中国证监会规定的其他资产的投资工具。它具有流动性较低但投资收益率较高的特点。近年来，随着私募股权投资基金中的“二手基金”（Secondary Fund，简称 S 基金）市场的兴起，私募股权投资基金的流动性有所提高。

投资性房地产是指为赚取租金、实现资本增值或两者兼有而持有的房地产。在过去十几年里，我国房地产市场的投资收益率一直呈现居高不下的态势，这和中国处于城市化进程这一特殊阶段有关，并且投资性房地产的收益率在不同城市、不同地段存在极大的差异。自 2020 年以来，相关政策制定部门和监管机构对住宅土地拍卖、房屋交易价格及房地产企业融资等相继出台了更为严格的政策规定和监管措施。包括华夏幸福、恒大地产等在内的多家房地产企业屡屡爆发债务问题也预示着投资性房地产的高收益率很难长期维持。从世界各国过去100多年的历史经验看，房地产的年化收益率与股票市场类似，为7%左右。

艺术品市场是指以艺术品作为交易标的的市场。由于艺术品均是非标准化商品，很难通过标准化合约进行交易，因而其流动性非常低。从投资收益率看，对艺术品的价值判断受到购买动机、艺术修养、经济实力等多种因素的综合影响，因此艺术品的交易价格常常通过拍卖方式产生，因而存在较大不确定性。近年来出现的一个新的投资品种是艺术品基金，艺术品基金一般是由基金管理人负责募集资金，并投资于多种艺术品类组合或者单一艺术品类，通过艺术品在未来市场交易中的增值实现投资收益。这类基金的主要风险包括两个方面：一是对投资标的真伪的判断和对投资标的的估值存在较大的挑战；二是要等艺术品通过市场交易实现增值，才能形成基金的投资收益。

三、资产组合选择的基础金融理论

家庭可以将资产配置于股票、债券、基金等投资工具，以实现财富的保值增值。任何经济实体在进行投资活动时都要遵循分散化的原则，用一个通俗的比喻即“不要把鸡蛋放在同一个篮子里”。分散化的意义在于降低投资风险，保证投资收益的稳定性，当某一种投资品的收益率降低时，另一种投资品的收益率可能会上升，从而使得收益与损失相互抵消。

（一）分散化决策的过程

投资分散化的实现要求合理地分散化决策，有效降低风险。分散化决策并非简单地将资产投资于不同的产品，而是一个层层递进的过程，应该自上而下地跨品种、跨地域、跨期限进行广义的资产配置。首先，将财富在风险资产与无风险资产之间进行分配，其中无风险资产一般包括现金、银行存款、短期国债或国库券、货币基金等。其次，将分配到风险资产上的财富分散，这可以在三个维度上实现：一是在风险资产的对象维度上进行分散，比如在股票、债券、基金、衍生品上进行分散投资；二是在风险资产的地域维度上进行分散，比如将资产分配到多个国家或经济组织的投资品中，或是分别在发达经济体和新兴市场经济体中进行投资；三是在风险资产的期限维度上进行分散，比如将财富分别配置于短期、中期和长期资产上，有效预期未来现金流量，防止流动性风险的发生。最后，进一步分散风险资产，比如可以把股票资产分配于多个公司，将债券资产分配于国债、企业债和地方债，从而进一步降低风险。

以巴菲特的投资实践为例，他在自身投资能力范围内，对投资进行了适度分散化配置。不管是经营相当于共同基金的巴菲特合伙企业，还是入主伯克希尔，他都将投资资金分为三部分：第一部分投资于低估类股票。巴菲特会在一些优秀企业的价值被市场低估时取得这些企业的部分股权，包括众所周知的《华盛顿邮报》、美国运通、可口可乐等。第二部分投资于控制类股票。控制类股票有的是一开始就通过大宗交易买入的，有的是从低估类股票发展而来的，这类股票的内含价值远高于市场价格，巴菲特在市场上越买越多，直至成为公司的控股股东，这时可以根据对公司前景和管理层能力的评估决定是否干预公司经营。第三部分投资于套利类股票。巴菲特经常从已宣布的并购或重组中找寻企业价值与价格变动中可能的获利空间。巴菲特曾表示：“我们从事多年的套利活动，就必须将风险分散。若是单一交易的风险过高，就必须将资源分散到几个各自独立的个案之上。或许超过 99%的投资者都该采用广泛的分散投资策略。”在巴菲特的眼中，另外一种需要分散风险的特殊情况是：投资人并没有对任何单一产业有特别的了解和认识，但对整体产业前景有信心。他认为，这类投资人应该分散持有许多公司的股份，同时将投入的时点拉长。例如，通过定期投资指数基金，一个什么都不懂的投资人通常能打败大部分专业投资经理。

（二）马科维茨投资组合选择模型

投资证券及其他风险资产时首先需要解决两个核心问题，即预期收益与风险。如何测定投资组合（又称资产组合）的风险与收益以及在进行资产配置时对这两项指标进行平衡，是市场投资者迫切需要解决的问题。

美国经济学家马科维茨对此进行了系统、深入和卓有成效的研究，并于 1952 年首次提出了投资组合理论，他也因此获得了诺贝尔经济学奖。在马科维茨提出投资组合理论以前，分散投资的理念已经存在。1935 年希克斯提出了分离定理，解释了由于投资者有获得高收益、承受低风险的期望，因而有对货币的需求。同时，他还指出，应当参考价值理论构建起货币理论，并将风险引入分析中，因为风险会影响投资绩效，进而影响期望净收入。随后，凯恩斯和希克斯分别于 1936 年和 1939 年提出了风险补偿的概念，指出由于不确定性的存在，应该对不同金融产品在利率之外附加一定的风险补偿。冯·诺依曼于 1947 年采用预期效用的概念提出了不确定性条件下的决策选择方法。

需要说明的是，在发达的证券市场中，马科维茨投资组合理论早已在实践中被证明是行之有效的，且被广泛应用于组合选择和资产配置。但是，我国的证券理论界和实务界对于该理论是否适合于我国股票市场一直存在较大的争议。

马科维茨投资组合理论依据以下几个假设：

（1）投资者在做每一次投资选择时，其依据的是某一持仓时间内的证券收益的概率分布；

（2）投资者根据证券的期望收益率估测投资组合的风险；

（3）投资者的决定仅仅依据证券的风险和收益；

（4）在一定的风险水平上，投资者期望收益最大；在一定的收益水平上，投资者期望风险最小。

基于上述假设，马科维茨确立了投资组合的预期收益、风险的计算方法和有效边界理论，建立了资产优化配置的均值-方差模型。

要建立投资组合，首先需要分配风险资产的权重。在给定投资组合的收益时，求解最小方差投资组合，从而确定投资组合的有效边界，求解过程即为确定风险资产权重的过程。图 8－5 列示了多个风险资产的有效边界（实线部分），其横坐标是风险，用标准差刻画，纵坐标是预期收益，用收益率刻画。图 8－5 中上方的边界表示给定收益率时所能达到的最小方差投资组合，选取其上方区域边界的原因是，上方边界的投资组合与下方边界的投资组合具有相同的方差，但是收益率更高。上述过程转化为最小化问题即：

$$\min\sum_{i=1}^{n}\sum_{j=1}^{n}w_iw_j\sigma_{i,j}\quad s.t.\ r_p=\sum_{i=1}^{n}w_ir_i \tag{8-3}$$

其中，w_i 表示资产 i 的权重，w_j 表示资产 j 的权重，$\sigma_{i,j}$ 表示资产 i 和资产 j 的标准差，r_i 表示资产 i 的收益率。

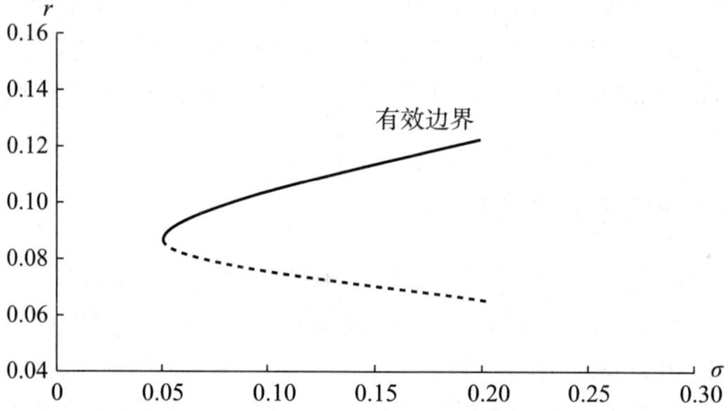

图 8-5　多个风险资产的有效边界

进一步考虑在投资组合中加入无风险资产时投资者需要在投资组合中分配风险资产与无风险资产的权重，形成给定收益率的最小方差投资组合。上述过程转化为最小化问题即：

$$\min\sum_{i=1}^{n}\sum_{j=1}^{n}w_iw_j\sigma_{i,j}\quad s.t.\ r_p=w_fr_f+\sum_{i=1}^{n-1}w_ir_i \tag{8-4}$$

其中，w_f 表示无风险资产的权重，r_f 表示无风险资产的收益率，其他字母的含义与式（8-3）相同。

求解之后得到一条从无风险资产出发的与风险资产有效边界相切的射线，即资本市场线（Security Market Line，SML）。资本市场线代表了投资者在证券市场上所有的有效投资机会，其他投资组合都位于资本市场线之下。当给定无风险资产与风险资产的有效边界时，这条射线也就确定了下来，表明所有投资者都选择图 8-6 中的切点 M^*，这是投资者的最佳风险资产组合，我们称其为市场组合。需要注意的是，市场组合与投资者对收益率和风险的偏好没有关系，在确定投资者的风险偏好之前，就可以确定投资者的最佳风险资产组合。

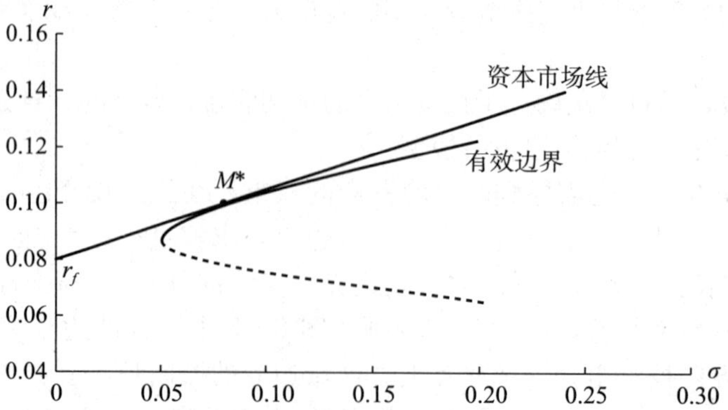

图 8-6　无风险资产与风险资产市场组合

然而，投资者对收益和风险的偏好并不是没有用处，它决定了投资者在无风险资产与市场组合之间如何分配权重。给定无差异曲线，投资者对权重的选择过程如图 8-7 所示。

投资者越偏好风险，越倾向于赋予市场组合更大的权重，如选择图 8－7 中的切点 a；投资者越厌恶风险，越倾向于赋予无风险资产更大的权重，如选择图 8—7 中的切点 b。

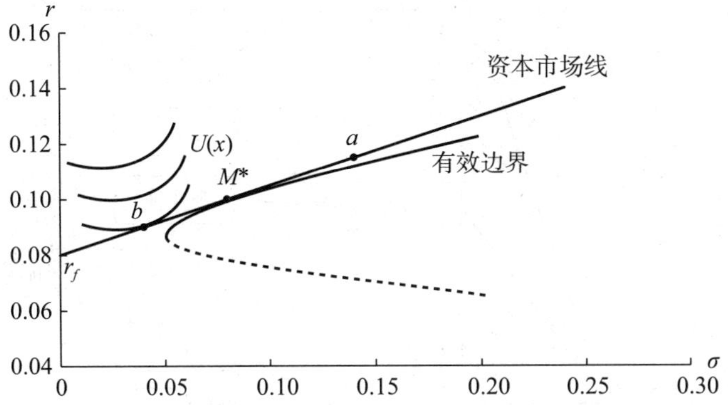

图 8－7　投资者对无风险资产与市场组合投资权重的选择

马科维茨的投资组合理论不仅揭示了组合资产风险的决定因素，更为重要的是还揭示了“资产的期望收益由其自身风险的大小决定”这一重要结论，即资产价格由其风险大小决定，单个资产价格由其方差或标准差决定，组合资产价格由其协方差决定。投资者首先对风险资产进行充分的分散化，再结合无风险资产选择风险资产的市场组合，然后根据自身的风险偏好，分别选择风险资产与无风险资产的投资权重。随着马科维茨的投资组合理论在学界、业界的广泛应用，一些改进和批评的观点也不断出现。

（三）大类资产配置

大类资产配置是指在投资组合中配置不同类别的资产，这些资产具有不同的收益和风险水平，并根据投资者和市场形势进行动态调整。大类资产的投资标的一般包括股票、债券、商品、货币、另类资产等，每个大类资产还可以再进行细分（见图 8－8）。

1986 年美国学者 Brinson、Hood 和 Beebower 发表于《金融分析家杂志》上的题为《组合绩效的决定》的文章表明：投资收益的 91.5%由资产配置决定。由于市场价格的波动受到多方面因素的影响，长期选择正确的时机和资产以实现较高的收益率是一件相对困难的事情，因此在现实中，进行合理有效的大类资产配置以获得较高的收益率成为一个可操作的投资策略。实证检验也表明，大类资产配置对投资收益的贡献要远远大于对时机和对具体股票或债券的选择，这表明在大类资产之间进行分散化比在大类资产内部进行分散化更为有效。

当前中国居民和金融机构均面临大类资产配置的重大课题。根据广发银行与西南财经大学发布的《2018 年中国城市家庭财富健康报告》，2017 年我国城市家庭总资产中房产占比高达 77.7%，金融资产占比仅为 11.8%，而美国家庭总资产中房产占比仅为 34.6%，金融资产占比则高达 42.7%。根据中国人民银行发布的《2019 年中国城镇居民家庭资产负债情况调查》，截至 2019 年 10 月，中国城镇居民家庭户均总资产达 317.9 万元，家庭资产以实物资产为主，住房占比近七成；房贷是家庭负债的主要构成部分，占家庭总负债的 75.9%。与此相比，《中国银行业理财市场年度报告（2020 年）》显示，截至 2020 年末，银行理财市场规模（理财产品存续余额）仅为 25.86 万亿元，从理财产品的大类资产配置看，固定收益类产品存续余额为 21.81 万亿元，同比增长 15.65%，占全部理财产品

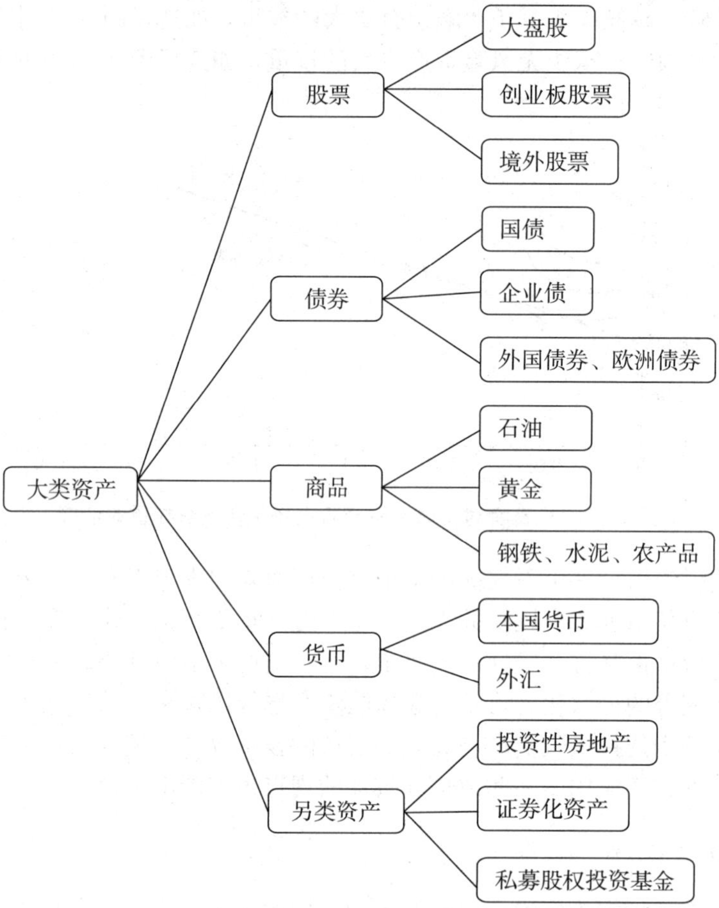

图 8-8　大类资产的种类

存续余额的 84.34%。此外，混合类产品、权益类产品的占比分别仅为 15.36%和 0.3%，我国居民的主要资产配置种类依然是房地产。

海通证券的研究报告对过去 20 多年各大类资产的收益和风险情况进行了统计，结果如下：第一，1992—2016 年，上证综指和深证成指每年收益率的平均值分别为 24.3%、24.6%，标准差分别为 55.5%、71.3%。第二，按照商品房销售额和销售面积，可推算出 2000—2016 年全国商品房房价年平均涨幅为 8.1%，标准差为 6.2%，风险收益比较高，且只有 2008 年房价出现了下跌。第三，商品的风险收益相对较低。按照南华商品综合指数计算，2004 年以来商品每年收益率平均值只有 5.1%，而标准差高达 27.1%。第四，以 10 年期国债代表利率债，2002 年以来每年收益率平均值为 3.8%，标准差为 5.5%。第五，以 1 年期定期存款来代表货币类资产，20 世纪 90 年代以来，每年收益率平均值为 2.5%，标准差为 0.6%。这几类资产可以大致刻画出我国居民资产配置的有效边界，整体上各大类资产的风险和收益是匹配的，更高的收益率通常对应更高的波动率，股票资产显著在有效边界之上，商品则在有效边界之下。①

① 海通证券：中国进入大类资产配置的投资时代. 上海证券报，2017-03-15.

(四) 耶鲁模式

耶鲁模式是指耶鲁大学捐赠基金的投资运作模式，它注重在大类资产上进行分散化投资并取得了成功。耶鲁大学捐赠基金的资产规模从 1985 年的 13 亿美元上升至 2016 年的 254 亿美元，30 年翻了近 20 倍，获得了年化 12.9%的净收益率，比同期标准普尔 500 指数的收益率高出约 6 个百分点，其首席投资官大卫·史文森（David Swensen）被称为最好的机构投资管理人，是仅次于巴菲特的传奇人物。他充分进行分散化配置，大胆将资产配置于债券、股票以外的另类资产，如私募股权投资基金、对冲基金以及不动产等。耶鲁模式的特点是：鉴于择时和证券选择的难度相当大，投资者通常应避免频繁调换投资组合，而是应进行分散化投资，因此资产配置决策成为投资组合管理的基础，也是决定投资收益的最重要的因素。

如上文所述，在资产配置中，两个资产的收益率的相关系数越小，则投资组合的方差越小。在构建多个风险资产的投资组合时，不同风险资产的相关系数越趋向于 0，则投资组合的方差越小。因此耶鲁大学捐赠基金在大类资产之间进行分散化决策时，尽量纳入了收益率相关性较弱的资产。表 8-9 列示了不同大类资产之间的相关系数，从中我们可以发现私募股权投资基金与股票之间的相关系数仅为 0.15，这也说明了耶鲁模式在投资股票、债券的同时重仓另类资产的原因，即在投资组合中加入另类资产可以大大降低投资组合内部的收益率相关性，降低组合风险。

表 8-9　大类资产相关系数

资产类别	股票	债券	发达市场股票	新兴市场股票	绝对收益	实物资产	私募股权投资基金	现金
股票	1							
债券	0.45	1						
发达市场股票	0.6	0.3	1					
新兴市场股票	0.3	0.2	0.5	1				
绝对收益	0.3	0.35	0.3	0.3	1			
实物资产	0.4	0.25	0.25	0.1	0.25	1		
私募股权投资基金	0.15	0.25	0.2	0.1	0.4	0.15	1	
现金	0	0.5	0	0	0	0	0.2	1

资料来源：大卫·F. 史文森. 机构投资的创新之路. 修订版. 北京：中国人民大学出版社，2021.

第三节　资产配置国际分散化：理论与实务

一、资产配置国际分散化理论

(一) 资产配置本土分散化使“资产锚”内生于本国经济系统

简要回顾一下，个人或家庭的财富主要由三部分组成：人力资本、实物资产和金融资产。人力资本是家庭成员通过工作在未来获取的所有收入的当前价值。为了保护这一价值免遭意外和伤病影响，我们可以购买人寿保险和意外保险。为了保障房产和汽车等实物资产的价值，我们可以购买相应的房屋保险和机动车辆保险。保险的本质是建立分担机制以实现风险的分散化，所以购买保险的结果是把原来个别家庭承担的损失和不幸分散给千家万户。我们通常不会为金融资产购买保险，这是因为可以通过分散化管理来降低金融资产的非系统性风险，因此，金融投资只承担必要的、能够获得合理收益的系统性风险。由此可见，对财富的风险管理的核心也是分散化。在个别风险已经被完全规避了的情况下，剩下的就是系统性风险。此时，家庭的财富命运不再取决于一人一事，而是取决于所在的经济系统。一般来说，这个经济系统就是你所在的国家。

（二）中国资产与其他全球资产的关系

根据瑞士信贷银行发布的《2018 年全球财富报告》，在截至 2018 年中期的 12 个月内，全球家庭总财富增加了 14 万亿美元，其中中国增加了约 2.3 万亿美元，中国家庭总财富接近 52 万亿美元，排名世界第二（见表 8－10）。这意味着，一方面，任何国家的财富管理都不能忽略对中国资产的配置；另一方面，若中国家庭的资产配置只盯住本国“资产锚”，也并不能真正地实现国际分散化。

表 8－10　2018 年度家庭总财富实际增量全球排名

国　家	金额（十亿美元）	排　名
美　国	6 325	1
中　国	2 266	2
德　国	982	3
法　国	953	4
英　国	930	5
意大利	523	6
日　本	462	7
韩　国	388	8
西班牙	297	9
荷　兰	185	10

二、资产配置国际分散化理论的基本观点

耶鲁大学席勒教授是行为金融学的主要创始人之一，也是 2013 年诺贝尔经济学奖得主。从 1993 年起，他就在其学术专著和畅销书中一以贯之地强调一个经典思想：创建国际宏观风险对冲市场，帮助个人和家庭对冲他们尚未意识到的巨大风险——单个国家自身的经济风险。

席勒讨论的正是我们普通人认为不可能管理的系统性风险，人类至今为止所有的风险管理手段都只能用来管理个别的非系统性风险，面对系统性风险时无能为力。也就是说，个人和家庭不可避免地身处某个国家或者经济体，一旦这个国家或者经济体发生激烈的社

会经济政治动荡，那么个人和家庭在这个特定的国家之内，其家庭总财富——人力资本、实物资产以及所有投资和保险——都会受到系统性风险的冲击。

席勒给出了具有创造性的解决方案：创设宏观证券，对冲宏观的系统性的国别风险。举例来说，一个新兴市场经济体的家庭有可能面临本国的政治动荡风险以及经济发展停滞风险，只要身处该经济体内，这一风险就无法在体系内部分散，因而成为每个家庭必须承受的系统性风险。为了避免这种风险，这个家庭可以购买其他国家或者经济体的宏观证券，从而在本国经济表现不尽如人意时从其他经济体获得经济增长收益。

至今为止，席勒的设想还仅仅停留在理论层面，虽然席勒本人创建的公司已经设计了国别宏观证券并为此申请到了美国专利，但是毕竟还没有在任何金融市场上真实交易。实践中，最接近这种宏观证券的金融工具是新加坡于 2002 年向全体新加坡居民发放的 NEW 新加坡股票（NSS），该股票的发行总额最高达到了 27 亿美元，不仅有 3%的保底利息收益，而且根据新加坡的经济增长率支付股息，股息率高的时候能达到 10%左右（见表 8-11）。这样一来，新加坡所有居民都可以分享到国家经济增长的好处，但是 NSS 无法在市场上进行交易，也不能向外国人出售，所以它既不能帮助新加坡居民对冲自己国家的宏观风险，也不能帮助其他国家的居民获得新加坡经济增长的收益。

表 8-11　NSS 的股息率

开始日期	股息率（%）	截止日期
2002-03-01	1.0	2002-02-15
2003-03-01	5.2	2003-02-15
2004-03-01	4.1	2004-02-15
2005-03-01	11.4	2005-02-15
2006-03-01	9.4	2006-02-15
2007-03-01	10.9	2007-02-15

三、资产配置国际分散化的本土偏好现象及其形成原因

（一）资产配置国际分散化的本土偏好现象

按照投资组合分散化的要求，投资者在进行投资决策时不应该表现出任何地理偏好，但是许多研究表明，投资者偏好本国证券。从理论研究看，French 和 Poterba（1991）最早提出了“本土偏好”的概念。他们发现，尽管国际分散化投资能有效降低投资风险，但美、日、英三国的投资者分别将 94%、98%和 82%的资金投给了他们更为熟悉的本国证券。Coval 和 Moskowitz（1999）发现，美国的机构投资者喜欢投资于总部在其基金公司附近的公司。在他们的实证研究中，美国基金管理者所持有的投资组合中，每 10 只股票中就有 1 只股票的公司总部位于基金管理者所在城市。Deogun（1997）发现，可口可乐公司高达 230 亿美元的股票（大约占该公司总市值的 16%）被佐治亚州的投资者持有，且这些股票中的绝大部分被掌握在亚特兰大的投资者手中，而可口可乐公司的总部就在亚特兰大。

从实践来看，即使在已经存在了上百年的发达资本市场，“本土偏好”仍然是这些市场上的投资者绕不过去的一道坎。图 8－9 列示了 Vanguard 全球投资报告中美国、英国、澳大利亚和加拿大四个市场的投资组合占比情况，其中黑色代表各国投资于本土市场的比重，浅灰色代表本土市场占全球市场的比重，深灰色代表本土偏好所导致的超配比率。数据表明，截至 2010 年，最为开放的美国市场仍然对本国市场超配约 30%，而澳大利亚对本国市场超配约 70%，英国和加拿大分别超配 42%和 60%。试想一下，作为一位澳大利亚的投资者，澳大利亚本国股市占全球股票市场市值仅为 3%，但是投资者竟然把绝大部分资产投资于澳大利亚本土股市，而忽视了全球股市的投资收益，并且放弃了分散化带来的降低风险的好处，这还是发达市场的投资者吗？

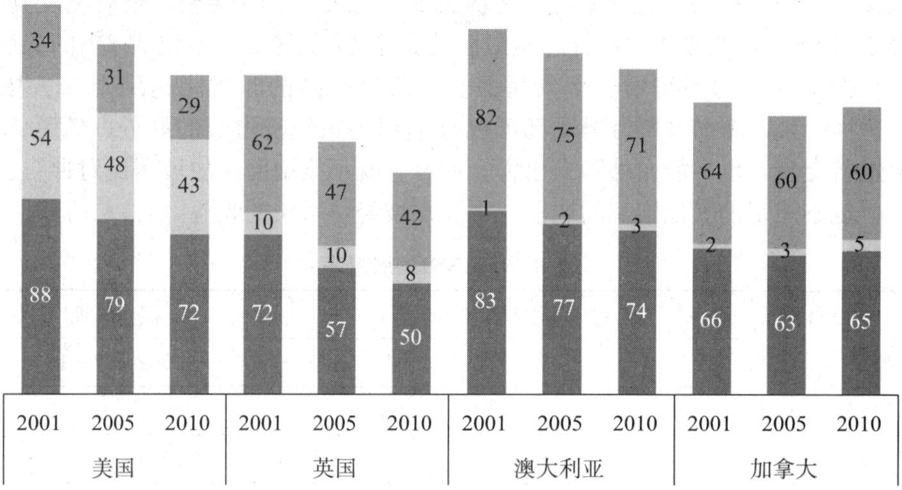

图 8－9 2001—2010 年美国、英国、澳大利亚与加拿大的资产配置情况（%）

事实上，新兴市场投资者的本土偏好比发达国家要有过之而无不及。图 8－10 中的数据显示，截至 2017 年末，中国股市占全球市场的比例仅为 3%，和澳大利亚类似，但是有多少人会把超过一半的资产配置在海外市场呢？

（二）资产配置国际分散化的本土偏好现象的形成原因

造成投资者的本土偏好现象的原因是多方面的，大体可以从交易成本、资本流动障碍、信息不对称以及行为金融学等角度来解释，我们对其做一简要分析。如果获取和持有外国股票的成本很高，以至于超过了在国内购买和持有股票的成本，那么投资者会将他们的财富投资于国内。外国在税收、资产交易等方面的制度障碍往往会导致资本流动障碍，从而使投资者偏好投资于本土市场。许多关于信息不对称的理论模型证明了，国内投资者由于拥有关于国内股票市场收益的更多且更加准确的信息，因而更青睐国内股票。其中信息不对称问题主要表现为两种形式：一是不能正确评估基础资产价值，比如因各国会计准则、披露要求和监管环境差异所造成的信息成本；二是金融危机下政府的道德风险。此外，行为金融学从心理学视角对投资者的本土偏好进行了解释。比如，个人投资者偏好投资于熟悉的公司，公司的语言、文化和投资者与公司之间的距离是关于熟悉的三个重要方面。投资者往往更加关注自己熟悉的公司，做出以注意力为基础的购买行为，表现出“熟

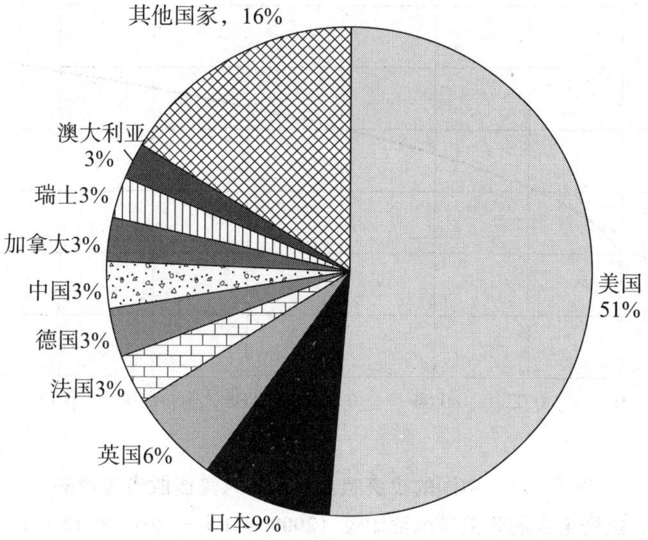

图 8－10　2017 年末富时（FTSE）全球指数成分股的国别配置

悉投资”偏好。或者，投资者对本土市场抱有主观信任（Subjective Competence）和不对称期望（Asymmetric Expectation），由此导致了国内偏差投资等。

当然，本土偏好的存在似乎有充分的理由，比如缺少投资应该具备的信息、资金出入境需要成本等，但在信息全球化的当今，这些已经不是重要问题，并不会引起显著的投资成本上升。事实上，能否跨越本土偏好形成的投资舒适区域，已经成为衡量一位投资者是否足够理性和成熟的标志之一。接受过更好的投资理财教育并且拥有更多投资经验的投资者相应地也会拥有更加分散化的投资组合。

四、资产配置国际分散化：实务

（一）资产配置国际分散化是否有益于中国投资者

为了简化分析，我们假设只考虑投资中国沪深 300 指数和上证国债指数，图 8－11 中靠下的线条表示由这两种资产构成的投资组合的收益与风险。但是，如果中国投资者在其投资组合中加入美国股市资产，那么资产配置国际分散化会带来什么好处呢？假设在投资组合中加入美国股市资产如标普 500 指数，图 8－11 中靠上的线条体现了新的投资组合的收益与风险。很明显，加入美国股市资产后，资产配置国际分散化的好处就显示出来了，投资者可以获得更高的投资收益，同时显著降低投资风险。

（二）全球指数基金和国际地产配置

个人或家庭最关心的是如何进行资产配置国际分散化的实务操作，通常而言，有两条途径：一是持有全球化分散指数基金，二是进行国际地产配置。前者类似于公募，全球公开发行，信息透明；后者类似于私募，差异化极大，必须进行单独的尽职调查。我们以博格创建的领航基金作为全球化的国际分散的指数基金作为案例进行简单介绍。领航基金的

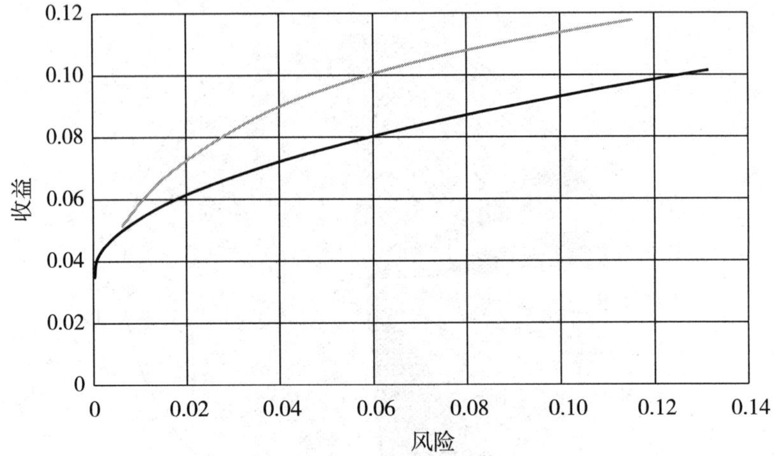

图 8-11 中国的投资组合以及加入美国股市资产的投资组合的收益与风险比较（2009 年 1 月—2018 年 12 月）

国际分散化股票投资 ETF 作为一只指数基金，吸引了全球 178 亿美元资产，基金费率低至惊人的 0.1%，相比而言，配置策略更为简单的上证 50 指数 ETF 的费率则高达 0.5%。图8-12 列示了领航基金的国际分散化股票投资 ETF 的投资地域配置：57.20%的资产配置在北美，18.80%的资产配置在欧洲，13.60%的资产配置在环太平洋地区，10.00%的资产配置在新兴市场，等等。该基金以低成本实现了全球化的“资产锚”。从业绩表现看，该基金过去 10 年的平均业绩接近 10%，并且相对于只投资单个经济体的基金而言，业绩更为稳定。

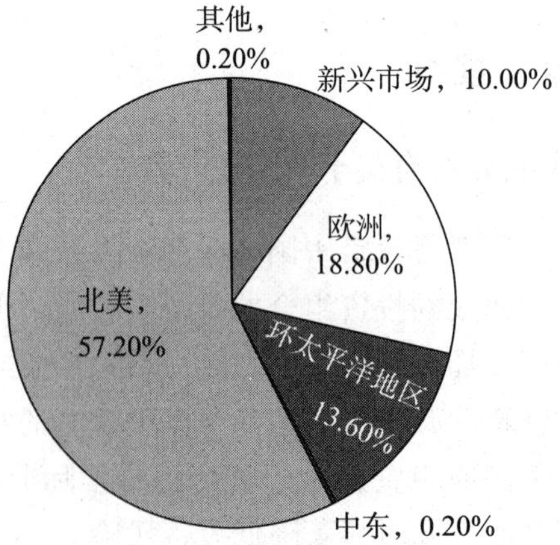

图 8-12 2019 年 1 月 31 日领航基金的国际分散化股票投资 ETF 的投资地域配置

低成本的国际分散化指数基金适用于几乎所有中产家庭。相比之下，国际地产配置更适合高净值家庭。一方面，不同国家的家庭对财富配置的偏好存在显著差异。瑞士信贷银行发布的《2018 年全球财富报告》表明，中美两国的家庭资产结构正好相反，中国家庭财富的大头配置于房地产，剩余部分配置于金融资产。美国家庭财富中的金融资产占比较高，而房地产占比仅 35%左右。从世界范围看，多数国家的家庭资产配置结构都与美国相似。需求差异导致国内房价与国际房价存在显著差异，这意味着如果中国家庭选择在国外配置房产，那么仍然存在一定的套利空间。当然，套利空间取决于国内外对房产估值的差异。另一方面，国际地产配置并不仅仅是简单的投资组合，而是可能涉及居住环境改变、子女教育变迁等重大变化，因此必须亲自进行深度的尽职调查，以降低风险。

第四节　资产组合管理案例

一、理想收益率与必要收益率的计算

人生怎样才能过得更美好？不同学科有不同的答案。经济学把人生的美好程度简化成了一个可以量化，因而相对简单的指标，那就是效用。如果某个事物能给你带来更大的满足感和幸福感，就意味着它给你带来了更大的效用。对于每一个普通人来说，实现自己的想法或者梦想能够使自己的生活变得更加美好。金融学中的个人理财进一步把想法或者梦想简化为现金流匹配，研究如何通过恰当的投资与风险管理帮助普通人实现想法或者梦想。我们下面通过案例来介绍理想收益率与必要收益率的计算。

（一）理想收益率的计算

以即将毕业工作的张兴为例，他的梦想是在工作后第 3 年买一辆价值 15 万元的汽车（本节案例均假设货币购买力保持不变，即不考虑通货膨胀的影响），工作第 8 年支付首付款 120 万元购买一套公寓。假设他现在手头拥有家庭给予的 30 万元资金，未来每年的工作收入为 12 万元，消费 6 万元，储蓄 6 万元，那么需要获得多高的投资收益率才能实现他的梦想？

表 8 - 12 通过 Excel 表格计算出，张兴要实现他 3 年买车、8 年买房的梦想，需要达到的收益率为 12%。根据前面学习的知识，股票市场的年化收益率也只有 7%左右，因此这一理想收益率的实现存在较大难度。

表 8 - 12　张兴的理想收益率计算

	A	B	C
1	计算投资收益率		
2	年份	现金流入与流出	
3	0	30	
4	1	6	
5	2	6	
6	3	-9	
7	4	6	
8	5	6	
9	6	6	
10	7	6	
11	8	-114	
12			
13	投资收益率	12%	<-- =IRR(B3:B11)

(二) 约束条件变动时的收益率计算

再假设张兴可能面临的另外一种情况：他的梦想保持不变，即工作后第 3 年买一辆价值 15 万元的汽车，工作第 8 年支付首付款 120 万元购买一套公寓房。但是，他目前没有家庭给予的任何资金，且未来每年的工作收入只有 8 万元，他消费 4 万元，储蓄 4 万元。此时，他需要获得多高的投资收益率才能实现他的梦想呢?

表 8-13 通过 Excel 表格计算出，张兴需要获得的投资收益率为 59%。可以看到，当张兴的约束条件变得更为不利时，要实现购车购房的目标要求获得更高的收益率，几乎很难通过常规的大类资产配置实现。毕竟即使被誉为股神的巴菲特领导的投资基金，在 1965—2018 年这长达半个世纪的投资期限中，其年化投资收益率也只有 20% 左右。

表 8-13 张兴更改约束条件后的收益率计算

	A	B	C
1	计算投资收益率		
2	年份	现金流入与流出	
3	0	0	
4	1	4	
5	2	4	
6	3	-11	
7	4	4	
8	5	4	
9	6	4	
10	7	4	
11	8	-116	
12			
13	投资收益率	59%	<-- =IRR(B3:B11)

(三) 调整梦想后的收益率计算

假设张兴确实没有家庭给予的 30 万元资助且每年工作收入下降为 8 万元，由于计算出来的投资收益率脱离现实，他决定调整梦想：工作后第 10 年买一辆价值 10 万元的汽车，工作后第 15 年支付首付款 80 万元购买一套公寓。由此计算出来的收益率为 6%（见表 8-14）。

通过以上案例可以发现，实现个人的梦想需要一个合适的投资收益率。如果这个投资收益率能够帮助你实现最理想的生活，那么可称它为理想收益率（Desired Rate of Return）；如果这个投资收益率能够帮助你实现相对较低标准的生活质量，那么可称它为必要收益率（Required Rate of Return）。从张兴的案例看，第一种情形下的 12%和第二种情形下的 59%都属于理想收益率，虽然 12%较为现实可行，而 59%不切实际。第三种情形下的 6%在一定程度上属于必要收益率，可以看作张兴面对现实做了较大程度的妥协，并按妥协后的生活方式进行规划的收益率。

表 8-14　张兴调整梦想后的收益率计算

	A	B	C
1	计算投资收益率		
2	年份	现金流入与流出	
3	0	0	
4	1	4	
5	2	4	
6	3	4	
7	4	4	
8	5	4	
9	6	4	
10	7	4	
11	8	4	
12	9	4	
13	10	-6	
14	11	4	
15	12	4	
16	13	4	
17	14	4	
18	15	-76	
19			
20	投资收益率	6%	<-- =IRR(B3:B18)

二、股票收益率的计算

假设投资者于 2016 年 2 月 29 日以收盘价每股 10.01 元购买了东方电气（600875）1 000股，并持有该股票至 2016 年 5 月 31 日，当天的收盘价为每股 10.07 元。在此期间东方电气公司未支付任何股利。试计算期间收益率与年化收益率。

表 8-15 列示了计算过程，期间收益率为 0.60%，年化收益率为 2.42%。可以看到，该股票的持有期间约为一个季度，年化收益率高于期间收益率的 4 倍，原因在于年化收益率的公式是按复利计算的。

表 8-15　东方电气的收益率计算

	A	B	C	D	E	F	G
1	证券代码	时间	收盘价（元/股）	期间收益率	计算公式	年化收益率	计算公式
2	600875	2016-02-29	10.01				
3	600875	2016-05-31	10.07	0.60%	<-- =(C3-C2)/C2	2.42%	<-- =(1+D3)^4-1

假设投资者于 2011 年 12 月 30 日以收盘价每股 4.69 元买入中国远洋（601919）1 000 股，持有至 2016 年 6 月 30 日，当日收盘价为每股 5.09 元。在此期间，公司未支付任何股利。试计算期间收益率与年化收益率。

如表 8-16 所示，投资者持有中国远洋的期间收益率为 8.53%，年化收益率为 1.84%。需要特别注意的是，股票的持有期限是 2011 年末至 2016 年 6 月末，共经历了 4.5 年，因此在计算年化收益率时的指数是以 1 年除以 4.5 年，当然也可以用 12 个月除以 54 个月，结果是一样的。

表 8-16 中国远洋的收益率计算

	A	B	C	D	E	F
1	时间	收盘价(元/股)	期间收益率	计算公式	年化收益率	计算公式
2	2011-12-30	4.69				
3	2016-06-30	5.09	8.53%	<-- =(B3-B2)/B2	1.84%	<-- =(1+C3)^(1/4.5)-1
4						

三、投资组合选择实务

李女士是一家上市公司的部门经理，年薪 50 万元，经过多年打拼目前拥有 450 万元的存款，并持有价值 800 万元的公司股票。公司会定期给她缴纳保险，且这些保险在她退休后也有效。她认为自己虽然薪资水平不低，但开支较大，因此在投资方面趋于保守，设定的目标是年资产收益率达到 6%（未剔除通货膨胀率的影响），并且她不能接受投资组合相较投资金额年跌幅超过 14%。假设年通货膨胀率为 3%，且不考虑税收的影响，请帮助她从表 8-17 所列的五种资产配置组合中选出最适合的方案。

表 8-17 可能的资产配置方案（%）

资产类别（期望收益率）	资产配置方案				
	A	B	C	D	E
企业债（6.5%）	20	40	20	10	30
国债（5.0%）	80	30	0	10	30
股票（10.5%）	0	20	40	30	0
房地产（10.0%）	0	0	20	20	20
风险投资（15.0%）	0	10	20	30	20
期望收益率	5.30	7.70	10.50	10.80	8.45
期望标准差	6.75	10.98	10.40	13.40	10.75

从上文中可以看出，李女士的资产状况较好，承受风险的能力较强，但她不能接受投资收益率跌幅超过 14%，说明其对风险的态度较为保守。因此，对李女士来说，其资产配置应采用如下步骤进行：

（一）确定满足投资者收益率要求的资产配置方案

根据已知信息，我们利用期望公式计算出每种资产配置方案的期望收益率，用期望收益率减去通货膨胀率后得到实际期望收益率，具体结果见表 8-18。由于资产配置方案 A 的期望收益率为 5.30%，低于李女士 6%的期望收益率，因此首先排除该方案。

（二）确定满足投资者风险要求的资产配置方案

在实际操作中，通常用"期望收益率－2×期望标准差"的方式来估计最差名义收益率，计算结果如表 8-19 所示。由于李女士不能接受投资组合相较投资金额年跌幅超过 14%，而方案 B 和 D 的最差名义收益率分别为－14.26%和－16.00%，因此满足条件的资产配置方案只剩下 C 和 E。

表 8-18　实际期望收益率的计算（%）

	A	B	C	D	E
期望收益率	5.30	7.70	10.50	10.80	8.45
通货膨胀率	3.00	3.00	3.00	3.00	3.00
实际期望收益率	2.30	4.70	7.50	7.80	5.45

表 8-19　风险要求的计算（%）

	A	B	C	D	E
期望收益率	5.30	7.70	10.50	10.80	8.45
期望标准差	6.75	10.98	10.40	13.40	10.75
最差名义收益率	−8.20	−14.26	−10.30	−16.00	−13.05

（三）选择有效资产配置组合

进一步比较方案 C 和 E，其中方案 C 的期望收益率为 10.50%，最差名义收益率为−10.30%，而方案 E 的期望收益率为 8.45%，最差名义收益率为−13.05%，因此李女士应当选择方案 C 作为最优的资产配置组合方案。

关键术语

理想收益率　　必要收益率　　资产大类　　投资组合管理　　资产配置国际分散化

习　题

1. 如果你自上市首日（2004 年 6 月 16 日）持有腾讯控股（00700.HK），截至 2017 年 12 月 31 日，你的投资收益率是多少？截至 2021 年 12 月 31 日，你的投资收益率又是多少？腾讯控股的股价数据可从东方财富网查询。

2. 请从行为金融学的角度谈谈个人投资者为何偏好投资于熟悉的公司。

3. 考虑一个风险资产组合：年末来自该资产组合的现金流可能为人民币或美元，二者概率相等，均为 0.5；可供选择的无风险国库券年利率为 6%。

（1）如果投资者要求 8%的风险溢价，则投资者愿意支付多少钱去购买该资产组合？

（2）假定投资者以（1）中的价格购买该资产组合，该投资的期望收益率为多少？

（3）假定现在投资者要求 12%的风险溢价，则投资者愿意支付的价格是多少？

（4）比较（1）和（3）的答案，关于投资者所要求的风险溢价与售价之间的关系，你可以得出什么结论？

第9章
投资产品选择：基金与理财产品规划

本章要点

1. 基金的主要分类
2. 基金业绩评价
3. 基金投资策略
4. 基金交易策略
5. 银行理财产品的选择

第一节　基金投资基础知识

知识讲解

证券投资基金
及其类别

投资者直接进行股票和债券投资面临如下问题：一是不容易实现投资分散化。通常而言，个人投资者的投资金额一般较少，只能投资于数量较少的若干只股票，这就限制了投资者通过持有不同的股票分散风险的能力。二是无法享受优惠的交易费率。由于普通投资者的交易规模很小，因而交易费用相对更高。三是缺乏相关的信息和分析技能。个人投资者受精力和经验限制，在大类资产及具体的证券品种选择上缺乏足够的信息和分析技能。证券投资基金（简称基金）恰恰可以较好地解决上述三个问题。本节先来介绍有关基金投资的基础知识。

基金是一种利益共享、风险共担的集合证券投资方式。基金投资是指集中投资者的资金，由基金托管人委托基金管理人管理和运用资金，从事股票、债券等金融投资，并将投资收益按基金投资者的投资比例进行分配的一种间接投资方式。需要注意的是，本节所说的基金主要是指证券投资基金。对于我国投资者而言，选择证券投资基金是参与金融市场的重要方式。证券投资基金在不同国家和地区有不同的名称，美国称为“共同基金”（Mutual Fund），英国和我国香港地区称为“共同信托投资基金”（Union Trust），日本和我国台湾地区称为“证券投资信托基金”（Security Trust Fund）。

一、我国基金市场的发展历程

如果你或你身边的家人朋友使用过余额宝的话，那么这已经是投资基金的行为了。余额宝是天弘基金管理公司发行并管理的一只货币市场基金，2018年底其用户数量突破6亿，堪称国民级理财产品，它的出现让基金投资走入了寻常百姓家。

中国基金行业诞生于 1985 年，至今已存在了近 40 年，但走过了西方基金发展的近百年历程。1991 年 10 月，我国第一批老基金“武汉证券投资基金”和“深圳南山风险投资基金”成立。1998—1999 年，南方、国泰、华夏等 10 家基金管理公司先后设立，成为“老十家”。后经过清理规范，2003 年全国 75 只老基金规范合并为 29 只，上市募资金额达 197 亿元。2001 年 9 月，我国第一只开放式基金——华安创新基金——对外发售，正式拉开了公募基金产品进入开放式基金时代的序幕。2002 年底，开放式基金已迅速增加到 17 只。开放式基金由于相对封闭式基金而言存在较多优势，因此逐步取代了封闭式基金。2003 年末，3 只货币市场基金发行。不过直至 2005 年，基金公司在资本市场上的话语权都不大，这一方面是因为基金业规模相对较小，另一方面是因为价值投资理念尚未得到普遍认同，“坐庄”模式大行其道。2006 年后股市走强，基金投资者实现盈利，基金开始热销，投资者必须按比例认购基金，对基金的态度也开始大转弯。2007 年，证券市场迎来单边上涨行情，公募基金规模呈现井喷式增长，最高达 3.2 万亿元。

2008 年后，受美国次贷危机影响，我国证券市场出现震荡下跌，基金净值大幅缩水，众多投资者纷纷赎回已投资份额，导致公募基金份额大幅缩水，公募基金净值缩减至 1.9 万亿元。随着国家四万亿刺激政策推出后股市回暖，基金行业逐渐复苏，基金行业陆续推出多个创新品种，如避险型基金、指数型基金等，目前已经运作的交易型开放式指数基金（ETF）包括上证 50ETF、深证 100ETF、上证 180ETF、中证 500ETF 等。2014 年底股票市场新一轮牛市开启，基金行业再次迎来快速增长。2015 年下半年股市发生反转，基金规模增速放缓，维持在合理水平。图 9-1 列出了 2007—2018 年 5 月我国排名前十的公募基金的产品规模。

2007	2010	2013	2016	2018-05
华夏基金 2 657	华夏基金 2 247	华夏基金 2 282	天弘基金 8 505	天弘基金 19 904
博时基金 2 215	嘉实基金 1 603	天弘基金 1 943	华夏基金 5 031	易方达基金 6 670
嘉实基金 2 069	易方达基金 1 453	嘉实基金 1 659	工银瑞信 4 822	工银瑞信 6 099
南方基金 1 929	博时基金 1 162	易方达基金 1 454	易方达基金 3 941	建信基金 5 706
易方达基金 1 721	南方基金 1 158	南方基金 1 452	南方基金 3 367	南方基金 4 771
大成基金 1 398	广发基金 1 036	中银基金 1217	嘉实基金 2 976	华夏基金 4 307
广发基金 1 377	大成基金 994	广发基金 1 169	汇添富基金 2 846	博时基金 4 176
华安基金 1 074	银华基金 855	工银瑞信 1 094	博时基金 2 497	中银基金 4 028
景顺长城 1 069	华安基金 816	博时基金 1 052	中银基金 2 446	汇添富基金 3 987
上投摩根 968	富国基金 621	华安基金 827	招商基金 2 407	嘉实基金 3 868

时间

图 9-1　2007—2018 年 5 月我国排名前十的公募基金的产品规模（亿元）

根据《2021年中国金融产品年度报告》，2020年公募基金行业迎来发展战略机遇期。截至2020年末，资产管理规模达19.89万亿元，相对于2019年新增了34.66%；全市场基金份额达17.03万亿份，相对于2018年新增了24.4%（3.34万亿）。2020年全年发行基金产品1 432只，合计发行规模达31 535.74亿份。其中，主动偏股型基金（普通股票型基金+偏股混合型基金+平衡混合型基金）合计发行规模达15 191亿份，占总发行规模的48.17%。

随着公募基金产品的持续扩容，目前公募基金在股票市场A股流通市值中的占比也不断提升。截至2020年末，公募基金全行业持股市值达53 003.5亿元，占A股流通股市值的比例为8.24%，较2018年底的4.38%提升了3.86个百分点。在公募基金行业内，业务创新的方向也与资本市场息息相关，比如科创主题基金、战略配售基金、新三板精选层产品以及公募房地产投资信托基金（REITs）等。公募基金行业在居民财富管理与资本市场之间建立了联系，将成为国民经济和金融体系中的重要组成部分。

二、证券投资基金的类别

1. 按是否公开募集划分

按照是否公开募集，我们可以将基金分为公募基金和私募基金。公募基金面向社会公众公开发售，起点金额比较小，适合中小投资者参与，各类信息披露及监管要求相对比较严格。私募基金则是面向特定投资者发行的，单笔投资金额要求较高，适合风险承受能力较强的投资者。

2. 按基金单位是否可以增减划分

依据基金单位是否可以增减，我们可以将基金分为开放式基金和封闭式基金。封闭式基金的发起人在设立基金时，限定了基金的发行总额，并规定了一个明确的封闭期，在封闭期内不再接受新投资的基金。封闭期结束后，可以视情况选择不同的后续运作，如清盘结束、继续封闭运营或转换为开放式基金。在基金封闭期内，如果投资者希望撤出投资，只能向其他投资者出售自己的份额，而不能向基金要求赎回。比如，成立于2019年7月18日的招商3年封闭瑞利混合基金（基金代码：161729）于3年封闭期结束后转为开放式基金。

开放式基金是指基金单位可以增减，发行者可根据经营策略和发展需要追加发行、投资者可以根据市场状况和投资决策随时申购或赎回的基金。开放式基金一般没有存续期的规定。如果投资者决定申购，开放式基金可以用这一部分新筹集的资金再进行投资；如果投资者决定赎回，则开放式基金必须将投资组合中的现金或非现金资产变现，以用于支付，赎回金额按赎回时刻基金单位净值扣除手续费后的价格确定。因此，开放式基金对基金管理人的流动性管理能力提出了更高的要求，如果在基金的资产组合中，为了应对投资者赎回，配置的现金、货币市场基金等流动性资产过多，则会损失投资收益，因为流动性较好的资产的投资收益率较低；而如果配置的现金等流动性资产过少，则又存在无法满足投资者赎回需求的风险。

3. 按投资对象不同划分

根据投资对象的不同，我们可以把基金划分为股票型基金、债券型基金、混合型基金、货币市场基金以及保本型基金等。

股票型基金是指以股票为主要投资对象的证券投资基金。通常而言，基金资产的 60%以上投资于股票，股票型基金是市场上最常见的基金品种。普通型股票基金分散投资于各类股票，专门股票基金则把资金投资于某个部门、地区、行业或者具有某种其他特殊性的股票。比如，嘉实环保低碳股票基金（基金代码：001616）成立于 2015 年 12 月 30 日。截至 2021 年末，该基金规模为 59.37 亿元，累计收益率为 200.70%，主要投资标的就是环保低碳产业的相关股票，持仓股票包括生产电动汽车电池的宁德时代、璞泰来等。

债券型基金是指以债券为主要投资对象的证券投资基金。根据中国证监会对基金的分类标准，基金资产 80%以上投资于债券的基金为债券型基金，其中基金资产全部投资于债券的称为纯债券基金。债券型基金所投资的债券包括在银行间市场或交易所市场交易的国债、金融债、企业债和公司债等。另外，投资于可转换债券和新股申购也是债券型基金获得收益的重要渠道。

混合型基金是指同时以股票、债券、货币市场工具为投资对象的证券投资基金。从具体划分来看，投资于股票资产的比例高于投资于债券资产的比例 10 个百分点以上的基金称为混合型偏股基金，比如成立于 2013 年 5 月 3 日的汇添富消费行业混合基金（基金代码：000083）；投资于债券资产的比例高于投资于股票资产的比例 10 个百分点以上的基金称为混合型偏债基金，比如成立于 2016 年 3 月 22 日的长城新优选混合 A 基金（基金代码：002227）；当基金根据证券市场的状况显著改变资产配置的比例，从而进行积极主动的择时交易时，通常称为混合型灵活基金，比如成立于 2014 年 3 月 31 日的中银多策略混合 A 基金（基金代码：000572）。

货币市场基金是指投资于货币市场上短期（一年以内）有价证券的基金。货币市场基金的流动性好、资本安全性高，通常被视为无风险或低风险投资工具。此外，还有专门投资于国外证券市场的 QDII 基金。

保本型基金是指在基金产品的一个保本周期内对所投资的本金提供一定比例的保证的基金。保本型基金通常会设定一个锁定期，锁定期在我国一般是 3 年，在国外甚至达到了 7～12 年。保本型基金的最大特点是其招股说明书中明确了相关的担保条款，即在一定的持有期限内，为投资者提供本金的保障，但投资者若选择提前赎回，不能享受此保障。这类基金在投资者的风险承受能力较弱或是股票市场未来走势不确定时，是一个很好的投资品种，既可以保障所投资本金的安全，又可以从股市上涨中获利，具有特定的优势。我国第一只保本型基金是 2003 年 6 月 27 日成立的南方避险增值基金（基金代码：202202），截至 2021 年 5 月 30 日，其最新净值为 3.506 7 元。

三、证券投资基金的购买渠道、费用与配置建议

（一）基金的购买渠道

通常而言可以通过三种渠道购买基金：直销渠道、银行或券商代销渠道以及第三方独立基金销售机构渠道。

（1）直销渠道。投资者可以到基金公司的柜台直接进行认购、申购或者赎回操作，但是随着互联网技术的发展，投资者更多是在基金公司网站上查询各类信息并直接购买。一般来说，在基金公司网站直接购买基金时，投资者可以在交易费用上获得最大额度的优惠。

（2）银行或券商代销渠道。与直销渠道一样，我们既可以到银行或券商的柜台购买基金，也可以在网上银行购买基金。通常情况下，代销渠道的手续费会高于直销渠道，原因在于银行和券商要从中收取一定的服务费用。

（3）第三方独立基金销售机构渠道。这是新兴的基金销售渠道，一般是借助互联网的方式开展经营。这些基金销售机构的网站上提供了当前在市场上进行交易的几乎所有基金的详细信息，从而便于投资者进行对比和选择。与代销渠道类似，通过这一渠道购买基金的交易费用相对也是较高的。

（二）基金的费用

在购买和持有基金时会产生相关的费用，这些费用通常分成两类：一类是在基金销售过程中发生的由基金投资人自己承担的费用，主要包括基金认购费、基金申购费和基金赎回费等；另一类是在基金管理过程中发生的由基金资产承担的费用，主要包括基金管理费、基金托管费和基金信息披露费等。个人投资者更加关心由自身承担的第一类费用。

基金认购费是指在基金发行募集期内，投资者为购买一定份额的基金而缴纳的费用。通常而言，基金认购费是认购金额与认购费率的乘积，净认购金额为认购金额减去认购费用。

基金申购费是指在基金处于申购开放状态期间，投资者购买一定份额的基金所缴纳的费用。一般来说，基金的认购费率要比基金的申购费率低，原因在于基金公司鼓励投资者参与到新的基金产品中来。还需要注意的是，基金申购费存在前端收费和后端收费两种方式。前端收费是指投资者在购买开放式基金时就支付申购费，后端收费是指投资者在购买开放式基金时并不支付申购费，等到卖出时才支付。后端收费的设计目的是鼓励投资者长期持有基金，因此，后端收费的费率一般会随着基金持有时间的延长而递减甚至免除。

基金赎回费是指在开放式基金存续期间，投资者向基金管理人卖出持有的基金份额时所支付的手续费。赎回费率的高低一般与基金持有期限的长短有关，持有期限越长，赎回费率越低。

基金管理费是由基金资产向基金管理人支付的报酬，基金托管费是向基金托管人支付的费用，基金信息披露费则是在基金募集、上市交易、投资运作等一系列环节中，依照法律法规规定向社会公众进行信息披露所发生的费用。基金管理费和基金托管费均按照基金净值的一定比例定期提取和支付，基金信息披露费则根据基金规模设置不同的标准。

我们以华夏领先股票基金（基金代码：001042）这只股票型基金为例，列示上述各项费用的费率（见表 9-1）。

表 9-1　华夏领先股票基金费率说明

费用种类	条件	费率
基金申购费（前端）	申购金额＜50 万元	1.50%
	50 万元≤申购金额＜200 万元	1.20%
	200 万元≤申购金额＜500 万元	0.80%
	申购金额≥500 万元	1 000 元/笔

续表

费用种类	条件	费率
基金赎回费	持有期限＜7 日	1.50%
	7 日≤持有期限＜30 日	0.75%
	30 日≤持有期限＜365 日	0.50%
	持有期限≥365 日	0
基金管理费		1.50%
基金托管费		0.25%

资料来源：华夏基金官网.

（三）基金的配置建议

对于时间精力有限的投资者而言，如果想要参与股票市场，应注意以下三点：

第一，以基金定投的方式投资指数基金是一个不错的选择。基金定投是基金定期投资的简称，指的是定期以固定金额投资对应基金，这样能够在基金净值较低时购买更多份额，使得持有基金的成本保持在一个相对较低的水平。基金定投在投资指数基金时会有不错的表现，但对于非指数基金效果未必很好。其中的原因是，指数基金会表现出较为明显的周期性特征，无论在牛市还是熊市，价格的下跌、上涨等整理过程会比较充分，在此期间定投能够有效摊薄持有成本，投资者因而更容易赚取利润。而对于非指数基金而言，由于该类基金通常定期调整持仓股票，并使用多种策略尽量减少基金净值的回撤，因此此时使用定投方式，其持仓成本很难被有效摊薄，容易越买越贵，效果不佳。总体而言，基金定投并不一定能保证盈利，但是能帮助投资者以一个相对较低的持仓成本进行投资，比较适用于指数基金。

第二，不要频繁交易基金。每一只基金都会有对应的投资策略，大部分投资策略很难在市场的每个时期都奏效。举例来说，许多专注于个股选择策略的基金在大盘振荡时业绩不佳，但在市场环境转良时表现不错；许多专注于资产配置和对冲策略的基金在大盘振荡时业绩不错，但在市场普涨的情况下为了对冲风险，会牺牲部分收益。加之频繁交易基金还会带来高昂的手续费，因此，如果看好一只基金，持有时间不宜过短。

第三，在挑选具体基金时，重点参考该基金及基金经理的历史业绩。对股票型基金而言，能够在牛市和熊市均有不俗的业绩，是实力强的表现。拿债券型基金来说，在过去的很长时间内，我国债券市场的违约风险较低，因此可将基金盈利能力作为重要指标。但需要注意的是，当前债券的违约风险正逐渐上升，因此可适当将业绩平稳性太差的债券型基金排除在选择范围外。拿货币基金来说，其风险和交易成本较低，不少货币基金的交易成本甚至为零，因此可以选择当前收益较高、基金平台较可靠的产品进行投资。

知识讲解

基金业绩评价

第二节 基金业绩评价

一、基金业绩评价

在决定购买基金之后，需要挑选一只适合自己投资的基金。投资者通常最关注的是投资的风险和收益。首先应当仔细阅读基金契约、招募说明书或公开说明书等文件，并从基金网站或管理公司网站等正规途径了解基金信息，以便真实、全面地了解基金和基金管理公司的收益、风险、以往业绩等情况。在有关基金的各项信息中，重点是基金的业绩表现，因为它可以衡量基金经理的投资能力。那么，有哪些指标可以帮助我们进行基金业绩评价呢？

（一）基金单位净值

最传统和最直观的方法之一是比较基金单位净值。从基金总资产中扣除各项费用和负债后的余额即基金总净资产，基金总净资产除以基金总份额即得到基金单位净值。其公式如下：

$$NAV=TAV/UNIT \tag{9-1}$$

其中，NAV 代表基金单位净值，TAV 代表基金总净资产，$UNIT$ 代表基金总份额。

开放式基金的基金单位交易价格取决于申购、赎回行为发生时的基金单位净值。通过基金单位净值是上涨还是下跌，我们就能判断基金是盈利还是亏损。

（二）基金收益率

另一个传统和直观的指标是基金收益率。了解了基金单位净值的概念后，用期末基金单位净值减去期初基金单位净值，再加上基金的利息或分红就能得到当期基金收益，再用当期基金收益除以期初基金单位净值，就能得到基金收益率。其公式如下：

$$R=(NAV_1-NAV_0+C)/NAV_0 \tag{9-2}$$

其中，R 表示基金收益率，NAV_1 表示期末基金单位净值，NAV_0 表示期初基金单位净值，C 代表基金的利息或分红。

计算出基金收益率后，我们要认识到这只是基金的绝对收益，很多时候这个数字要通过与其他数字进行比较才能显示出价值。首先要跟基金设定的“及格线”——业绩比较基准——进行比较，二者的差额反映了基金的相对收益率，更好地反映了基金的真实业绩水平。

股票型基金的业绩比较基准一般采用比例为80%、85%、90%的股票指数加上相对较小比例的债券指数或者银行存款利率。主要投资于中小盘股的股票型基金一般会采用中小盘指数作为业绩比较基准的组成部分之一。主要投资于大盘蓝筹股的股票型基金多以沪深300指数作为业绩比较基准的组成部分之一。指数基金往往采用一定比例的标的指数收益率加上银行同业拆借利率作为业绩比较基准，多数情况下会选择95%的标的指数收益率与

5%的银行同业拆借利率进行组合，也有些股票型基金会与中债指数挂钩，比如易方达消费行业股票型基金的业绩比较基准是85%的中证内地消费主题指数收益率与15%的中债总指数收益率的组合。这些有关业绩比较基准的信息会在基金的招募说明书或者第三方网站的“基金概况”中披露。

债券型基金可以分为纯债型基金和增强类债券基金，两者的区分标准是业绩比较基准中是否包含股票类指数。通常而言，纯债型基金的全部资金都投资于债券和现金，一般都会选取固定的债券指数（比如中债综合指数收益率）或者某一债券指数加上银行存款利率作为业绩比较基准。增强类债券基金可选择中债总指数收益率作为业绩比较基准，比如成立于2008年12月3日的银华增强收益债券基金（基金代码：180015）即是如此。

混合型基金的业绩比较基准差别可能会很大，主要体现在股票指数与债券指数的权重关系设定上，这也是判断该基金是混合型偏股基金、混合型偏债基金还是混合型灵活基金的标准之一。比如，汇添富消费行业混合基金（基金代码：000083）的业绩比较基准是“中证主要消费行业指数×40%＋中证可选消费行业指数×40%＋上证国债指数×20%”，主要以股为主，因此可判断这是一只混合型偏股的基金；中银多策略混合A基金（基金代码：000572）的业绩比较基准设定为“沪深300指数收益率×50%＋中债综合指数收益率×45%＋银行活期存款利率（税后）×5%”，股债比例相当，可以初步判断该基金属于混合型灵活基金。

货币市场基金只能投资于货币市场工具，整体收益并不是很高，风险也较小，这类基金一般都选择银行利率作为业绩比较基准，只要跑赢银行存款利率就算及格。

图9-2列示了易方达中小盘混合基金（基金代码：110011）的业绩表现。自基金合同生效之日起至2018年第二季度末，该基金的净值增长率为368.28%，同期业绩比较基准的收益率为39.95%，这表明该基金在过去10多年中的业绩相当不错。

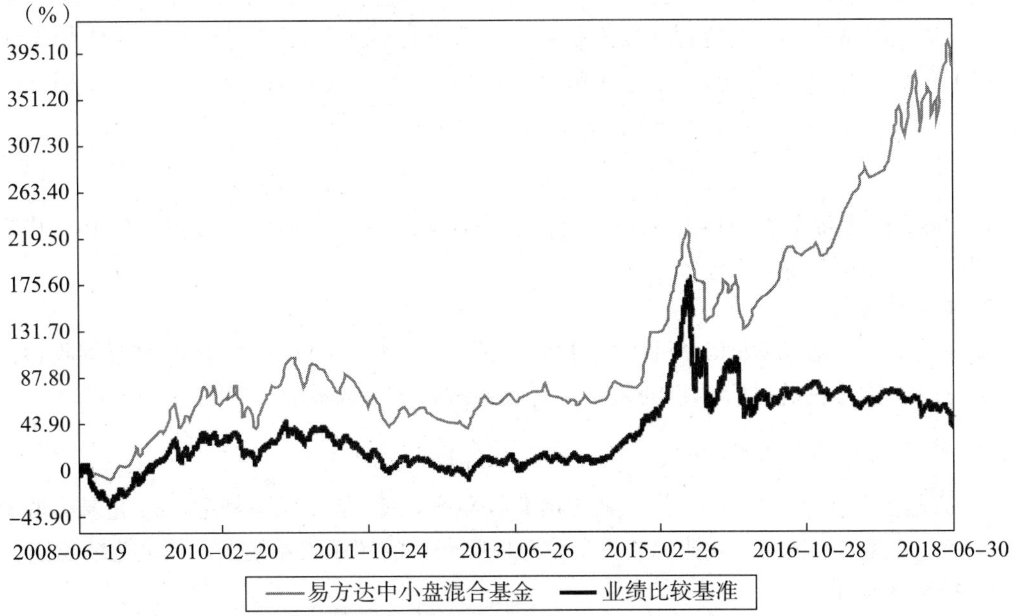

图9-2　基金收益率与业绩比较基准

类似地，如果要将基金收益率与同类基金进行比较，就需要利用同类平均收益率这一指标。通常而言，在第三方基金销售公司网站的基金业绩走势图里，会标示出这条线。若某只基金的收益率曲线高于这条线，则说明该基金跑赢了同类基金的平均水平；若低于这条线，则说明该基金跑输了同类基金的平均水平。跑赢的时间越长，证明该基金在同类基金中的竞争力越强。

二、基金风险衡量

基金的净值和收益率被很多家庭广泛地作为衡量一只基金优劣与否的指标，事实上它们只衡量了基金的收益这一个方面。作为理性投资者，我们也要认识到，收益总是伴随风险而生，因此对基金风险的衡量也至关重要。

1. 基金收益的波动率

基金收益的波动率用基金收益率的标准差来衡量，反映的是基金收益的稳定性。这个指标通常可以在基金的季报、年报中查到。在收益水平相同的情况下，基金收益的波动率越小，意味着基金净值的增长越平稳。其公式如下：

$$\sigma_p=\sqrt{\frac{\sum_{t=1}^{n}(R_t-\overline{R})^2}{n-1}} \tag{9-3}$$

其中，σ_p 代表基金收益率的标准差，n 表示计算期间所含月数，R_t 表示第 t 月的基金收益率，$\overline{R}$ 表示 n 个月的基金收益率的平均值。

2. 基金收益的最大回撤

最大回撤是指基金净值在某一个时期内从高点回落到低点的最大幅度。最大回撤是反映基金业绩稳定性的重要指标，描述了任一投资者投资该基金可能面临的最大亏损。一般而言，历史最大回撤越小，基金管理人控制基金净值下行风险的能力就越强。需要指出的是，在对比不同基金的最大回撤时，需要在相同的历史区间和市场环境中进行。其公式如下：

$$\mathrm{Max}DD=\max\frac{NAV_i-NAV_j}{NAV_i} \tag{9-4}$$

其中，MaxDD 表示最大回撤，NAV_i 代表某一时期内基金净值的最高点，NAV_j 代表某一时期内基金净值的最低点。

3. 夏普比率

夏普比率（Sharpe Ratio，SR）是指基金每承担一单位总风险所获得的超额收益。这一指标考虑了获得收益时所承担的风险，对收益进行了风险调整。其公式如下：

$$SR=[E(R_p)-R_f]/\sigma_p \tag{9-5}$$

其中，SR 是夏普比率，$E(R_p)$ 是基金的预期收益率，R_f 是无风险利率，σ_p 是基金收益率的标准差。夏普比率越高，说明承受一单位总风险获得的超额收益越多，基金业绩越佳。

4. 特雷诺比率

特雷诺比率（Treynor Ratio，TR）反映的是基金每承担一单位系统性风险所获得的超额收益。这一指标与夏普比率的区别是，它的分母不再是基金的总风险，而是系统性风险。其公式如下：

$$TR=[E(R_p)-R_f]/\beta_p \qquad (9-6)$$

其中，TR 是特雷诺比率，β_p 用来衡量个别股票或股票基金相对于整个股票市场的价格波动情况，反映的是系统性风险。特雷诺比率越高，说明承担一单位系统性风险获得的超额收益越多，基金业绩越佳。

需要注意的是，特雷诺比率适合在基金投资完全分散的时候使用，此时从理论上说，分散化投资使得组合的非系统性风险趋于零，仅存在系统性风险。因此，特雷诺比率一般用来衡量投资充分分散的基金，尤其是被动型基金的表现。

5. 詹森指数

詹森指数（Jensen Index）是基于证券市场线构建的，其公式如下：

$$\alpha_p=E(R_p)-[R_f+\beta_p\times(R_m-R_f)] \qquad (9-7)$$

其中，α_p 表示个股的收益与大盘指数收益的差值，R_m 是市场收益率，其他变量与前文相同。

詹森指数（α 收益）可以理解为主动收益，即基金经理通过选择优秀的行业或股票所赚取的超出市场收益的报酬。相较之下，β 收益则是被动收益，与市场的涨跌息息相关。詹森指数大于零，说明基金的收益率水平优于市场组合，因而获得了超额收益。

第三节　基金投资策略及交易策略

对于普通投资者来说，量化地考察一只基金的各项风险指标比较麻烦，需要投入相当多的时间和精力，而了解基金投资策略可以较好地帮助他们了解基金的风险与收益特征，从而将其与自身的财务状况和风险偏好相结合。通常而言，常用的基金投资策略包括积极成长型投资策略、成长型投资策略、平衡型投资策略、价值型投资策略、保本型投资策略，其风险依次降低。

一、基金投资策略

知识讲解

基金投资策略

（一）积极成长型投资策略

采用这种投资策略的基金以追求资本的最大增值为操作目标，通常投资于价格波动性大的个股，择股的指标常常是每股收益增长率、销售增长率等反映公司成长性的指标。采用积极成长型投资策略的基金具有冒险进取的特性，适合于追求高风险高收益的投资者。比如，成立于 2016 年 12 月 30 日的广发多因子灵活配置混合型证券投资基金（基金代码：002943）的投资目标就是优选个股，力争获取超越市场表现的阿尔法收益。

（二）成长型投资策略

采用这种投资策略的基金以追求长期稳定增值为目的，投资标的以具有长期增长潜力、素质优良、知名度高的大型绩优公司股票为主。比如，成立于2015年3月26日的华泰柏瑞积极优选股票A基金（基金代码：001097）的投资目标为追求基金资产的长期稳定增值。

（三）平衡型投资策略

采用这种投资策略的基金以兼顾长期资本和稳定收益为目标，通常有一定比例的资金投资于固定收益工具，如债券、可转换公司债等，以获取稳定的利息收益并控制风险，其他部分则投资股票，以追求资本利得。平衡型基金风险适中，适合较为稳健的投资者。比如，成立于2016年6月20日的招商安裕灵活配置混合型证券投资基金（基金代码：002658）的投资目标就是在控制下行风险的前提下，为投资人获取稳健收益。

（四）价值型投资策略

采用这种投资策略的基金主要寻找那些暂时被市场忽视、价格低于价值、市盈率较低的个股。比如，成立于2009年1月23日的汇添富价值精选混合型基金（基金代码：519069）的投资策略是精选价值相对低估的优质公司股票，投资目标是在有效管理风险的前提下，追求基金资产的中长期稳健增值。

（五）保本型投资策略

采用这种投资策略的基金以保障投资本金为目标，投资于低风险的收益型金融工具和部分股票。其运作方式是将部分资金投资于国债等风险较低的工具，将部分资金投资于股票，而投资于股票的份额可能会根据基金净值决定，净值越高，可投资于股票的份额就越高。比如，成立于2016年3月9日（目前已终止）的天弘乐享保本混合基金（基金代码：002432）的预期风险和预期收益低于股票型基金和非保本的混合型基金，高于货币市场基金和债券型基金。

综上可知，投资者应当根据自身实际情况，选择适合自身需求的基金品种。有三点需要注意：第一，从我国基金投资的实践来看，投资者不仅要看基金所披露的投资策略，而且要定期检查基金的实际持仓情况，以确定是否偏离了既定投资策略，因为这一偏离现象在我国较为常见。第二，投资者要对自身风险承受能力有所判断。若只能承受很低的风险，就只能考虑投资于低风险的货币市场基金、保本基金等；若风险承受能力较强，则可以投资于成长型、积极成长型股票基金等。第三，投资者还要考虑自身对流动性的需求，如果不能进行长期投资，那就一定要考虑到基金的流动性风险，选择变现能力强的基金。

二、基金交易的建仓策略

当我们手握初始的投资资金时，面临的第一个问题就是：如何买入基金？这就是所谓的基金建仓：是一次性投入还是分散投入？在什么时机买入？

个人投资者很难掌握正确的投资时点，往往会在市场高点买入，在市场低点卖出。华尔街流传着一句话：“要在市场中准确地踩点入市，比在空中接住一把飞刀更难。”因此，对于个人投资者而言，想要不费心力地解决买入时机的问题，定期投资指数基金成为一个很好的选择。

基金定期投资背后的原理是：积少成多，摊平投资成本，降低整体风险。我们举一个简单的例子来说明：张先生今天以 2 元的价格买了 500 份基金，投资金额是 1 000 元。很不幸，第二个月股市突然暴跌，这只基金的净值跌到了 1 元，基金的账面价值一下就减少了 500 元。此时若选择卖出基金，则张先生亏损 50%；若选择等待净值涨回 2 元，则可能要经历一个非常漫长的过程。此时，张先生可以选择再投资 1 000 元，以净值 1 元的价格买入，同样 1 000 元可买到的基金份额是 1 000 份。到目前为止，张先生一共投入了 2 000 元，持有的基金份额为 1 500 份，持有一份基金的成本为 1.33 元（=2 000 元/1 500），下个月这只基金若是从 1 元涨回到 1.33 元，张先生就解套了；如果它能涨回至 2 元，那么张先生的获利就十分可观了。因此，基金定投的优势在于，分批次小额买入基金，均摊购入成本，平滑投资风险。

了解了基金定期投资的优势以后，本节将介绍一些从基本到进阶的具体定投操作。

（一）定期定额投资

最为传统的定投方式就是定期、定额地购买固定的基金。投资人根据自身的财务状况，确定好每月的可投资金额后，做好自动设定即可，例如每月定投两次，届时系统（银行、基金公司、其他第三方网络代销平台等）会自动扣款买入，这样最为省时省力。

这种“纯被动”的投资方式的好处是强制投资、自动化建仓，无论股票市场处于什么样的大环境，长期来看通常都可以实现 8%～10%的年化收益率，较为稳定地获得资本市场收益。

此类定投通常建议选择指数基金中的“宽基”（即成分股覆盖面较广的指数基金），例如上证 50 指数基金、中证 500 指数基金、中证红利指数基金等。如果特别看好某行业，要考虑“窄基”的话，也建议做个基金组合，以“宽基”作为基础。对于投资组合来说，可以考虑每年进行一次资产再平衡操作，比如每年末对已有基金资产进行预定比例的调整，但不更改定投策略。

此外，若定投资金的来源是投资者每月收支结余的一部分的话，不用考虑资金池的问题。而如果是初期已有的一大笔闲置资金，考虑到资金池的利用率，建议采用“货币型基金+定期理财”的组合方式对闲置资金进行打理，以免影响到资金的整体收益率。

（二）低估值定投

股票盈利的逻辑是低买高卖，基金盈利的逻辑与此相同，如果能对基金进行粗略的估值判断，只买低估值的基金，则可以进一步提高收益率。

股票与基金在估值方面存在差异。个股估值考察公司的基本面以及未来发展前景等，一般用 PE（市盈率）、PB（市净率）、股息率等来判断，但股票市场瞬息万变，个股估值存在很多不可控的因素。与此相比，指数基金由于包含了一篮子股票，整体的估值相对更为可靠。指数历史上的市盈率、市净率、股息率等指标大致都在一定的区间内波动（当然是不规则的区间），所以较低的指标大概率意味着价值低估。例如，尽管没有严格的标准，但是当中证 500 指数基金的 PE 低于 25、中证红利指数基金的 PE 低于 10.5、证券指数基金的 PB 低于 1.8 等时，可以认为进入了相对被低估的区间。由此产生了低估值定投的交易策略，即该策略下定投买入的对象是一个可变的低估值基金组合，而定投的时间和金额是固定的。比如，最初选择三只被低估的基金作为定投组合，每半年检查一次，对不再低估的基金暂停定投，选择其他被低估的基金新品种开始定投。因此，每次基金定投的时间和金额不变，只是基金组合可能发生变化，整体风险依然较为可控。值得注意的是，低估值定投要求进行一定的主观判断，也需要投入一些时间精力。当投资者从完全被动的定投方式，迈出偏主动的第一步时，如果投资纪律不强的话，也可能会得不偿失。

(三) 价值平均定投

买入低估值的基金可以提高收益率，如果进一步在低点多买、在高点少买，那么理论上可以进一步提升基金投资的收益率。因此，价值平均定投的特点是，每次买入的金额不再固定，定期不定额，在基金估值较低时多买、在基金估值较高时少买，期望买入后的目标市值实现线性增长。

价值平均定投的基准可以选择市净率、市盈率等，没有绝对的标准。也可以按照价值平均法的原则，随着基金净值的变化，计算每次需要买入的额度，跌了多买，涨了少买，以保证持有基金的资产呈线性增长，或者基于指数的均线走势、振幅相关趋势等综合因素来确定具体的投资比例。本节以指数的低估市盈率为基准举一个简单的例子。假设投资者设定某一指数基金的低估市盈率起点为 25，每月的基础投资金额为 1 000 元，当市盈率降低至 20 的时候，投资者就投入 1 250 元［=1 000 元×(25/20)］，当市盈率提高至 50 的时候，投资者就投入 500 元［=1 000 元×(25/50)］。

这种“不定额”的投资方式，再结合低估值的“投资组合”，是较为适合中高级投资者的交易策略。但是高收益必然伴随着高风险，因此这一定投策略也面临着一些潜在的问题：当遭遇市场持续熊市时，每次所需的投资金额会逐步增多，单次投入额达到初期的两倍甚至数倍，因而造成较大的资金压力，可能面临定投终止的尴尬，因此投资者需要对自己的财务状况有很好的规划。另外，投资者还应该结合低估值的灵活投资组合进行考虑，这样有助于保证在进入牛市后，仓位可持续投入，否则投入资金量会逐渐变小，从而影响资金的整体收益率。

(四) 灵活定投

更加进阶的一种基金投资方式是：不仅买入的基金品种不固定，定投的金额也不固定，甚至连基金买入的时间也是不固定或者“半固定”的。所谓“半固定”，是指在一段时间（比如每月）内都会有投入，但具体的时间是不确定的，投资者会根据市场的变化相机决定合适的买点，并且会选取低估值的指数基金组合。由此可见，相对于其他定投方式而言，灵活定投对投资纪律的束缚已经非常小了，比较接近于纯主动的基金买卖，因此其相应的潜在风险更加不容小觑，若操作不当的话，精明的猎人也可能空手而归，还不如本分的庄稼汉收成好。

三、基金交易的止盈策略

基金定投主张长期投资，用长期多次投资熨平风险，但这并不意味着长期不兑现收益。一个聪明的投资者应该利用好止盈策略，在有利的时机采收果实。若缺乏止盈意识，可能会错过获得收益的最佳时机。小张的例子可作为一个说明：从 2012 年初开始，小张每月末定投某沪深 300 指数基金 1 000 元，直至 2018 年年末，小张才把基金全部赎回，最终这笔投资的收益率大约为 50%。图 9－3 列示了该沪深 300 指数基金自 2012 年以来的累计收益率，从图中可见，如果小张提前设置了一个更好的止盈目标，比如选择在 2015 年赎回的话，其累计收益率会达到 100%左右。

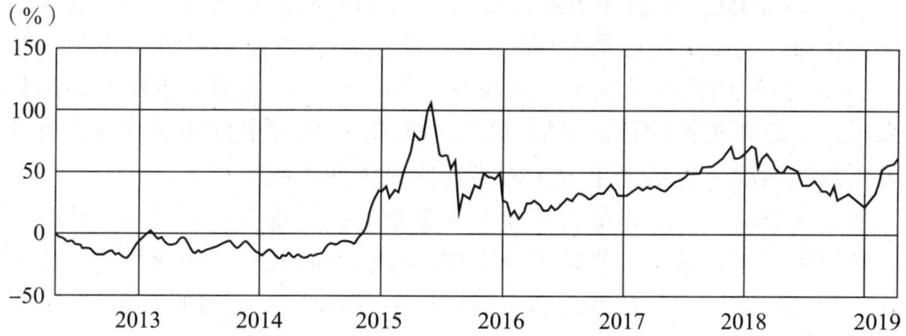

图 9－3　某沪深 300 指数基金 2012 年以来的累计收益率

那么，如何判断止盈的时机呢？我们接下来介绍一些常用的方法。

（一）目标止盈法

目标止盈法是一种最原始和直观的方法，即投资者设置一个止盈点，如果投资的基金达到了目标值，那么就卖出基金以锁定收益。止盈点的设置有两种方式：一是按照年化收益，给每一期投入的本金设置一个长期年化收益率目标，比如 10%、20%等，达到预定目标后就逐批止盈。二是全仓收益目标，比如全仓资金增长 30%或翻倍后卖出。

这里要注意的是：止盈点的设置要合理，不可过高或过低。如果止盈点设置得过高（比如 50%、100%等），那么基金可能永远都卖不出去；如果止盈点设置得过低（比如 4%、5%等），则可能错过后期的大行情。从沪深 300 指数成立至今的业绩表现来看，其年化收益率为 10%左右，因此如果定投的长期年化收益率能达到 12%及以上，应该可以认为已经是一个相对不错的业绩。

（二）回撤止盈法

回撤止盈法是指当收益达到止盈点后，投资者并不立刻赎回，而是进一步提高止盈点，直到某次出现的回撤幅度达到 5%再进行止盈。以李先生为例，假设其原先设定的止盈点为 30%。在收益率达到 30%后，李先生进一步把止盈点提高到 40%；如果收益率达到 40%，那就再把止盈点提高到 50%。在此过程中，若出现幅度小于 5%的回撤，则不撤出投资；若出现幅度超过 5%的回撤，即基金的总体收益率从 40%回落到 35%，则选择马上全部赎回。可以看到，回撤止盈法是在目标止盈法的基础上所进行的进一步的风险调整与收益优化，较为适合担心会错过超出止盈点的增长的进取型投资者。

（三）估值止盈法

这是一种依据估值水平来设置止盈点的方法，主要针对指数基金。虽然我们很难判断股票市场的牛市顶部在何处，但是当市场估值很高时，无疑是十分危险的时刻。因此，选择在市场估值较高时开始止盈，其定投的相对收益也是比较高的。不过，采取估值止盈法也需要满足一些显而易见的要求：一方面，投资者应当了解指数历史估值的涨跌范围，并且善于观察估值在波动行情中的周期性规律，才能制定出较为合理的估值止盈点。比如在2007年、2009年以及2015年的三轮股票市场牛市行情中，中证500指数的PE分别为82倍、91倍和82倍，因此把估值止盈点设定为PE达到80倍是较为理想的止盈点，这样既可以避免过早止盈（比如PE达到70倍）而损失后期的收益，也可以避免因止盈率过高（比如PE达到90倍）而错过两次牛市的高点。另一方面，估值止盈法并不适用于所有指数，确切来说，只有在指数的估值指标（PE、PB等）具有十分明显的周期性规律，并且牛市估值可预测的情况下，估值止盈法才能发挥最大的作用。

最后，需要注意的一点是，尽管止盈对于基金定投很重要，但是在定投的早期通常不建议止盈，其原因在于：基金定投除了分享市场成长的收益外，很重要的一点是帮助投资人强制储蓄、积少成多。在某些特定的市场环境下，投资者可能刚定投几个月基金就获得了不错的年化收益率，但是由于此时积累的资金量很少，赎回基金对投资者的总财富影响并不大。相反，当投资者的定投时间达三年、五年甚至更长以后，此时新增基金份额对摊薄成本的作用在递减，因而投资者可以寻找合适的止盈机会，以实现前期积累的利润。

第四节　银行理财产品投资

一、银行理财产品的分类

商业银行理财业务是指商业银行接受投资者的委托，按照与投资者事先约定的投资策略、风险承担和收益分配方式，对受托的投资者财产进行投资和管理的金融服务。商业银行开展理财业务活动，应当严格遵守风险隔离原则，实现理财业务与信贷等业务相分离；代客业务与自营业务相分离；银行理财产品与银行代销的第三方理财产品相分离；银行各理财产品之间相分离。

目前市场上存在的银行理财产品众多，可以按照一定的标准对这些银行理财产品进行分类，以便更好地了解理财产品的风险与收益。

（一）按募集方式划分

根据募集方式的不同，我们可以将银行理财产品分为公募理财产品和私募理财产品。公募理财产品是指商业银行面向不特定社会公众公开发行的理财产品。私募理财产品是指商业银行面向合格投资者非公开发行的理财产品。其中，合格投资者是指具备相应风险识别能力和风险承受能力，投资于单只理财产品不低于一定金额且符合下列条件的自然人、法人或依法成立的其他组织：（1）具有2年以上投资经历，且满足家庭金融净资产不低于300万元人民币，或者家庭金融资产不低于500万元人民币，或者近3年本人年均收入不低于40万元人民币；（2）最近1年末净资产不低于1 000万元人民币的法人或依法成立的其他组织；（3）国务院银行业监督管理机构规定的其他情形。

从投资金额看，在具体发行过程中，商业银行发行公募理财产品的，单一投资者销售起点金额不得低于1万元人民币。商业银行发行私募理财产品的，合格投资者投资于单只固定收益理财类产品的金额不得低于30万元人民币；投资于单只混合类理财产品的金额不得低于40万元人民币；投资于单只权益类理财产品、单只商品及金融衍生品类理财产品的金额不得低于100万元人民币。

从投资范围看，商业银行公募理财产品主要投资于标准化债权类资产以及股票市场上公开交易的股票，除法律法规和金融管理部门另有规定外，不得投资于未上市企业的股权。公募产品也可以投资于商品及金融衍生品，但应当符合法律法规以及金融管理部门的相关规定。私募银行理财产品的投资标的根据与合格投资者签订的合同约定，通常可以投资债权类资产、上市或挂牌交易的股票、未上市企业股权以及符合法律法规规定的其他资产等，并需要严格遵守投资者适当性管理要求。

（二）按投资对象划分

与基金类产品类似，银行理财产品也可以根据投资对象的不同进行分类，一般可分为固定收益类理财产品、权益类理财产品、商品及金融衍生品类理财产品以及混合类理财产品。

从具体区分标准看，固定收益类理财产品投资于存款、债券等债权类资产的比例不低于80%；权益类理财产品投资于权益类资产的比例不低于80%；商品及金融衍生品类理财产品投资于商品及金融衍生品的比例不低于80%；混合类理财产品投资于债权类资产、权益类资产、商品及金融衍生品类资产且任一资产的投资比例未达到前三类理财产品的标准。

（三）按份额是否可以增减划分

根据份额是否可以增减，我们可以将银行理财产品划分为封闭式理财产品和开放式理财产品。封闭式理财产品是指有确定的到期日，且自产品成立日至终止日，理财产品份额总额固定不变，投资者不能进行申购或者赎回的理财产品。开放式理财产品是指自产品成立日至终止日，理财产品份额总额不固定，投资者可以按照协议约定，在理财产品开放日进行申购或赎回的理财产品。

二、银行理财产品的风险评估

不同的银行理财产品所包含的风险与收益是不同的，因此投资者在购买理财产品之前，应当充分了解产品的风险等级以及自身的风险承担能力。

（一）理财产品的风险等级划分

商业银行理财产品的风险评级结果通常包括五个等级，即从较低的R1级到较高的R5级。银行理财产品的风险评级超过五级的，应当同时对外披露其与五个风险等级的对应关系。具体来说，理财产品风险由低到高分为R1级谨慎型、R2级稳健型、R3级平衡型、R4级进取型、R5级激进型五个级别，各级的特点分别如下：

（1）R1级谨慎型。该级别理财产品一般由银行保证本金的完全偿付，产品收益随投资表现变动，且较少受到市场波动和政策法规变化等风险因素的影响。产品主要投资于高信用等级债券、货币市场基金等低风险金融产品。

（2）R2 级稳健型。该级别理财产品不保证本金的偿付，但本金风险相对较小，收益浮动相对可控。在信用风险维度上，产品主要承担高信用等级信用主体的风险，如 AA 级（含）以上评级债券的风险；在市场风险维度上，产品主要投资于债券、同业存放等低波动性金融产品，严格控制股票、商品和外汇等高波动性金融产品的投资比例。

（3）R3 级平衡型。该级别理财产品不保证本金的偿付，有一定的本金风险，收益浮动且有一定波动。在信用风险维度上，主要承担中等以上信用主体的风险，如 A 级（含）以上评级债券的风险；在市场风险维度上，产品除可投资于债券、同业存放等低波动性金融产品外，投资于股票、商品、外汇等高波动性金融产品的比例原则上不超过 30%，结构性产品的本金保障比例在 90%以上。

（4）R4 级进取型。该级别理财产品不保证本金的偿付，本金风险较大，收益浮动且波动较大，投资较易受到市场波动和政策法规变化等风险因素的影响。在信用风险维度上，产品可承担较低等级信用主体的风险，包括 BBB 级及以下债券的风险；在市场风险维度上，投资于股票、商品、外汇等高波动性金融产品的比例可超过 30%。

（5）R5 级激进型。该级别理财产品不保证本金的偿付，本金风险极大，同时收益浮动且波动极大，投资较易受到市场波动和政策法规变化等风险因素影响。在信用风险维度上，产品可承担各等级信用主体的风险；在市场风险维度上，产品可完全投资于股票、外汇、商品等各类高波动性的金融产品，并可采用衍生品交易、分层等杠杆放大的方式进行投资运作。

（二）客户风险等级划分

银行在客户首次购买理财产品前应当对其进行风险承受能力评估。中国银行业协会为进一步推进个人理财业务持续、稳健、合规发展，发布了《商业银行理财客户风险评估问卷基本模版（修订版）》作为从行业自律角度制定的行业示范性文本，目前绝大多数金融机构都依据这一模板进行客户风险评估。它涵盖了客户财务状况、投资经验、投资风格、投资目的、风险偏好和风险承受能力六大模块；它共对应 11 个问题，合计最高得分为 100 分，分值越高表示客户可承受的风险越高。依照客户风险承受能力由低到高，将客户依次划分为保守型、谨慎型、稳健型、进取型和激进型。本章附录列示了《商业银行理财客户风险评估问卷基本模版（修订版）》及《个人投资者风险承受能力评估问卷使用说明》。

三、银行理财产品的投资选择

（一）选择与自身风险等级相匹配的银行理财产品

投资者在购买银行理财产品前，应当已经对自身风险等级和产品风险等级有了充分的了解。但是不同银行的理财产品各有特点，投资者在购买前仍然需要认真比较。首先，要看理财产品实现收益的能力。通常而言，投资者最关心的是收益率的高低，但是各款银行理财产品的经风险调整后的收益率存在很大差异，投资者需要仔细辨别。其次，要关注理财产品的风险控制措施是否严格。这一点在选择不保本的浮动收益理财产品时尤为重要。再次，要看银行理财产品的多样性。一般而言，发行产品种类较为丰富的银行能够捕捉到更多的市场投资机会。最后，投资者还要关注理财产品的信息披露和风险提示是否充分。

（二）正确理解理财产品的收益信息

投资者首先要区分累计收益与年化收益。有些银行为了吸引投资者，在宣传理财产品时强调累计收益，比如某银行宣称某款 3 年期理财产品的累计收益是 15%，这意味着若考虑复利因素的话，其年化收益率还不足 5%。另外，有些封闭式理财产品的期限可能是 15 个月或 18 个月，也需要将其对应的累计收益率转化为年化收益率，才能进行正确的投资选择。另外，根据 2021 年 5 月中国银保监会发布的《理财公司理财产品销售管理暂行办法》，理财产品销售机构及其销售人员不得虚假宣传、片面或者不当宣传，夸大过往业绩，预测理财产品的投资业绩，或者出具、宣传理财产品预期收益率，投资者也可借此考察理财产品推荐的合规性。

（三）关注提前终止与提前赎回权利

银行理财产品通常有一定的投资期限，银行或者投资者若有提前结束理财合同的权利，则该权利分别表现为银行提前终止的权利与投资者提前赎回的权利。具体来说，提前终止条款是银行制定的终止产品运行的规定，其终止理由包括金融政策或监管规定变化等。比如 2020 年 5 月，北京农村商业银行在官网发布公告称，根据资管新规及理财产品净值化转型要求，该行将于 2020 年 5 月 20 日提前终止“北京农商行‘金凤凰理财’稳健富荣金色时光天添鑫悦享人民币理财产品”。同年 7 月，中国工商银行宣布提前终止“‘安享长盈’工银财富客户专属 1 158 天理财产品”，产品到期日由 2021 年 7 月 5 日变更为 2020 年 7 月 29 日。产品发行方的提前终止权利将使得投资者面临利率变化风险与投资机会风险，影响资金计划与预期收益率，因而在签订理财合同时需要对该条款予以充分重视。

提前赎回条款是赋予投资者的权利，反映了投资者在产品没有到期的情况下是否拥有赎回的权利。通常而言，封闭式理财产品要等到期才能赎回，此时若投资者拥有提前赎回的权利，一般需要支付较高的赎回手续费作为代价。相反，开放式理财产品的流动性较强，没有固定期限，可以随时赎回，因而不需要设置提前赎回条款。当然，赎回开放式基金一般也要支付一定的手续费，且持有时间越短，手续费越高。因此，考虑到流动性问题，建议个人投资者选择期限不是太长的银行理财产品，并认真测算一旦银行履行提前赎回权利会对产品收益率产生多大的不利影响。

关键术语

基金分类	基金业绩评价	基金风险评价	基金投资策略
基金交易的建仓策略	基金交易的止盈策略	银行理财产品	

习　题

1. 某投资组合的平均收益率为 18%，收益率标准差为 25%，β 值为 1.5，若无风险利率为 8%，则该投资组合的夏普比率是多少？

2. 2020 年 12 月 31 日，某股票基金净值为 2 亿元，到 2021 年 12 月 31 日，净值变为 2.6 亿元。如果净值变化来源仅为资产增值和分红收入的再投资，那么该基金的收益率是多少？

3. 考虑风险调整的基金业绩评估方法最不可能使用什么指标？为什么？

本章附录

商业银行理财客户风险评估问卷基本模版（修订版）

以下 11 个问题将根据您的财务状况、投资经验、投资风格、投资目的、风险偏好和风险承受能力等对您进行风险评估，我们将根据评估结果为您更好地配置资产。请您认真作答，感谢您的配合！（每个问题请选择唯一选项，不可多选。）

客户姓名：________________ 联系方式：________________

证件类别：________________ 证件号码：________________

一、财务状况

1. 您的年龄是？

☐ A. 18～25 岁（−2） ☐ B. 26～50 岁（0）

☐ C. 51～60 岁（−2） ☐ D. 61～65 岁（−3）

☐ E. 65 岁以上（−10）

2. 您的家庭总资产净值为（折合人民币）？（不包括自用住宅和私营企业等实业投资，包括储蓄、保险、金融投资、实物投资，并需扣除未结清贷款、信用卡账单等债务。）

☐ A. 15 万元及以下（0） ☐ B. 15 万（不含）～50 万元（含）（2）

☐ C. 50 万（不含）～100 万元（含）（6） ☐ D. 100 万（不含）～1 000 万元（含）（8）

☐ E. 1 000 万元（不含）以上（10）

3. 在您的家庭总资产净值中，可用于金融投资（储蓄存款除外）的比例为？

☐ A. 10% 及以下（2） ☐ B. 10%（不含）～25%（含）（4）

☐ C. 25%（不含）～50%（含）（8） ☐ D. 50%（不含）以上（10）

二、投资经验（任一项选 A 客户均视为无投资经验客户）

4. 以下哪项最能说明您的投资经验？

☐ A. 除存款、国债外，我几乎不投资其他金融产品（0）

☐ B. 大部分投资于存款、国债等，较少投资于股票、基金等风险产品（2）

☐ C. 资产均衡地分布于存款、国债、银行理财产品、信托产品、股票、基金等（6）

☐ D. 大部分投资于股票、基金、外汇等高风险产品，较少投资于存款、国债（10）

5. 您有多少年投资股票、基金、外汇、金融衍生产品等风险投资品的经验？

☐ A. 没有经验（0） ☐ B. 有经验，但不超过 2 年（2）

☐ C. 2（不含）～5 年（含）（6） ☐ D. 5（不含）～8 年（含）（8）

☐ E. 8 年（不含）以上（10）

6. 以下哪项描述最符合您的投资态度？
☐ A. 厌恶风险，不希望本金损失，希望获得稳定回报（0）
☐ B. 保守投资，不希望本金损失，愿意承担一定幅度的收益波动（4）
☐ C. 寻求资金的较高收益和成长性，愿意为此承担有限本金损失（8）
☐ D. 希望赚取高回报，愿意为此承担较大本金损失（10）

三、投资风格

7. 本金 100 万元，不提供保本承诺的情况下，您会选择哪一种投资机会？
☐ A. 有 100%的机会赢取 1 000 元现金，并保证归还（0）
☐ B. 有 50%的机会赢取 5 万元现金，并有较大的可能性归还本金（4）
☐ C. 有 25%的机会赢取 50 万元现金，并有一定的可能性损失本金（6）
☐ D. 有 10%的机会赢取 100 万元现金，并有较大的可能性损失本金（10）

8. 投资于理财、股票、基金等金融投资品（不含存款和国债）时，您可接受的最长投资期限是多久？
☐ A. 不超过 1 年（4）　☐ B. 1（不含）~3 年（含）（6）
☐ C. 3（不含）~5 年（含）（8）　☐ D. 5 年（不含）以上（10）

9. 您的投资目的是？
☐ A. 资产保值（2）　☐ B. 资产稳健增值（6）
☐ C. 资产迅速增值（10）

四、风险承受能力

10. 您的投资出现何种程度的波动时，您会呈现明显的焦虑？
☐ A. 本金无损失，但收益未达预期（−5）
☐ B. 出现轻微本金损失（0）
☐ C. 本金出现 20%以内的损失（5）
☐ D. 本金出现 20%~50%的损失（10）
☐ E. 本金出现 50%以上的损失（15）

11. 对您而言，保本比高收益更为重要。
☐ A. 非常同意（−2）　☐ B. 同意（0）
☐ C. 无所谓（2）　☐ D. 不同意（4）
☐ E. 非常不同意（5）

投资者问卷得分：	分值区间	投资者风险类型
分	81~100 分	激进型
	61~80 分	进取型
	36~60 分	稳健型
	16~35 分	谨慎型
	−9~15 分	保守型

评估结果：＿＿＿＿＿＿＿＿＿＿＿＿（客户风险等级）

[客户确认栏]

本人保证以上所填全部信息为本人真实的意思表示，并接受贵行评估意见。

客户签名：____________________

评 估 人：____________________

评估日期：____________________　　　　银行签章

个人投资者风险承受能力评估问卷使用说明

一、本问卷适用于个人投资者购买银行管理的各类理财产品。

二、本问卷将投资者风险类型按照由低到高的顺序，分为保守型、谨慎型、稳健型、进取型和激进型五类。

三、根据产品的风险大小，将理财产品按风险等级从低到高分为低风险、中低风险、中等风险、中高风险和高风险五类。

四、根据产品风险情况和投资者风险类型不同，投资者适合购买的产品风险类型亦有不同，具体为向下兼容，如下表所示。

产品风险情况 投资者风险类型	低风险	中低风险	中等风险	中高风险	高风险
激进型	适合	适合	适合	适合	适合
进取型	适合	适合	适合	适合	不适合
稳健型	适合	适合	适合	不适合	不适合
谨慎型	适合	适合	不适合	不适合	不适合
保守型	适合	不适合	不适合	不适合	不适合

五、投资者购买理财产品前应认真、如实填写本问卷。银行根据评分标准给投资者完成的问卷逐题评分，根据投资者问卷得分认定投资者的风险类型，经客户经理和业务主管审核签字后将评估意见告知投资者，由投资者签字确认。

六、投资者同时购买多个理财产品时，可以只填一次本问卷。投资者填写本问卷后一年内再次购买理财产品时，如投资者有关情况未发生重大变化，经投资者要求可以不再填写本问卷，如投资者发生可能影响其自身风险承受能力的情形，再次购买理财产品时应当主动要求商业银行对其进行风险承受能力评估；投资者填写本问卷后一年后再次购买理财产品时，必须重新填写本问卷。

七、如果投资者的风险类型不适合购买某款理财产品，则销售人员不得向投资者销售该款产品。

八、本问卷为一份正本，填写完毕后由银行保管。

第10章
税收规划

本章要点

1. 主要税种的含义及征收范围
2. 税目、应纳税所得额及税率
3. 个人所得税预扣预缴及汇算清缴
4. 个人所得税实务
5. 税收规划的策略及实务

第一节 主要税种简介

本杰明·富兰克林曾经说过："人在一生中有两件事是不可避免的——死亡和纳税。"了解税收的基本知识，有助于个人或家庭更好地进行税收规划。本节主要对个人和家庭所涉及的相关税种做一个基本介绍，其中最主要的税种是个人所得税，第二节和第三节还会对其进行专门介绍。

知识讲解

新个人所得税法介绍

一、个人所得税

个人所得税是以个人（自然人）取得的应税收入为征税对象的一种税。个人所得税的纳税义务人包括中国公民、个体工商户、个人独资企业、合作企业投资者、在中国有所得的外籍人员（包括无国籍人员）和中国香港、澳门和台湾同胞。《中华人民共和国个人所得税法》（以下简称《个人所得税法》）自1980年9月10日第五届全国人民代表大会第三次会议通过以来，40多年来先后经历了7次修正。目前施行的《个人所得税法》经2018年8月31日第十三届全国人民代表大会常务委员会第五次会议通过，其主要调整如下：

（1）将工资、薪金所得的基本减除费用标准提高至5 000元/月，并适用新的综合所得税率；

（2）进一步调整优化个人所得税的部分税率级距，3%、10%、20%三档较低税率级距扩大，25%税率级距缩小，30%、35%、45%三档较高税率级距保持不变，使得中等以下收入群体获益较大；

(3) 把个人所得税的分类征收模式改为综合与分类相结合的模式，居民个人取得工资、薪金所得，劳务报酬所得，稿酬所得，特许权使用费所得统称为综合所得，按照纳税年度合并计算个人所得税；

(4) 增加了专项附加扣除，包括子女教育、继续教育、大病医疗、住房贷款利息或者住房租金、赡养老人等与百姓生活密切相关的支出，充分考虑了个人负担的差异性。

新个人所得税法首次界定了税收居民个人的概念，这是一个重要突破。具体内容如下：依据住所和居住时间标准，将纳税义务人区分为居民个人和非居民个人，分别规定了不同的纳税义务。其中，居民个人是指在中国境内有住所，或者无住所而一个纳税年度内在中国境内居住累计满 183 天的个人；非居民个人是指在中国境内无住所又不居住，或者无住所而一个纳税年度内在中国境内居住累计不满 183 天的个人。居民个人从中国境内和境外取得的所得，依照规定缴纳个人所得税；非居民个人从中国境内取得的所得，依照规定缴纳个人所得税。

税收居民个人概念界定的实务意义体现为：一是明确了纳税义务主体，在判断自然人纳税人的纳税义务时有了清晰而明确的法律支持；二是与国际接轨，在涉税信息交换（比如经合组织提出的 CRS[①]）以及避免双重征税等实务中，使得税收居民身份的判定更加简便易行。

根据新的《个人所得税法》的规定，下列各项个人所得应当缴纳个人所得税：

(1) 工资、薪金所得。这是指个人因任职或者受雇而取得的工资、薪金、奖金、年终加薪、劳动分红、津贴以及与任职或者受雇有关的其他所得。

(2) 劳务报酬所得。这是指个人从事劳务取得的所得，包括从事设计、装潢、安装、制图、化验、测试、医疗、法律、会计、咨询、讲学、翻译、审稿、书画、雕刻、影视、录音、录像、演出、表演、广告、展览、技术服务、介绍服务、经纪服务、代办服务以及其他劳务取得的所得。

(3) 稿酬所得。这是指个人因其作品以图书、报刊等形式出版、发表而取得的所得。

(4) 特许权使用费所得。这是指个人提供专利权、商标权、著作权、非专利技术以及其他特许权的使用权取得的所得，其中提供著作权的使用权取得的所得不包括稿酬所得。

(5) 经营所得。这是指：

①个体工商户从事生产、经营活动取得的所得，个人独资企业投资人、合伙企业的个人合伙人来源于境内注册的个人独资企业、合伙企业生产、经营取得的所得；

②个人依法从事办学、医疗、咨询以及其他有偿服务活动取得的所得；

③个人对企业、事业单位承包经营、承租经营以及转包、转租取得的所得；

④个人从事其他生产、经营活动取得的所得。

(6) 利息、股息、红利所得。这是指个人拥有债权、股权等而取得的利息、股息、红利所得。

(7) 财产租赁所得。这是指个人出租不动产、机器设备、车船以及其他财产取得的

---

① CRS (Common Reporting Standard) 被称为“共同申报准则”。它是由经合组织 (OECD) 推出的，用于指导司法管辖区定期对税收居民金融账户信息进行交换，旨在通过加强全球税收合作，提高税收透明度，打击利用跨境金融账户逃税的行为。

所得。

（8）财产转让所得。这是指个人转让有价证券、股权、合伙企业中的财产份额、不动产、机器设备、车船以及其他财产取得的所得。

（9）偶然所得。这是指个人得奖、中奖、中彩以及其他偶然性质的所得。

新《个人所得税法》共涉及 9 个税目，实施“综合与分类相结合”的税制，相应的税目划分如图 10－1 所示。在对上述 9 个税目的理解中，需要注意如下几点：

第一，综合所得仅针对居民个人而言，对于非居民个人，尽管也有（1）～（4）这四个税目，但不需要汇总计算，因而不存在综合所得的概念，因此，在下文中提及的综合所得均指居民个人的综合所得。

第二，分类所得包括两类：一类是税目（5）经营所得；另一类是其他分类所得，具体包括（6）～（9）共四个税目。

第三，实务中需要明确区分综合所得、经营所得和其他分类所得，这三者所适用的税率、税收征缴方法均有所不同。其中，居民个人取得的（1）～（4）项所得称为综合所得，按纳税年度合并计算个人所得税；非居民个人取得的（1）～（4）项所得按月或者按次分项计算个人所得税；纳税人取得（5）～（9）项所得，分别计算个人所得税。

第四，个人所得的形式包括现金、实物、有价证券和其他形式的经济利益；所得为实物的，应当按照取得的凭证上所注明的价格计算应纳税所得额，无凭证的实物或者凭证上所注明的价格明显偏低的，参照市场价格核定应纳税所得额；所得为有价证券的，根据票面价格和市场价格核定应纳税所得额；所得为其他形式的经济利益的，参照市场价格核定应纳税所得额。

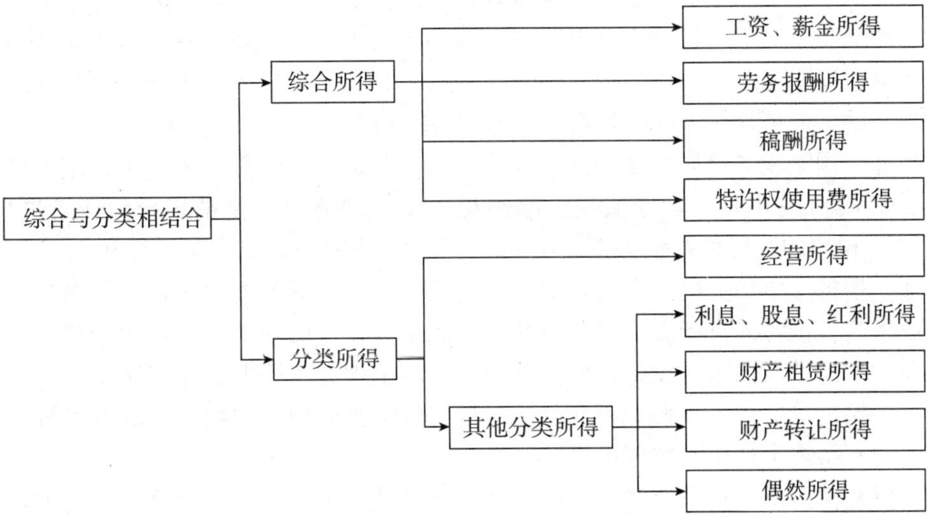

图 10－1　9 个税目中综合所得与分类所得的划分

更多关于个人所得税与税收规划相关的规定及扣缴实务问题将在第二节详细介绍。

二、增值税

增值税是以商品（含应税劳务）在流转过程中产生的增值额作为计税依据而征收的一

种流转税。从计税原理上说，增值税是对商品生产、流通、劳务服务中多个环节的新增价值或商品的附加值征收的一种流转税。在中华人民共和国境内销售货物或者从事加工、修理修配劳务（以下简称劳务），销售服务、无形资产、不动产以及进口货物的单位和个人为增值税的纳税人，应当缴纳增值税。目前，增值税已经成为我国最主要的税种之一。

2017 年 11 月 19 日发布的修订后的《中华人民共和国增值税暂行条例》第二条规定，税率的调整由国务院决定。目前，增值税的主要税率分为三档，分别为 17%、11%和 6%，三档税率的适用范围如下：

（1）纳税人销售货物、劳务、有形动产租赁服务或者进口货物，除第（2）、（4）和（5）项另有规定外，税率为 17%。

（2）纳税人销售交通运输、邮政、基础电信、建筑、不动产租赁服务，销售不动产，转让土地使用权，销售或者进口下列货物，税率为 11%：

①粮食等农产品、食用植物油、食用盐；

②自来水、暖气、冷气、热水、煤气、石油液化气、天然气、二甲醚、沼气、居民用煤炭制品；

③图书、报纸、杂志、音像制品、电子出版物；

④饲料、化肥、农药、农机、农膜；

⑤国务院规定的其他货物。

（3）纳税人销售服务、无形资产，除第（1）、（2）和（5）项另有规定外，税率为 6%。

（4）纳税人出口货物，税率为零；但是，国务院另有规定的除外。

（5）境内单位和个人跨境销售国务院规定范围内的服务、无形资产，税率为零。

此后增值税率又进行过两次调整：2018 年 4 月 4 日，财政部和国家税务总局发布《关于调整增值税税率的通知》，规定自 2018 年 5 月 1 日起，纳税人发生增值税应税销售行为或者进口货物，原适用 17%和 11%税率的，税率分别调整为 16%和 10%。2019 年 3 月 20 日，财政部、国家税务总局和海关总署发布的《关于深化增值税改革有关政策的公告》规定，自 2019 年 4 月 1 日起，增值税一般纳税人发生增值税应税销售行为或者进口货物，原适用 16%税率的，税率调整为 13%；原适用 10%税率的，税率调整为 9%。

另外，根据《中华人民共和国增值税暂行条例》第十五条的规定，下列项目免征增值税：农业生产者销售的自产农产品；避孕药品和用具；古旧图书；直接用于科学研究、科学试验和教学的进口仪器、设备；外国政府、国际组织无偿援助的进口物资和设备：由残疾人组织直接进口的供残疾人专用的物品；销售的自己使用过的物品。除此之外，任何地区、部门均不得规定免税、减税项目。

增值税是价内税，对于消费者来说，这部分税已经包含在商品价格里。比如，张先生 2020 年 11 月在京东商城购买了一款戴尔显示器，价格为 2 499 元，这是一个含税价格，通过商家提供的增值税电子发票或者简单倒算可以得出，商品中包含的增值税税额为：$[2\,499/(1+13\%)]\times 13\%=287.5$(元)，商品的不含税价格为 2 211.5 元，两者合计即为商品价格2 499 元。

增值税纳税人的应纳税额是当期销项税额抵扣当期进项税额后的余额，计算公式为：

$$\text{应纳税额}=\text{当期销项税额}-\text{当期进项税额} \tag{10-1}$$

其中，纳税人发生应税销售行为，按照销售额和规定的税率计算收取的增值税额为销项税额。销项税额的计算公式为：

销项税额＝销售额×税率　(10-2)

纳税人购进货物、劳务、服务、无形资产、不动产支付或者负担的增值税额，为进项税额。进项税额的计算公式为：

进项税额＝买价×扣除率　(10-3)

当期销项税额小于当期进项税额不足抵扣时，其不足部分可以结转下期继续抵扣。

三、消费税

消费税是以消费品的流转额作为征税对象的各种税收的统称，是政府向消费品征收的税项，征收环节单一，多数在生产或进口环节缴纳。消费税是典型的间接税。在中华人民共和国境内销售、委托加工和进口应税消费品的单位和个人，以及国务院确定的销售规定的消费品的其他单位和个人，为消费税的纳税人。消费税的征税项目具有选择性，国家可以根据宏观产业政策和消费政策的要求，有目的、有重点地选择一些消费品征税，其主要目的是调节产品结构、引导消费方向、增加财政收入。2019年12月，财政部和国家税务总局对《中华人民共和国消费税法（征求意见稿）》公开征求意见。消费税的征收税目包括：烟、酒、高档化妆品、贵重首饰及珠宝玉石、鞭炮焰火、成品油、摩托车、小汽车、高尔夫球及球具、高档手表、游艇、木制一次性筷子、实木地板、电池及涂料。其中，税率最高的是甲类卷烟（56%加0.003元/支），最低的是汽缸容量在1.0升（含1.0升）以下的乘用小汽车（1%）。

从计税方法看，消费税的计税办法主要包括从价计税办法、从量计税办法，或者从价和从量复合计税办法。其应纳税额的计算公式分别为：

实行从价计税办法计算的应纳税额＝销售额×比例税率　(10-4)

实行从量计税办法计算的应纳税额＝销售数量×定额税率　(10-5)

实行复合计税办法计算的应纳税额＝销售额×比例税率＋销售数量×定额税率　(10-6)

从征收环节看，消费税主要在生产环节征收，个别税目如卷烟在批发环节再征收11%加0.005元/支的消费税，金银首饰、铂金首饰和钻石及钻石饰品在零售环节再征收5%的消费税，超豪华小汽车在零售环节再征收10%的消费税。

下面以甲类卷烟为例进行说明。甲类卷烟是指调拨价（烟草生产企业销售给烟草专卖局或者烟草公司的价格）为每条70元及以上的烟草产品。甲类卷烟实行从价和从量复合计税，并且在生产环节和批发环节都征税，其生产环节的税率为56%加0.003元/支，批发环节的税率为11%加0.005元/支。以一条（10包，20根/包）调拨价100元的香烟为例：

烟草生产企业销售给烟草专卖局或者烟草公司时：

生产环节应缴纳的消费税＝100×56%＋0.003×200＝56＋0.6＝56.6(元)

烟草专卖局或者烟草公司卖给批发商时：

批发环节应缴纳的消费税＝(100＋56.6)×11％＋0.005×200
＝17.23＋1＝18.23(元)

四、印花税

印花税是对经济活动和经济交往中书立、领受具有法律效力的凭证的行为所征收的一种税，因在应纳税凭证上粘贴印花税票作为完税标志而得名。应纳税凭证包括：购销、加工承揽、建设工程勘察设计、建筑安装工程承包、财产租赁、货物运输、仓储保管、借款、财产保险、技术合同或者具有合同性质的凭证；产权转移书据；营业账簿，权利、许可证照；经财政部确定征税的其他凭证。印花税票应当粘贴在应纳税凭证上，并由纳税人在每枚税票的骑缝处盖戳注销或者划销。比如，产权所有证上会贴有像邮票一样的印花税票。

对于个人而言，常见的印花税纳税环节为房地产买卖和证券交易。房地产印花税的税率有两种：第一种是比例税率，适用于房地产产权转移书据，税率为0.05％；同时适用于房屋租赁合同，税率为0.1％；也适用于房产购销合同，税率为0.05％。第二种是定额税率，适用于房地产权利证书，即房地产权证，税率为每件5元。

我国税法规定，对证券市场上买卖、继承、赠与所确立的股权转让依据，按确立时实际市场价格计算的金额征收印花税。证券交易印花税是从普通印花税发展而来的，属于行为税类，它是专门针对股票交易额征收的一种税。而证券交易印花税的税率高低则是政府向投资者传递的明确信号——降低印花税税率可刺激证券成交，反之则会起到抑制证券成交的作用。

在1990—2008年我国证券市场发展的近20年中，我国仅两次提高证券交易印花税税率，一次是在1997年，另一次是在2007年。2014年财政部和国家税务总局发布的《关于以上市公司股权出资有关证券（股票）交易印花税政策问题的通知》规定："按照现行印花税政策规定，投资人以其持有的上市公司股权进行出资而发生的股权转让行为，不属于证券（股票）交易印花税的征税范围，不征收证券（股票）交易印花税。上述行为的认定，由投资人按照本通知附件的要求提供相关资料；由证券登记结算公司所在地主管税务机关办理，并通知证券登记结算公司。"2015年12月31日，国务院发布的《关于调整证券交易印花税中央与地方分享比例的通知》规定："从2016年1月1日起，将证券交易印花税由按中央97％、地方3％比例分享全部调整为中央收入。"

五、契税

契税是以在我国境内转移的土地、房屋权属为征税对象，向取得土地使用权、房屋所有权的承受人征收的一种税。转移土地、房屋权属包括：土地使用权转让，包括出售、赠与和交换；房屋买卖；房屋赠与；房屋交换。契税税率为3％～5％，由省、自治区、直辖市人民政府在3％～5％的幅度内根据本地区的实际情况确定，并报财政部和国家税务总局备案。

从契税的计税依据看，国有土地使用权出让、土地使用权出售、房屋买卖，计税依据为成交价格；土地使用权赠与、房屋赠与，由征收机关参照土地使用权出售、房屋买卖的市场价格核定；土地使用权交换、房屋交换，为所交换的土地使用权、房屋价格的差额。成交价格明显低于市场价格且无正当理由的，或者所交换土地使用权、房屋价格的差额明显不合理且无正当理由的，由征收机关参照市场价格核定。

从契税的实际征收来看，政府通常对一般商品房或普通住宅减半征税，对商业住房、别墅住宅按3%征税。2016年2月，财政部、国家税务总局、住建部共同发布《关于调整房地产交易环节契税、营业税优惠政策的通知》，对个人购买住房实行差别化税率：(1) 对个人购买家庭唯一住房（家庭成员范围包括购房人、配偶以及未成年子女，下同），面积为90平方米及以下的，减按1%的税率征收契税；面积为90平方米以上的，减按1.5%的税率征收契税。(2) 对个人购买家庭第二套改善性住房，面积为90平方米及以下的，减按1%的税率征收契税；面积为90平方米以上的，减按2%的税率征收契税。家庭第二套改善性住房是指已拥有一套住房的家庭购买的家庭第二套住房。

六、城市维护建设税

城市维护建设税是我国为了加强城市的维护建设、扩大和稳定城市维护建设资金的来源而对有经营收入的单位和个人征收的一种税。城市维护建设税以纳税人实际缴纳的消费税、增值税税额为计税依据，分别与消费税、增值税同时缴纳。城市维护建设税税率如下：纳税人所在地在市区的，税率为7%；纳税人所在地在县城、镇的，税率为5%；纳税人所在地不在市区、县城或镇的，税率为1%。纳税人所在地是指纳税人住所地或者与纳税人生产经营活动相关的其他地点，具体地点由省、自治区、直辖市确定。

七、车辆购置税

车辆购置税是指对在中华人民共和国境内购置汽车、有轨电车、汽车挂车、排气量超过150毫升的摩托车的单位和个人，按照应税车辆计税价格的一定比率征收的一种税。车辆购置税的税率为10%，应纳税额按照应税车辆的计税价格乘以税率计算。

车辆购置税的计税价格根据不同情况，按下列规定确定：(1) 纳税人购买自用应税车辆的计税价格，为纳税人实际支付给销售者的全部价款，不包括增值税税款；(2) 纳税人进口自用应税车辆的计税价格，为关税完税价格加上关税和消费税；(3) 纳税人自产自用应税车辆的计税价格，按照纳税人生产的同类应税车辆的销售价格确定，不包括增值税税款；(4) 纳税人以受赠、获奖或者其他方式取得自用应税车辆的计税价格，按照购置应税车辆时相关凭证载明的价格确定，不包括增值税税款。购置应税车辆的，应当自购买之日起60日内申报缴纳车辆购置税。

根据2018年12月29日颁布的《中华人民共和国车辆购置税法》，下列车辆免征车辆购置税：(1) 依照法律规定应当予以免税的外国驻华使馆、领事馆和国际组织驻华机构及其有关人员自用的车辆；(2) 中国人民解放军和中国人民武装警察部队列入装备订货计划的车辆；(3) 悬挂应急救援专用号牌的国家综合性消防救援车辆；(4) 设有固定装置的非运输专用作业车辆；(5) 城市公交企业购置的公共汽电车辆。根据国民经济和社会发展的需要，国务院可以规定减征或者其他免征车辆购置税的情形，报全国人民代表大会常务委员会备案。

2017年12月，财政部等四部委发布《关于免征新能源汽车车辆购置税的公告》，规定自2018年1月1日至2020年12月31日，对购置的新能源汽车免征车辆购置税。在2017年12月31日之前已经列入《免征车辆购置税的新能源汽车车型目录》的新能源汽车，对其免征车辆购置税的政策继续有效。

车辆购置税实行一次性征收，即购买新车时需要缴纳车辆购置税，而二手车辆交易则不需要缴纳。

第二节　个人所得税扣缴方法与实务

知识讲解

个人所得税扣缴方法与实务

一、个人所得税的专项附加扣除

2018 年《中华人民共和国个人所得税法》修正时首次引入了专项附加扣除，主要针对教育、医疗、住房、养老等民生支出，遵循公平合理、利于民生、简便易行的原则，充分考虑了个人负担的差异性，旨在提高人民群众的获得感和幸福感。目前，专项附加扣除主要包含子女教育、继续教育、大病医疗、住房贷款利息或者住房租金、赡养老人、3 岁以下婴幼儿照护七项支出。取得综合所得和经营所得的居民个人可以进行专项附加扣除。

（一）子女教育

纳税人年满 3 岁的子女接受学前教育和学历教育的相关支出，按照每个子女每月1 000 元的标准定额扣除。父母可以选择由其中一方按照扣除标准的 100%扣除，也可以选择由双方分别按照扣除标准的 50%扣除，具体扣除方式在一个纳税年度内不能变更。子女的范围包括婚生子女、非婚生子女、养子女、继子女，也包括未成年且受到本人监护的非子女。

在实务中需要注意如下几点：

第一，子女教育专项附加扣除的扣除主体是父母。这里的“父母”包括亲生父母、养父母、继父母。如果是未成年人，还包括其法定监护人。法定监护人不是受教育子女父母的，比照上述原则扣除。

第二，学前教育和学历教育分别包括：学前教育针对的是处于满 3 周岁至上小学前这一阶段的子女，不管有没有上幼儿园都可以扣除；学历教育包括义务教育（小学和初中）、高中教育（普通高中、技工教育、中等职业）和高等教育（大学专科、大学本科、硕士、博士），博士后属于科研工作岗位，不属于全日制学历教育，不列入子女教育扣除范围。类似地，在职进修等也不属全日制学历教育，不列入扣除范围。

第三，不管子女接受教育的机构是公办的还是民办的均可以扣除；寒暑假期间、因病休学期间均可以扣除；不管子女是在境内还是在境外接受教育均可以扣除。

（二）继续教育

纳税人在中国境内接受学历（学位）继续教育的支出，在接受学历（学位）教育期间按照每月 400 元（每年 4 800 元）定额扣除。接受同一学历（学位）继续教育的扣除年限不能超过 48 个月（4 年）。纳税人接受技能人员职业资格继续教育、专业技术人员职业资格继续教育发生的支出，在取得相关证书的当年，按照 3 600 元定额扣除。个人接受本科及以下学历（学位）继续教育，符合规定扣除条件的，可以选择由其父母扣除，也可以选择由本人扣除。

根据上述规定，实务中需要注意以下几点：

第一，继续教育中的学历教育仅限于中国境内，这与子女教育专项附加扣除的规定不同。同时，继续教育中的学历教育和子女教育中的学历教育，如果是本科及以下的学历教育，只能二选一扣除。如果子女是本科毕业工作后再接受硕士或博士学历教育，则只能作为继续教育扣除项目由子女扣除，不能再作为子女教育扣除项目由父母扣除。

第二，继续教育的范围包括学历继续教育和职业资格继续教育，前者包括义务教育、高中教育和高等教育三个阶段，后者又分为技能人员职业资格和专业技术人员职业资格。技能人员职业资格共包括81项，其中准入类5项、水平评价类76项，均由人力资源和社会保障部负责职业资格的鉴定及证书的核发与管理，职业资格的具体名称可参见人力资源和社会保障部发布的《人力资源和社会保障部关于公布国家职业资格目录的通知》。专业技术人员职业资格共59项，其中36项属于人力资源和社会保障部，其余23项由教育部、司法部、财政部等多个部委分头管理。

第三，如当年取得了多个职业资格继续教育证书，不能累计计算，一年只能扣除一个3 600元。类似地，多个学历教育的支出也只能每年定额扣除4 800元。另外，职业资格继续教育证书的所属年度以证书上的时间为准，而不以取得证书的时间为准，因为后者不易证明。

第四，花艺、球类等兴趣培训的继续教育费用不可以扣除。其原因在于，如果实务中扣除范围太广泛，很可能因扣除项无法核实而影响税收征收的严肃性。

（三）大病医疗

在一个纳税年度内，纳税人发生的与基本医保相关的医药费用支出，扣除医保报销后个人负担（指医保目录范围内的自付部分）累计超过15 000元的部分，由纳税人在办理年度汇算清缴时，在80 000元限额内据实扣除。纳税人发生的医疗费用支出可以选择由本人或者其配偶扣除；未成年子女发生的医药费用支出可以选择由其父母一方扣除。纳税人及其配偶、未成年子女发生的医药费用支出，应按前述规定分别计算扣除额。

在实务操作中，需要注意如下几点：

第一，从纳税主体来看，纳税人可以扣除本人或者配偶的大病医疗支出，也可以扣除未成年子女的大病医疗支出。

第二，在七项专项附加扣除中，大病医疗支出是唯一不采用定额，而采用限额的据实扣除项目。其具体金额是个人负担的医药费用在15 000元以上95 000元以下的实际发生额。

第三，大病医疗支出在一个家庭中不能累加，计算出的扣除额可以累加。我们举一个简单的例子加以说明。比如，纳税人本人当年自负医药费13 000元，未成年子女当年自负医药费14 000元，由于两人均未超过大病医疗支出的起点15 000元，因此都不能享受大病医疗支出扣除，不能把大病医疗支出累加成27 000元后予以扣除。如果改变一下发生额，比如本人当年自负120 000元，未成年子女当年自负17 000元，则本人可扣除80 000元，未成年子女可扣除2 000元，扣除额可以累加成82 000元，由本人或者配偶一方扣除均可。这就是规定中最后一句“分别计算扣除额”的实务含义。

第四，大病医疗支出以一个年度为期间结算，不存在起始时间，只要是在这一个纳税年度内实际发生的符合规定的支出，就可以扣除。

第五，大病医疗专项附加扣除采用个人提交材料自行申报的方式，因此纳税人需要留存好医疗服务收费相关票据原件或复印件备查。办理扣除的时间统一为次年综合所得汇算清缴期间。

（四）住房贷款利息

纳税人本人或者配偶为购买中国境内住房所发生的，单独或共同使用住房公积金贷款或者商业银行贷款形成的首套住房贷款利息支出，在实际发生贷款利息的年度，按照每月1 000元（每年12 000元）的标准定额扣除，扣除期限最长不超过240个月（20年）。纳税人只能享受一次首套住房贷款的利息扣除。夫妻双方婚前分别购买住房发生的首套住房贷款，其贷款利息支出，婚后可以选择其中一套住房，由购买方按扣除标准的100%扣除，也可以由夫妻双方对各自购买的住房分别按扣除标准的50%扣除，具体扣除方式在一个纳税年度内不能变更。

在实务操作中，需要注意如下几点：

第一，可以扣除住房贷款利息的主体是贷款人或其配偶（二选一）。单身个人作为贷款人的，由该贷款人扣除。

第二，必须是住房贷款，商住两用房、商铺贷款等均不能扣除。

第三，必须是首套住房贷款。由于房地产市场的区域差异明显，调控政策往往“因城而异”，各地对于“首套住房贷款”的认定存在事实上的差异，比如有的城市明确为个人或家庭的首套住房发生的贷款，有的城市明确为个人或家庭的首次住房贷款。因此，在个税扣除的实务操作中，以购买住房是否享受首套住房贷款利率来认定，一旦金融机构给予了首套住房贷款利率，就可认定为符合扣除条件。对于贷款利率不清楚的，可以向放贷银行或者公积金中心查询。

第四，住房仅限中国境内，不包括境外住房，且住房贷款利息每人一生中仅可扣除一次。

（五）住房租金

纳税人在主要工作城市没有自有住房而发生的住房租金支出，可以按照以下标准定额扣除：直辖市、省会（首府）城市、计划单列市以及国务院确定的其他城市，扣除标准为每月1 500元（每年18 000元）；除上述城市外，市辖区户籍人口超过100万的城市，扣除标准为每月1 100元（每年13 200元）；市辖区户籍人口不超过100万的城市，扣除标准为每月800元（每年9 600元）。纳税人的配偶在纳税人的主要工作城市有自有住房的，视同纳税人在主要工作城市有自有住房。夫妻双方主要工作城市相同的，只能由一方扣除住房租金支出。并且，住房贷款利息和住房租金专项附加扣除是互斥的，不能同时扣除。

住房租金的扣除表述比较复杂，为便于理解请见图10-2。

在实际执行过程中，需要注意如下几点：

第一，关于主要工作城市的认定。首先看纳税人任职受雇所在城市，没有任职受雇单位的，为受理其综合所得汇算清缴的税务机关所在城市。城市范围包括直辖市、计划单列市、副省级城市、地级市（地区、州、盟）的全部行政区域，即以行政区划为判断标准，并且主要工作城市的最低级别为地级市（地区、州、盟），不再向下延伸。比如，你在安徽省六安

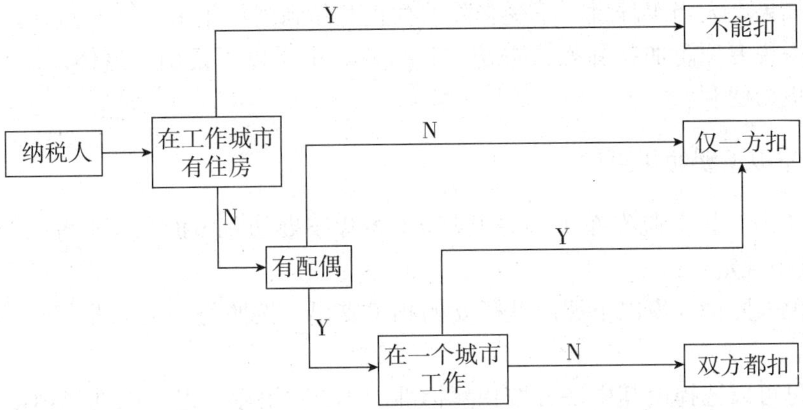

图 10-2　住房租金扣除的判别过程

市工作，如果你在距离六安市约50公里外的霍山县购买了房子，那么就判定你在主要城市有住房，即使你因为通勤不便在六安市区租住了房子，也不符合住房租金的扣除条件。

第二，在主要工作城市无住房，且在租房期间，这两个条件必须同时具备。

第三，住房贷款利息和住房租金只能二选一。比如你在北京购买了住房，但是长期在上海工作且租了房子，那么你在一个纳税年度中只能选择一个，要么扣除北京住房贷款的利息，要么扣除上海的住房租金，两项不能同时扣除。

第四，对于一些个案，比如公司提供员工宿舍的情况，则按员工是否需要自己承担租金处理：如果员工需要自己承担租金，则视同租房，可以扣除；如果属于公司提供的福利，员工不需要承担租金，则不能扣除。

（六）赡养老人

纳税人赡养一位及以上被赡养人的赡养支出，统一按照以下标准定额扣除：纳税人为独生子女的，按照每月2 000元（每年24 000元）的标准定额扣除；纳税人为非独生子女的，由其与兄弟姐妹分摊每月2 000元的扣除额度，每人分摊的额度最高不能超过每月1 000元（每年12 000元）。赡养支出可以由赡养人均摊或者约定分摊，也可以由被赡养人指定分摊。约定分摊或者指定分摊的须签订书面分摊协议，具体分摊方式和额度在一个纳税年度内不能变更。如果老人子女已经去世，其孙子女、外孙子女实际承担对老人的赡养义务的，也可以适用赡养老人扣除。

在实务操作中，需要注意如下几点：

第一，由纳税人本人扣除，不包括配偶。扣除对象未包含子女的配偶即女婿、儿媳，主要原因是后两者也有自己的父母，也可以享受扣除。如果包含的话容易出现多重扣除认定上的交叉，给实际认定带来困难。

第二，子女既包括亲生子女，也包括非婚生子女、养子女、继子女，即负有赡养义务的所有子女。

第三，有一种情况不能扣除，需要注意。即：如果本人还健在但无能力赡养父母，把对父母的实际赡养义务转嫁给自己的子女时，自己的子女不能进行扣除，主要原因在于是否属于无力赡养在实践中较难认定，容易引起分歧。

第四，如果老人当年辞世，享受扣除的截止时间到当年年末。这一点在国家税务总局的《个人所得税专项附加扣除操作办法（试行）》中予以了说明，这体现了税收的善意，操作起来也更为便利。

（七）3 岁以下婴幼儿照护

2022 年 3 月，国务院发布了《关于设立 3 岁以下婴幼儿照护个人所得税专项附加扣除的通知》，其中规定：

（1）纳税人照护 3 岁以下婴幼儿子女的相关支出，按照每个婴幼儿每月 1 000 元的标准定额扣除。

（2）父母可以选择由其中一方按扣除标准的 100%扣除，也可以选择由双方分别按扣除标准的 50%扣除，具体扣除方式在一个纳税年度内不能变更。

（3）3 岁以下婴幼儿照护个人所得税专项附加扣除涉及的保障措施和其他事项，参照《个人所得税专项附加扣除暂行办法》有关规定执行。

二、个人所得税的扣缴方法

个人所得税的扣缴申报是指扣缴义务人在支付所得时，按照税法的相关规定代扣代缴税款，并且向税务机关解缴税款的行为。新《个人所得税法》规定：扣缴义务人是向个人支付所得的单位和个人。在新《个人所得税法》列出的 9 个税目中，4 个是综合所得，5 个是分类所得，其中第（5）个经营所得属于自行纳税申报，并不涉及扣缴行为。在新《个人所得税法》中，扣缴申报分为对综合所得的扣缴和对其他分类所得的扣缴，其中对居民个人的综合所得又属于预扣预缴，与年度的汇算清缴相适应。为方便理解，我们通过图 10－3 列示了各类所得的具体扣缴方法。

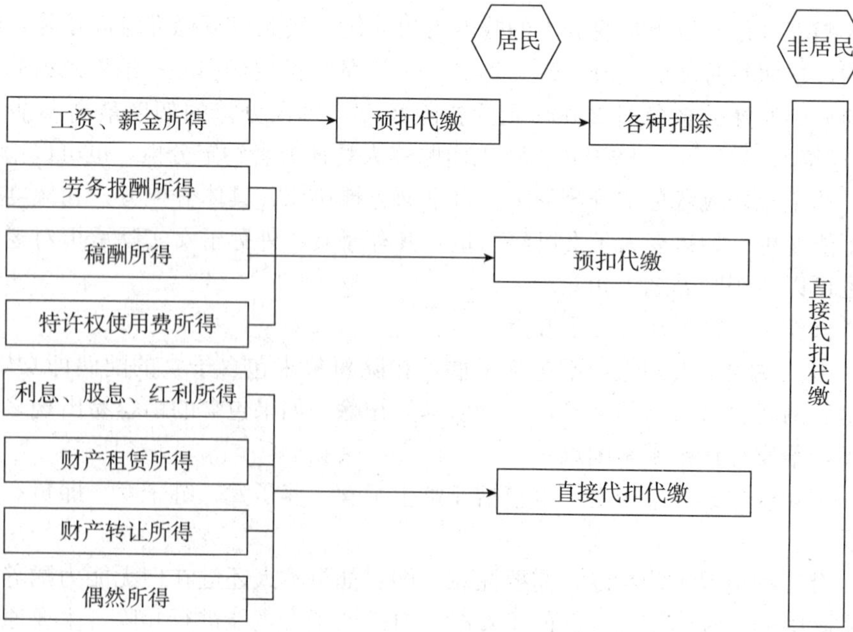

图 10－3 各类所得的具体扣缴方法

（一）居民个人工资、薪金所得的累计预扣法

在预扣预缴实务中，居民个人工资、薪金所得适用累计预扣法。

累计预扣法，是指当扣缴义务人在一个纳税年度内预扣预缴税款时，以纳税人在当年本单位截至当前月份工资、薪金所得累计收入减除相关扣除后的余额为累计预扣预缴应纳税所得额，适用个人所得税预扣税率表一（表10-1）。计算累计应预扣预缴税额，再减除累计减免税额和累计已预扣预缴税额，其余额为本期应预扣预缴税额。余额为负数时，暂不退税。纳税年度终了后余额仍为负数时，由纳税人通过办理综合所得年度汇算清缴，税款多退少补。具体计算公式如下：

累计预扣预缴应纳税所得额＝累计收入－累计免税收入－累计基本减除费用
－累计专项扣除－累计专项附加扣除
－累计依法确定的其他扣除　　(10-7)

本期应预扣预缴税额＝(累计预扣预缴应纳税所得额×预扣率－速算扣除数)
－累计减免税额－累计已预扣预缴税额　　(10-8)

表10-1　个人所得税税率表一（综合所得适用）

级数	全年应纳税所得额	税率（%）	速算扣除数（元）
1	不超过36 000元的	3	0
2	超过36 000元至144 000元的部分	10	2 520
3	超过144 000元至300 000元的部分	20	16 920
4	超过300 000元至420 000元的部分	25	31 920
5	超过420 000元至660 000元的部分	30	52 920
6	超过660 000元至960 000元的部分	35	85 920
7	超过960 000元的部分	45	181 920

在实务中，需要注意的是：

第一，累计减除费用按照5 000元/月乘以当年截至本月纳税人在本单位任职受雇月份数计算。

第二，工资、薪金所得必须按月预扣。另外，如员工在年内换工作，新雇主无须将老雇主的预扣情况计算在内。

（二）居民个人劳务报酬所得、稿酬所得、特许权使用费所得的预扣预缴

在预扣预缴实务中，劳务报酬所得、稿酬所得、特许权使用费所得以收入减除费用后的余额为收入额；稿酬收入的收入额再减按70%计算。

从减除费用看，在预扣预缴税款时，劳务报酬所得、稿酬所得、特许权使用费所得每次收入不超过4 000元的，减除费用按800元计算；每次收入在4 000元以上的，减除费用按收入的20%计算。

从应纳税所得额看，劳务报酬所得、稿酬所得、特许权使用费所得以每次收入额为预

扣预缴应纳税所得额，计算应预扣预缴税额。其中，劳务报酬所得根据应纳税所得额的不同，采用20%～40%的三级累进超额预扣率，如表10－2所示。

表10－2 劳务报酬所得预扣率表

级数	预扣预缴应纳税所得额	预扣率（%）	速算扣除数（元）
1	不超过20 000元的	20	0
2	超过20 000元至50 000元的部分	30	2 000
3	超过50 000元的部分	40	7 000

这三项所得应预扣预缴税额的计算公式分别如下：

$$\frac{\text{劳务报酬所得}}{\text{应预扣预缴税额}}=\frac{\text{劳务报酬所得预扣预缴}}{\text{应纳税所得额}}\times\text{预扣率}-\frac{\text{速算}}{\text{扣除数}} \qquad (10-9)$$

$$\frac{\text{稿酬所得}}{\text{应预扣预缴税额}}=\frac{\text{稿酬所得预扣预缴}}{\text{应纳税所得额}}\times 20\% \qquad (10-10)$$

$$\frac{\text{特许权使用费所得}}{\text{应预扣预缴税额}}=\frac{\text{特许权使用费所得}}{\text{预扣预缴应纳税所得额}}\times 20\% \qquad (10-11)$$

（三）其他扣缴申报

其他扣缴申报主要包括两类：一类是非居民个人综合所得的扣缴申报，另一类是其他分类所得的扣缴申报。这两者相对简单，在此做一简述。

1. 非居民个人综合所得的扣缴申报

新《个人所得税法》规定，扣缴义务人向非居民个人支付工资、薪酬所得，劳务报酬所得、稿酬所得和特许权使用费所得，不采用预扣预缴方式，直接按月或按次代扣代缴税款。

其中，非居民个人的工资、薪金所得，以每月收入额减除费用5 000元后的余额为应纳税所得额；劳务报酬所得、稿酬所得和特许权使用费所得，以每次收入额为应纳税所得额，适用表10－3个人所得税税率表三（其实质是表10－1的月度版），计算应纳税额。

表10－3 个人所得税税率表三

（非居民个人工资、薪金所得，劳务报酬所得，稿酬所得，特许权使用费所得适用）

级数	全月应纳税所得额	税率（%）	速算扣除数（元）
1	不超过3 000元的	3	0
2	超过30 000元至12 000元的部分	10	210
3	超过12 000元至25 000元的部分	20	1 410
4	超过25 000元至35 000元的部分	25	2 660
5	超过35 000元至55 000元的部分	30	4 410
6	超过55 000元至80 000元的部分	35	7 160
7	超过80 000元的部分	45	15 160

从减除费用看，非居民个人的劳务报酬所得、稿酬所得、特许权使用费所得有所简化，不再区分是否超过4 000元，统一按照收入减除20%费用后的余额作为收入额；稿酬所得的收入额再减按70%计算。

另外，如果纳税人从非居民个人转变为居民个人，并不需要在变更当月就更改预缴方式和计算方式，而是到年度终了时再进行汇算清缴，其原则是在一个纳税年度内税款扣缴方法保持不变。该纳税人在年中直接代扣代缴的税款，在年末汇算清缴时变成已经预扣预缴的税款进行扣除。

2. 其他分类所得的扣缴申报

扣缴义务人支付利息、股息、红利所得，财产租赁所得，财产转让所得或者偶然所得时，应当依法按次或者按月代扣代缴税款。这部分的扣缴申报方法在图10-3的下半部分已经予以列示，此处不再赘述。

三、个人所得税扣缴清算实务

（一）工资、薪金所得的扣缴申报

赵先生在甲企业任职，2019年1—12月每月取得工资、薪金所得16 000元，无免税收入，每季度末取得24 000元季度考核奖金收入；每月缴纳“三险一金”3 200元，每月可以办理的专项附加扣除为3 000元（子女教育1 000元+赡养老人1 000元+住房贷款利息1 000元）。但其4月因为一个重大工作失误，仅取得工资、薪金所得10 000元，对应的“三险一金”降为2 000元，同时，赵先生还购买了税收递延型养老保险每月1 000元。请计算赵先生各月的工资、薪金所得的个人所得税预扣预缴额。

1. 2019年1月

本月赵先生的收入情况是：取得工资、薪金所得16 000元，无免税收入，缴纳“三险一金”3 200元，可以办理的专项附加扣除为3 000元，无其他扣除。

根据式（10-7），有：

$$\begin{aligned}1\text{月累计预扣预缴应纳税所得额}&=\text{累计收入}-\text{累计免税收入}-\text{累计基本减除费用}\\&\quad-\text{累计专项扣除}-\text{累计专项附加扣除}\\&\quad-\text{累计依法确定的其他扣除}\\&=16\ 000-0-5\ 000-3\ 200-3\ 000-0\\&=4\ 800(\text{元})\end{aligned}$$

查表10-1可得，全年应纳税所得额不超过36 000元的部分，对应税率为3%。

根据式（10-8），有：

$$\begin{aligned}1\text{月应预扣预缴税额}&=(\text{累计预扣预缴应纳税所得额}\times\text{预扣率}-\text{速算扣除数})\\&\quad-\text{累计减免税额}-\text{累计已预扣预缴税额}\\&=(4\ 800\times3\%-0)-0-0\\&=144(\text{元})\end{aligned}$$

在实务操作中，2019年1月，甲企业在发放工资环节计算并预扣个人所得税144元；2019年2月，甲企业作为扣缴义务人，按照新《个人所得税法》为赵先生预缴个人所得税

144 元。

2. 2019 年 2 月

本月赵先生的收入情况与上月相同。按照居民工资、薪金所得所适用的累计预扣法，2 月累计预扣预缴应纳税所得额和应预扣预缴税额计算如下：

（1）累计预扣预缴应纳税所得额计算。

累计收入＝16 000＋16 000＝32 000(元)
累计免税收入＝0(元)
累计基本减除费用＝5 000 元/月×当前月份数＝5 000×2＝10 000(元)
累计专项扣除＝3 200×2＝6 400(元)
累计专项附加扣除＝3 000×2＝6 000(元)
累计依法确定的其他扣除＝0(元)

根据式（10－7），有：

2 月累计预扣预缴应纳税所得额＝32 000－0－10 000－6 400－6 000－0＝9 600(元)

（2）本月应预扣预缴税额计算。

9 600 元仍然适用表 10－1 中的第一档，对应税率为 3%，据此：

2 月应预扣预缴税额＝(9 600×3%－0)－0－144＝288－144＝144(元)

在实务操作中，2019 年 2 月，甲企业在发放工资环节计算并为赵先生预扣个人所得税 144 元；2019 年 3 月，甲企业为赵先生预缴个人所得税 144 元。

3. 2019 年 3 月

本月赵先生增加了一笔收入：除了前述收入和减免项外，另外取得一笔季度考核奖金收入 24 000 元。故 3 月累计预扣预缴应纳税所得额和应预扣预缴税额计算如下：

（1）累计预扣预缴应纳税所得额计算。

累计收入＝16 000×3＋24 000＝72 000(元)
累计免税收入＝0(元)
累计基本减除费用＝5 000×3＝15 000(元)
累计专项扣除＝3 200×3＝9 600(元)
累计专项附加扣除＝3 000×3＝9 000(元)
累计依法确定的其他扣除＝0(元)
3 月累计预扣预缴应纳税所得额＝72 000－0－15 000－9 600－9 000－0
＝38 400(元)

（2）本月应预扣预缴税额计算。

38 400 元属于表 10－1 中的第二档，对应税率为 10%。据此：

3 月应预扣预缴税额＝(38 400×10%－2 520)－0－288＝1 320－288＝1 032(元)

在实务操作中，2019 年 3 月，甲企业预扣个人所得税 1 032 元；2019 年 4 月，甲企业为赵先生预缴个人所得税 1 032 元。

4. 2019 年 4 月

本月赵先生收入发生了变化：一是仅取得工资、薪金所得 10 000 元，对应“三险一金”降为 2 000 元；二是购买了税收递延型养老保险每月 1 000 元，属于“累计依法确定的其他扣除”。故 4 月累计预扣预缴应纳税所得额和应预扣预缴税额计算如下：

（1）累计预扣预缴应纳税所得额计算。

累计收入＝72 000＋10 000＝82 000(元)

累计免税收入＝0(元)

累计基本减除费用＝5 000×4＝20 000(元)

累计专项扣除＝3 200×3＋2 000＝11 600(元)

累计专项附加扣除＝3 000×4＝12 000(元)

累计依法确定的其他扣除＝1 000(元)

4 月累计预扣预缴应纳税所得额＝82 000－0－20 000－11 600－12 000－1 000
＝37 400(元)

（2）本月预扣预缴税额计算。

37 400 元属于表 10－1 中的第二档，对应税率为 10％。据此：

4 月应预扣预缴税额＝(37 400×10％－2 520)－0－1 320＝－100(元)

在实务操作中，因本月应预扣预缴税额为负数，故甲企业无须再预扣预缴，也暂不办理退税。

5. 2019 年 5 月

本月赵先生收入恢复正常：工资薪金收入调回 16 000 元，对应“三险一金”为 3 200 元，税收递延型养老保险 1 000 元仍在支付，其他无变化。故 5 月累计预扣预缴应纳税所得额和应预扣预缴税额计算如下：

（1）累计预扣预缴应纳税所得额计算。

累计收入＝82 000＋16 000＝98 000(元)

累计免税收入＝0(元)

累计基本减除费用＝5 000×5＝25 000(元)

累计专项扣除＝11 600＋3 200＝14 800(元)

累计专项附加扣除＝3 000×5＝15 000(元)

累计依法确定的其他扣除＝1 000×2＝2 000(元)

5 月累计预扣预缴应纳税所得额＝98 000－0－25 000－14 800－15 000－2 000
＝41 200(元)

（2）本月应预扣预缴税额计算。

41 200 元属于表 10－1 中的第二档，对应税率为 10％。据此：

5 月应预扣预缴税额＝(41 200×10％－2 520)－0－1 220＝380(元)

在实务操作中，2019 年 5 月，甲企业在发放工资环节计算并为赵先生预扣个人所得税 380 元；2019 年 6 月，甲企业为赵先生预缴个人所得税 380 元。

以此类推，可以计算出赵先生个人所得税预扣预缴情况明细表如表 10 - 4 所示。

表 10 - 4 2019 年赵先生工资、薪金所得个人所得税预扣预缴情况明细表

月份	工资、薪金所得	季度奖金	基本减除费用	专项扣除	专项附加扣除	依法确定的其他扣除	累计预扣预缴应纳税所得额	适用税率	速算扣除数	累计应预扣预缴税额	当月应预扣预缴税额
1月	16 000	0	5 000	3 200	3 000	0	4 800	3%	0	144	144
2月	16 000	0	5 000	3 200	3 000	0	9 600	3%	0	288	144
累计	32 000	0	10 000	6 400	6 000	0					
3月	16 000	24 000	5 000	3 200	3 000	0	38 400	10%	2 520	1 320	1 032
累计	48 000	24 000	15 000	9 600	9 000						
4月	10 000	0	5 000	2 000	3 000	1 000	37 400	10%	2 520	1 220	—100
累计	58 000	24 000	20 000	11 600	12 000	1 000					
5月	16 000	0	5 000	3 200	3 000	1 000	41 200	10%	2 520	1 600	380
累计	74 000	24 000	25 000	14 800	15 000	2 000					
6月	16 000	24 000	5 000	3 200	3 000	1 000	69 000	10%	2 520	4 380	2 780
累计	90 000	48 000	30 000	18 000	18 000	3 000					
7月	16 000	0	5 000	3 200	3 000	1 000	72 800	10%	2 520	4 760	380
累计	106 000	48 000	35 000	21 200	21 000	4 000					
8月	16 000	0	5 000	3 200	3 000	1 000	76 600	10%	2 520	5 140	380
累计	122 000	48 000	40 000	24 400	24 000	5 000					
9月	16 000	24 000	5 000	3 200	3 000	1 000	104 400	10%	2 520	7 920	2 780
累计	138 000	72 000	45 000	27 600	27 000	6 000					
10月	16 000	0	5 000	3 200	3 000	1 000	108 200	10%	2 520	8 300	380
累计	154 000	72 000	50 000	30 800	30 000	7 000					
11月	16 000	0	5 000	3 200	3 000	1 000	112 000	10%	2 520	8 680	380
累计	170 000	72 000	55 000	34 000	33 000	8 000					
12月	16 000	24 000	5 000	3 200	3 000	1 000	139 800	10%	2 520	11 460	2 780
累计	186 000	96 000	60 000	37 200	36 000	9 000					

说明：除“适用税率”一栏外，其余各栏单位均为“元”。

（二）劳务报酬所得的个人所得税预扣预缴

赵先生在甲企业任职之余，还利用自身的工程设计专长为其他企业提供服务。2019 年 3 月，乙企业向赵先生支付劳务报酬 30 000 元。赵先生拿出 1 000 元通过国家机关捐赠给受灾地区。请计算乙企业需要为赵先生预扣预缴的所得税。

在本例中，计算过程如下：

收入额＝30 000×(1－20%)＝24 000(元)

预扣预缴应纳税所得额＝24 000(元)(本笔捐赠支出可在汇算清缴时扣除)

根据表10-2，赵先生该笔劳务报酬适用30%的预扣率，因此：

应预扣预缴税额＝24 000×30%－2 000＝5 200(元)

故乙企业需要为赵先生预扣预缴的个人所得税为5 200元。

(三) 稿酬所得的个人所得税预扣预缴

赵先生还具有科学和人文素养，他出版了一本科幻小说，于2019年8月获得稿酬收入3 000元。请计算出版社需要为其预扣预缴的所得税。

在本例中，赵先生的稿酬所得为3 000元，低于4 000元，故扣减800元，另外稿酬还有7折优惠，计算如下：

收入额＝(3 000－800)×0.7＝1 540(元)

预扣预缴应纳税所得额＝1 540(元)

应预扣预缴税额＝1 540×20%＝308(元)

(四) 特许权使用费所得的个人所得税预扣预缴

此外，赵先生还拥有一项关于机械设计的发明专利，丙公司于2019年10月向其支付特许权使用费20 000元。请计算丙公司需要为其预扣预缴的所得税。

在本例中，赵先生的特许权使用费所得为20 000元，应预扣预缴税额计算如下：

收入额＝20 000×(1－20%)＝16 000(元)

预扣预缴应纳税所得额＝16 000(元)

应预扣预缴税额＝16 000×20%＝3 200(元)

(五) 综合所得的汇算清缴

赵先生需于2020年3—6月进行个人所得税的年度汇算清缴，具体如下：

(1) 计算当年收入额。

工资、薪金所得＝186 000(工资)＋96 000(季度考核奖金)＝282 000(元)

劳务报酬所得＝24 000(元)

稿酬所得＝1 540(元)

特许权使用费所得＝16 000(元)

当年收入额＝282 000＋24 000＋1 540＋16 000＝323 540(元)

(2) 计算当年综合所得（即应纳税所得额）。

新《个人所得税法》第六条第一款规定：“居民个人的综合所得，以每一纳税年度的收入额减除费用六万元以及专项扣除、专项附加扣除和依法确定的其他扣除后的余额，为应纳税所得额。”此处需要注意的是，赵先生在劳务报酬所得中有一笔1 000元的捐赠支出，属于“依法确定的其他扣除”，在计算综合所得时可以扣除，因此：

应纳税所得额＝323 540－60 000－37 200－36 000－9 000－1 000＝180 340(元)

(3) 计算应纳税额并进行汇算清缴。

因赵先生全年应纳税所得额超过了 144 000 元，适用七级累进税率中的第三级 20%，故有关数据计算如下：

应纳税额＝180 340×20%－16 920＝19 148(元)
已预扣预缴税额＝11 460＋5 200＋308＋3 200＝20 168(元)
2019 年汇算清缴额＝19 148－20 168＝－1 020(元)

由于赵先生应纳税额低于已预扣预缴税额，因此 2019 年的汇算清缴数为－1 020 元，即税务机关应该退税 1 020 元。

第三节 税收规划实务操作

知识讲解

税收规划实务操作

税收规划起源于税务咨询，最早出现于 19 世纪中叶的意大利，相关概念的正式提出始于美国财务会计准则。财富管理的税收规划是指在符合国家法规和税法的前提下，选择合理合法的方式进行收入规划以降低税额，实现税后收入最大化目标的一系列税务规划活动。税收规划与逃税、偷税有着本质的不同。合法是税收规划的前提，而逃税、偷税是逃避法定纳税义务或偷漏税额的行为，是违法的。

税收规划包含节税和避税两个层面，其中节税和避税又有区别。节税是指在不违背税法立法精神的前提下，纳税人充分利用税法中的起征、减免税等一系列优惠政策，对比多种纳税方案，并选择以税收负担最小的方式处理财务、经营、交易事项。避税是指纳税人利用不同国家或地区税制上的差异、漏洞等，进行适当的财务安排，在不违反当地税法规定的前提下，达到减轻或解除税负的目的。

一、税收规划的特征

(一) 合法性

税收规划的合法性是指税收规划只能在法律允许的范围内进行。违反法律规定、逃避纳税责任的，属于偷税行为，是法律所禁止的。征纳关系是税收的基本关系，法律是处理征纳关系的准绳，不仅纳税人具有依法纳税的义务，而且代表政府实施征税权力的税务机关的征税行为也必须受到税法的规范。因此，税收规划活动必须以符合法律规定、不违反税法为前提。

(二) 预期性

税收规划的预期性是指在对未来事项所做预测的基础上进行的事先规划。在经济活动中，纳税义务通常具有滞后性。企业往往在交易行为发生之后才缴纳各种流转税，在收益实现或者分配之后才缴纳各种所得税，在财产取得之后才缴纳各种财产税等，这在客观上为纳税主体提供了在纳税之前进行筹划的可能性。如果经营投资活动已经发生完毕，那么这就意味着纳税主体、纳税对象、应税税目等均已确定，此时如再采取各种手段转换应税税目、改变应税对象、选择递延纳税等，则不属于税收规划，而是属于避税行为。

（三）收益性

税收规划的收益性是指纳税人要通过税收规划活动取得“节税”的税收利益。收益性是税务规划目标的最终表现，要通过对个人筹资、投资等收支活动的调整，使其避开某些特定条款，尽可能地减轻税收负担，或者利用国家税收优惠政策及递延纳税等手段，最大限度地提高税后收益。

（四）专业性

税收规划的专业性是指税收规划需要借助财税人员的专业知识来进行。税收是调节市场经济发展的重要工具，有关税收的各项政策法规都体现了国家的经济发展导向和布局。在市场更加高效、各国税制更加多元、收入渠道日益丰富的背景下，税收政策同样具有快速变化与日趋复杂的双重特征。这也就意味着旨在实现税后收益最大化的税收规划过程将会变得更加复杂，纳税主体自身常常不足以胜任该项工作。因此，税务代理、税务咨询业务作为现代服务业的一部分迅猛发展，专业性成为其重要特征。

（五）风险性

税收规划的风险性是指税收规划存在达不到预期效果的可能性。由于税收规划具有预期性，因此尽管许多税收规划方案在理论上可以减轻税负，但实际操作中会面临一定的不确定性，比如由于税收政策、经济形势以及经营投资情况的变化等，原先设定的筹划条件可能会发生改变，或者筹划方案因制度障碍等无法顺利实施，从而无法真正实现税收规划的收益。

二、税收规划的策略

如前所述，财富管理中税收规划的目标是实现税后收益最大化。税收规划是利用税法客观存在的政策空间来进行的，这些空间包括不同的税种、不同的税收优惠政策、不同的纳税人身份及影响纳税额的基本因素，可以此为切入点实施税收规划。

（一）以税收规划空间大的税种为切入点

从原则上说，税收规划可以针对一切税种，但由于不同税种的性质不同，税收规划的途径、方法及收益也不同。在实际操作中，要选择税负弹性大的税种作为税收规划的重点，因为税负弹性越大，税收规划的潜力也越大。一般来说，税源大的税种，税负伸缩的弹性也大。另外，税负弹性还取决于税种的要素构成，主要包括税基、税收扣除项目、税率和税收优惠。税基越宽，税率越高，税负就越重；或者说，税收扣除项目越多，税收优惠力度越大，税负就越轻。

（二）以税收优惠政策为切入点

税收优惠政策是税制设计中的一个要素，也是一定时期一国或地区调节税收的重要手段。国家为了发挥税收的调节功能，一般在设计税种时都设有税收优惠条款，纳税人如果充分利用就可享受节税效益。因此，用好、用足税收优惠政策本身就是税收规划的过程。选择税收优惠政策作为税收规划的突破口时，应当注意两个问题：一是纳税人不得曲解税收优惠条款，滥用税收优惠，以欺骗手段骗取税收优惠；二是纳税人应充分了解税收优惠条款，并按规定程序进行申请，避免因程序不当而失去应有权益。

（三）以纳税人身份为切入点

按照我国税法的规定，凡不属于某税种的纳税人，就无须缴纳该项税收。因此，纳税人在进行税收规划之前，首先可考虑能否避免成为某一税种的纳税人，从而从根本上解决税收负担问题。比如，有段时间内企业宁愿选择作为营业税的纳税人而非增值税的纳税人，原因就是营业税的总体税负比增值税的总体税负轻。当然这并非绝对的，要在实践中全面考虑，权衡利弊。

（四）以影响应纳税额的基本因素为切入点

影响应纳税额的因素有两个，即计税依据和税率。计税依据越小，税率越低，应纳税额也越小。因此，进行税收规划应从这两个因素入手，找到合理、合法的办法来降低应纳税额。通常来说，为体现税收中性原则，设计现代税制时会尽量设置多个税率档次，尤以增值税和企业所得税为典型。欧洲国家的增值税一般规定一个基本税率，再加上一个低税率或优惠税率，而企业所得税通常采用单一税率，所以在税率选择方面空间较小。但随着营改增改革的推进以及历史遗留的税负结构方面的因素，我国增值税的税率已经有多个，企业所得税也因为多种优惠政策的实行而有多个档次，故还有较大的规划空间。

三、税收规划的基本方法

税收规划的基本方法主要包括利用税收优惠政策、筹划纳税时间和税级、缩小计税依据、选择避税地以及纳税人身份筹划等。

（一）利用税收优惠政策

税收优惠政策是国家税制的组成部分，是政府为了达到一定的政治、社会和经济目的而对纳税人实行的税收优惠，包括税收鼓励和税收减免等。

税收鼓励反映了政府行为，它通过政策导向影响人们的生产与消费偏好，所以也是国家调控经济的重要杠杆。

税收减免是对某些纳税人或课税对象的鼓励或照顾。减税是从应征税款中减征部分税款，免税是免征全部税款。世界各国的税收法规中都有关于减免税的规定，我国的税收法规中也有诸多关于减免税的规定，例如困难性减免、鼓励性减免、投资性减免等。关于减免税的具体规定，有些是在税法、税收条例或者实施细则中规定的，有些则是后来所做的补充规定。在税收规划中可以充分利用税收减免政策，以最大化财务利益。

（二）筹划纳税时间和税级

筹划纳税时间和税级的具体做法主要包括：一是选择合适的费用扣除时间，在累进税率制度下，尽量把费用安排在税率较高的时期进行扣除，可以实现费用抵税效益的最大化；在纳税人享受减免税期间，应考虑把费用安排在正常纳税年度进行扣除，以减少正常纳税年度的应纳税所得额，从而实现税收收益。二是递延收入的实现时间，在预期税率不会上升时，尽量推迟收入的实现时间，以减少当期应纳税所得额，获得递延纳税的收益。三是尽可能降低适用税率。税率越高，应纳税越多，因此在进行税收规划时，应充分利用税法的规定降低纳税人所适用的税率，以减少税收缴纳。另外，还可以选择合理的预缴方式，对于采用分期预缴、年终汇算清缴方式的，应尽量避免出现多预缴的情况。

（三）缩小计税依据

一是扩大税前可扣除范围。在税前扣除项目中，应严格区分全额扣除、按标准扣除以及不能扣除的项目，通过扩大可扣除范围、缩小计税依据来减少所得税。以个人公益性捐赠支出为例，若是直接对受益人的捐赠，那么该捐赠支出不得在税前扣除；个人将其所得通过中国境内的社会团体、国家机关向教育和其他社会公益事业以及遭受严重自然灾害地区、贫困地区的捐赠，捐赠额未超过纳税义务人申报的应纳税所得额30%的部分可以据实扣除。因此，尽量把有标准、有限额的扣除项目或不能扣除的项目转化为无扣除标准及扣除限额的项目，有助于最大化可抵扣范围，从而减少应纳税额。

二是减少不可扣除项目。税法明确规定了不得在税前列支的项目，如有关法律规定明确指出个体工商户缴纳的个人所得税、税收滞纳金、罚款、被没收的财物、各种赞助支出、用于个人和家庭的支出、个体工商户业主的工资支出等不得在税前扣除，因此在进行税收规划之前，应充分了解税法的相关规定，尽量减少不得税前扣除的项目的发生额。

（四）选择避税地

在国际经济竞争日益激烈的现代社会，许多国家或地区为繁荣经济、弥补资金不足和改善国际收支状况，或为引进外国先进技术，提高技术水平，在本国或本地区划出部分甚至全部区域，允许并鼓励外国政府和民间资本在此投资及从事经济贸易等活动，投资者和从事经营活动的企业可以享受不纳税或少纳税的优惠待遇，这种区域或范围在国际上一般被称为避税地。避税地大多是港口、岛屿、沿海地区或其他交通方便之处，因而也被称为“避税港”。选择在这种地方投资或从事各种经营活动往往税负轻、收益高，因此这种地方又被跨国投资者和经营者称为“税收天堂”“避税乐园”等。

（五）纳税人身份筹划

世界各国大多遵循住所和时间两个判定标准，将个人所得税纳税义务人区分为居民纳税义务人与非居民纳税义务人，分别简称居民个人与非居民个人。因此，在税收规划中可以合理规划住所和居住时间，尽量避免成为居民个人。

个人通过将住所或居住地进行跨越税境的迁移，可以减轻税负。通过迁移住所免除纳税义务，即纳税人把自己的住所迁出某一国，但又不在任何地方有住所，从而躲过所在国对其纳税身份的确认，进而免除纳税义务；通过迁移居住地减轻纳税义务，即纳税人把自己的居住地由高税率国家转入低税率国家，以躲避高税率国家对其行使居民管辖权。

不少国家仅采用时间标准认定居民个人与非居民个人，即以在一国境内连续或累计停留时间达到一定标准为界限，这就给纳税人提供了税收规划机会。纳税人可以从这个国家向另一个国家流动，确定自己不成为任何一个国家的居民，这样既能从这些国家取得收入，又可以避免承担其中任何一个国家的居民纳税义务。上述行为在国际税收领域里通常被称为“税收流亡”，这类纳税人则被称为“税收难民”。比如，甲国规定在该国连续或累计逗留时间达一年以上者为其居民，而乙国则规定为半年。这样，纳税人就可以通过在甲乙两国间调整居住时间，即把在这些国家停留的时间压缩到短于征税规定的天数，比如在甲国居住 10 个月，在乙国居住 5 个月，从而合法地避免成为这些国家的居民。

四、税收规划实务

个人所得税的征收范围几乎包括了所有个人收入项目。因此，选择合理的收入支出方式，把部分收入项目费用化、对奖金所得以及劳务报酬等进行筹划，将有助于减少应纳税所得额，特别是在工资、薪金所得及个体工商户生产、经营所得适用超额累进税率的情况下，降低应纳税所得额还能起到降低税率的作用，从而获得税收利益。由于不同项目的计税依据、税率等差异较大，税收规划的实务性非常强，因此不存在一成不变的税收规划方法，必须结合具体项目、金额和税率具体测算比较。下面我们就通过一些具体案例对此展开介绍。

（一）收入项目福利化

由于我国对个人的工资、薪金所得实行累进税率制，而对费用只有每月 5 000 元的固定扣除额，因此，收入越高，适用的累进税率越高，支付的所得税越多。因此，企业在与个人签订劳动合同时，若规定将带有普遍性的职工福利以现金形式直接支付给个人，将加重个人税负；反之，企业若提供各种福利，由于福利不会被视为工资收入，不作为个人所得税的计税基础，因而可以减轻个人税负。

以江苏某公司职员赵先生为例。其月薪为税前 10 000 元（扣除了“三险一金”），需要租住一套两居室住房，每月房租 3 000 元。现在有两种方案可供选择：一种是赵先生按照 10 000 元领薪，自己承担 3 000 元房租；另一种是由公司提供免费住房，赵先生的工资相应调整为税前 7 000 元。请比较两种方案下张先生的税负高低。

第一种方案：

应预扣预缴所得税＝(10 000－5 000)×10%－210＝290(元)

第二种方案：

应预扣预缴所得税＝(7 000－5 000)×3%＝60(元)

由此可见，通过在公司层面进行收入项目福利化，赵先生可以节税 230 元。并且，公司承担的员工房租可以在税前作为费用列支，也不会造成公司税负的增加。

（二）劳务报酬费用化

费用化是指个人与公司或雇佣方之间通过费用报销的方法，降低个人的收入总额，比如个人可以报销职工医药费、资料费、交通费等，从而达到减轻税负的目的。

比如张工程师为某家企业提供一项关于建筑物改造方案的咨询服务，预计全部劳务报酬为10万元，因该建筑物坐落于外省且需要多次现场查看，预计发生的交通差旅费用为3万元。现有两种方案可供选择：一是张工程师直接获得劳务报酬10万元，自己承担差旅费3万元；二是由该企业承担差旅费3万元，付给张工程师7万元。请比较两种方案的税负差异。

方案一：

应预扣预缴所得税＝100 000×(1－20％)×40％－7 000＝25 000(元)

税后劳务报酬所得＝100 000－30 000－25 000＝45 000(元)

方案二：

应预扣预缴所得税＝70 000×(1－20％)×40％－7 000＝15 400(元)

税后劳务报酬所得＝70 000－15 400＝54 600(元)

通过以上计算可知，单就劳务报酬的税收而言，张工程师如果采用方案二可以节税9 600元。由于新《个人所得税法》按照居民综合所得进行征税，因此具体的税负节省程度要看最后的汇算清缴结果。但是，劳务报酬筹划方法的一般思路是明确的，即尽量通过增加费用开支减少应纳税所得额，或者通过延迟收入的方法缩小当期的计税依据，相应地降低税负。

（三）工资、薪金所得与股利的转换

由于股息所得适用20％的比例税率，而工资、薪金所得适用3％～45％的七级超额累进税率，因此，在某些情况下，如果具备条件把股息所得转化为工资、薪金所得，则有助于减轻税负。

比如，某有限责任公司由甲、乙、丙三个自然人投资组建，投资比例各为1/3。甲、乙、丙各月的工资均为4 000元，年末公司给每人发放股利24 000元。请设计相应的税收规划方案。

(1) 在目前方案下，由于三人月工资均未超过免征额，故工资、薪金所得无须缴纳所得税：

更改方案前的工资、薪金所得应纳所得税＝0(元)

股息的应纳所得税＝24 000×20％＝4 800(元)

三人的应纳所得税合计＝4 800×3＝14 400(元)

(2) 如果更改上述方案，每人每月增加工资、薪金所得2 000（＝24 000÷12）元，年末不再发放股利。此时：

每月应纳所得税＝(4 000＋2 000－5 000)×3％＝30(元)

三人的应纳所得税合计＝30×12×3＝1 080(元)

通过以上计算可知，更改方案（将股利转换为工资、薪金所得）后，甲、乙、丙三人的税负合计减轻了13 320元，平均每人减轻了4 440元。当然，需要注意的是，这里为了方便说明对公司经营进行了简化，实务中存在是否能够调整三人薪酬、公司当年是否存在

盈利、是否决定发放股利等现实情况，必须统筹考虑。

（四）合理安排公益性捐赠支出

新《个人所得税法》规定，个人将所得通过中国境内的社会团体、国家机关向教育和其他社会公益事业以及遭受严重自然灾害地区、贫困地区捐赠的，允许从其应纳税所得额中扣除捐赠额，其扣除标准以不超过纳税人申报的应纳税所得额的30%为限。

比如，某明星参加某单位举办的演唱会，取得演出收入80 000元，他将其中的30 000元通过民政部门捐赠给某贫困山区。计算该演员应缴纳的个人所得税。

未扣除捐赠的应纳税所得额＝80 000×(1－20%)＝64 000(元)

应预扣预缴所得税＝64 000×40%－7 000＝18 600(元)

在年度汇算清缴时，只要该明星的年度应纳税所得额不低于100 000（＝30 000/30%）元，30 000元捐赠额就可以全额进行扣除。

同时，纳税人在进行捐赠时还应注意以下几点：一是避免直接捐赠。根据我国税法的规定，纳税人直接对受益人的捐赠不得在税前扣除。因此纳税人应选择通过中国境内的社会团体、国家机关等进行捐赠。二是合理选择捐赠对象。我国税法规定，一般公益性捐赠的扣除限额为30%，但下列捐赠允许在计算个人所得税时全额扣除：个人通过非营利的社会团体和国家机关向教育事业的捐赠，个人通过非营利性社会团体和国家机关向红十字事业的捐赠，个人通过非营利的社会团体和国家机关对公益性青少年活动场所的捐赠，个人向慈善机构、基金会等非营利机构的公益性、救济性捐赠。三是选择适当的捐赠时间。纳税人对外捐赠是出于自愿，捐多少、何时捐都由纳税人自己决定。允许按应纳税所得额的一定比例进行扣除，其前提是取得一定的收入，也就是说，如果纳税人本期未取得收入，而是用自己过去的积蓄进行捐赠，则无法享受税收抵免，因此应尽量选择在收入较多的时期进行捐赠，以获得较大的税收抵免利益。

职业素养提升专栏

税收规划与偷税漏税的边界在哪里？——网络主播薇娅的案例

2021年12月，浙江省杭州市税务部门经税收大数据分析发现网络主播黄薇（网名：薇娅）涉嫌偷逃税款，依法对其开展了全面深入的税务检查。经查，黄薇在2019—2020年期间，通过隐匿个人收入、虚构业务转换收入性质虚假申报等方式偷逃税款6.43亿元，其他少缴税款0.6亿元。税务部门依法对黄薇做出税务行政处理处罚决定，追缴税款、加收滞纳金并处以罚款，共计13.41亿元。那么，黄薇到底是如何偷逃税款的呢？这要从我国的地方政府税收优惠政策和税收征缴方式说起。

通常而言，在现行税收体系下，企业的税前利润分给自然人股东时，需要缴纳两轮重要的税收：首先是25%的企业所得税，交完后形成企业的税后利润；然后把税后利润分配给自然人股东时，后者需缴纳20%的个人所得税。

以企业当年度实现税前利润100万元为例，企业需缴纳的企业所得税是25万元（＝100万元×25％），自然人股东需缴纳的个人所得税是15万元（＝75万元×20％）。两个税种相加，可以看到自然人股东的真实税负约为40％。

如果不是以企业的组织形式运作，而是作为个人取得的劳务报酬，则按照综合所得缴纳个人所得税，其采用7级超额累进税率，税率区间为3％～45％。如果是通过个体工商户、个人独资企业、合伙企业的组织形式获得的经营所得，则按照生产经营所得缴纳个人所得税，其采用5级超额累进税率，税率区间为5％～35％。

1994年，我国实施分税制改革，将不同的税种分成中央税、地方税、中央地方共享税。以大税种增值税为例，按照“中央75％、地方25％”进行分成。分税制改革对中国的经济、社会与政治都产生了深远的影响：在经济上，“行政性分权”的统收统支告别历史舞台；在社会与政治上，中央的统筹能力增强，地方政府必须紧紧围绕中央提出的经济建设、社会发展等核心目标开展工作。

因此，为了促进地方经济发展，各地方政府出台了各种税收优惠政策，如地方政府的税收留成部分返还等。在税款征缴的过程中，根据实际情况采用核定征收方式或者查账征收方式。核定征收方式相较于查账征收方式具有经济性，适用于业务规模较小的小微企业，通常由税务部门基于同行业运营情况等过往经验，设定一个适用税率或者纳税定额，多不退，少不补。

在核定征收方式下，核定征收的所得税＝企业收入×行业利润率×25％。在此计算公式中，行业利润率的规定是较为宽松的，最高的娱乐业也仅为15％～25％，而服务业、餐饮业普遍为8％～15％，最低的工业行业利润率只有5％～13％。因此实务中，影视娱乐（含网络直播等）在核定征收后，其税率低至5％～6％并不奇怪。

从政策设计的角度看，地方政府设定税收优惠政策的初衷是促进当地经济发展，核定征收的人性化设计也有利于降低有效征税成本，体现了以人为本、让利于民的思想。但由于地方政府间优惠政策的白热化竞争，以及核定征收所形成的较低税率，这也成为一些个人或企业恶意逃税偷税的手段。

在黄薇的例子中，杭州税务局发布的通报显示，2019—2020年期间，黄薇通过设立上海蔚贺企业管理咨询中心、上海独苏企业管理咨询合伙企业等多家个人独资企业、合伙企业虚构业务，将其个人从事直播带货取得的佣金、坑位费等劳务报酬所得，转换为企业经营所得进行虚假申报，偷逃税款。以上海蔚贺企业管理咨询中心为例，其注册地上海市崇明区提供了无比给力的核定征收优惠政策：针对入驻上海市崇明区的个人独资企业，按照10％的利润率实行核定征收。这意味着如果把根据性质应按照“劳务报酬所得”缴纳个人所得税的收入，通过虚假申报成为个人独资企业或合伙企业的“生产经营所得”并采用核定征收方式，那么其缴纳的所得税将产生巨大差异。以劳务报酬所得1亿元进行估算，应当缴纳的个人所得税超过4 000万元（适用表10-1中7级累进税率的最高一档45％再减去速算扣除数），而采用后一种方式时，所得税仅为250万元（＝1亿元×10％×25％），两者差异巨大。当然，税务部门的通报还显示，黄薇除了存在虚构业务转换收入性质虚假申报的情况，还存在隐匿个人收入的行为，其性质是直接的偷逃税款。

从上述案例可以发现，黄薇的做法已经逾越了税收规划的边界，性质上属于偷逃税款，这种行为损害了国家税收公平原则，无法促进平等竞争，不利于营造法治公平的税收环境，也实现不了税收合理调节分配、促进共同富裕的目的，因此必然会受到法律的严惩。

关键术语

个人所得税	纳税义务人	税目	应纳税所得额	应纳所得税
税率	免税与减税	专项扣除	专项附加扣除	预扣预缴
汇算清缴	税收规划			

习 题

1. 李老师在某大学任教，月工资收入为 6 200 元。同时应某公司的邀请，每月为该公司员工讲一次课，每次收入为 6 000 元，发生差旅费用 2 000 元，由本人承担。李老师应如何规划个人所得税？

2. 赵某出版了一部小说，取得稿酬 80 000 元，从中拿出 20 000 元通过国家机关捐赠给受灾地区。赵某此次捐赠的税前扣除比例是多少？

3. 居民个人张某为独生子女，父母均已年满 65 周岁，其独生子就读于某小学。2019 年张某的收入及部分支出如下：

(1) 每月从单位领取扣除社保费用和住房公积金后的工资 10 000 元，截至 11 月底累计已预扣预缴个人所得税款 330 元。

(2) 取得年终奖 60 000 元，选择单独计税。

(3) 业余时间为某公司设计图纸，取得劳务报酬 20 000 元。

(4) 每月按首套住房贷款利率偿还房贷 5 000 元。

以上专项附加扣除均由张某 100%扣除。

要求：根据上述资料，按照下列序号回答问题，如有计算需计算出合计数。

(1) 计算 12 月工资应预扣预缴的个人所得税额。

(2) 计算年终奖应缴纳的个人所得税额。

(3) 计算劳务报酬应预扣预缴的个人所得税额。

(4) 计算 2019 年综合所得应缴纳的个人所得税额。

(5) 计算张某就 2019 年综合所得向主管税务机关办理汇算清缴时，应补缴的税款或申请的应退税额。

参考文献

[1] 程平. 个税新法新政全知全解 [M]. 北京：言实出版社，2019.

[2] 崔晓芙. 银行体系流动性结构特征与央行流动性管理策略研究 [J]. 金融理论与实践，2018 (1)：31－35.

[3] 邓秉德，庞晓波，李文. 宏观流动性与银行流动性相依结构分析 [J]. 统计与决策，2018 (8)：173－177.

[4] 欧阳红兵. 金融市场的流动性：理论及应用 [M]. 北京：中国社会科学出版社，2012.

[5] 屈波. 证券市场流动性及流动性溢价 [M]. 北京：经济科学出版社，2010.

[6] 徐滢. 量化宽松货币政策理论、实践与效应研究 [M]. 北京：中国经济出版社，2013.

教学支持说明

1. 教辅资源获取方式

为秉承中国人民大学出版社对教材类产品一贯的教学支持，我们将向采纳本书作为教材的教师免费提供丰富的教辅资源。您可直接到中国人民大学出版社官网的教师服务中心注册下载——http://www.crup.com.cn/Teacher。

如遇到注册、搜索等技术问题，可咨询网页右下角在线 QQ 客服，周一到周五工作时间有专人负责处理。

注册成为我社教师会员后，您可长期根据您所属的课程类别申请纸质样书、电子样书和教辅资源，自行完成免费下载。您也可登录我社官网的“教师服务中心”，我们经常举办赠送纸质样书、赠送电子样书、线上直播、资源下载、全国各专业培训及会议信息共享等网上教材进校园活动，期待您的积极参与！

2. 高校教师可加入下述学科教师 QQ 交流群，获取更多教学服务

经济类教师交流群：781029042

财政金融教师交流群：182073309

国际贸易教师交流群：162921240

税收教师交流群：119667851

3. 购书联系方式

网上书店咨询电话：010-82501766

邮购咨询电话：010-62515351

团购咨询电话：010-62513136

中国人民大学出版社经济分社

地址：北京市海淀区中关村大街甲 59 号文化大厦 1506 室　100872

电话：010-62513572　010-62515803

传真：010-62514775

E-mail：jjfs@crup.com.cn